ENSENADA

CUNA DE LA DEMOCRACIA MEXICANA

UNA HISTORIA POLÍTICA DE BAJA CALIFORNIA

Michael James Winkelman, Ph.D.

Traducido del inglés por Elba Araceli Villaseñor

Library of Congress Cataloging-in-Publication Data

Ensenada Cuna de la Democracia Mexicana: Una Historia Política de Baja California

// Michael James Winkelman

p. ; cm.

Incluye referencias bibliográficas e índice analítico.

ISBN 978-0-9961920-0-2

1. Ensenada. 2. Baja California. 3. Mexico. 4. Democracia en Mexico. 5. Historia Mexicana. 6. Ernesto Ruffo Appel. 7. Esteban Cantú. 8. David Zárate Zazueta. 9. Abelardo L. Rodríguez. 10. Salvador Rosas Magallón. 11. David Ojeda Ochoa. I. Michael Winkelman. Traducido por Elba Araceli Villaseñor.

ISBN-13: 978-1511796521 (Edición en inglés)
EISBN: 978-0-9961920-1-9 (Kindle edición en inglés)
EISBN: 978-0-9961920-3-3 (Kindle en español)

Este libro está disponible en Amazon.com y otros puntos de venta online, y como un libro electrónico.

Créditos de las fotografías: Portada, frontispicio, contraportada y en los capítulos 2 y 3 David Rumsey Map Collection www.davidrumsey.com.

Publisher

Michael James Winkelman

848 North Rainbow Blvd. PMB 1345
Las Vegas, Nevada 89107

ENSENADA

CUNA DE LA DEMOCRACIA MEXICANA

UNA HISTORIA POLÍTICA DE BAJA CALIFORNIA

INDICE

Dedicatoria

Este libro está dedicado a la memoria de David Andrés Zárate Loperena (q.e.p.d.), quien me inspiró a examinar por primera vez la historia de Ensenada, así como a las personas del pasado y el presente de Ensenada, sin los cuales este libro no habría sido possible.

Reconocimientos

Quiero expresar mi agradecimiento a los bajacalifornianos que directamente e indirectamente hicieron posible este libro. Estoy en deuda con los historiadores de Ensenada, quienes han documentado la historia que yo resumo aquí.

El carácter especial del bajacaliforniano ayudó en la transformación del libro escrito en inglés al texto en español. Primero agradezco a Elba Araceli Villaseñor, bajacaliforniana que acepto la responsabilidad de la traducción, impartiendo una reflección y voz nativa a la expresión de esta historia. Elba, quien lideró las traducciones, fue más allá de simplemente traducir, ayudando a aclarar, corregir y expresar las ideas centrales y sutiles de este libro. En segunda agradezco a su esposo, el Dr. Everardo A. Garduño Ruiz, ambos colegas y amigos desde los tempranos años de mi programa de intercambio intercultural en Ensenada. Ellos proporcionaran lucidez al texto y a los hechos presentados aquí. Everardo, antropólogo bien enraizado en estudios sobre Baja California, hizo varias mejoras al libro, incluyendo un trabajo de edición que transformó la traducción del texto en inglés a una mejor expresión de éste en español. Everardo también me ayudó a corregir algunos errores y esclarecer varios de mis argumentos y, especialmente desde su perspectiva Mexicana, me alertó sobre posibles malentendidos que pudieran acontecen en el ámbito de relaciones interculturales.

Deseo agradecer a José Armando Estrada Ramírez toda su ayuda en la localización del material de investigación, abriendo sus colecciones de diarios y revistas para mis estudios. José también ayudó revisar el texto final, aportando ciertas observaciones. Además agradezco a Gloria A. Tripp Cuevas (q.e.p.d.), también aficionada a la historia de Baja California, por su apoyo en aclarar algunos de estos documentos históricos. Durante el proceso final de reflexión sobre los acontecimientos más recientes en la vida política de Ensenada, recibí el consejo de Celso Pedro Prado Luna, ex-director de la Escuela Normal Estatal, quien me apoyó en el análisis político desde una perspectiva local, ayudándome a iluminar las causas de la alternancia en el poder que Ensenada ha experimentado después de su revolución democrática. También agradezco a nuestra amiga Santa Clara Cabrera Huerta, quien ayudó en tantas maneras en la difusión del libro en Ensenada, haciendo conexiones con el Seminario de Historia de Baja California y otras personas. Clara ayudo a confirmar algunas fuentes de información de periódicos mexicanos necesarias para verificar la traducción del texto de regreso al español. Y como siempre, agradezco mucho a mi esposa Cindy por toda su ayuda en la preparación final de este libro para su publicación.

  Y en fin, agradezco a los ensenadenses y bajacalifornianos antiguos y contemporáneos—sin ellos no tendría nada para contar.

PREFACIO

En ocasiones somos testigos de la historia, pero sólo nos percatamos de la relevancia de lo que hemos visto hasta mucho tiempo después. Esto fue lo que me sucedió en julio de 1989. Me encontraba administrando y enseñando el primer año de la Escuela Etnográfica en Ensenada, Baja California, México, programa que tuve la oportunidad de organizar y dirigir bajo los auspicios del Departamento de Antropología de la Universidad Estatal de Arizona.

En aquel verano se llevaron a cabo elecciones que eventualmente harían historia dada la profunda transformación política que se desarrollaba ante nuestros ojos. Durante semanas, manifestantes -ciudadanos preocupados por el proceso electoral- bloquearon los accesos a las oficinas locales de la Comisión Federal Electoral en Ensenada con el objetivo de proteger las urnas de votación. El entusiasmo que permeaba la ciudad de Ensenada era tan poderoso que era inevitable sentirlo. El entorno emocional de aquella época fue tan intenso, que aunque han pasado ya 25 años, aún resuena en mí y me hace recordar esos eventos de tal forma, que al momento de escribir este trabajo me lleva repetidamente a las lágrimas. Experimentar una reacción de esa magnitud a un evento que personalmente no tenía relevancia para mí es un testimonio poderoso del significado social de lo que aconteció ese verano.

Un activista político local de esos años, León Toscano, quien reflexionara sobre este proceso cívico, quizás pueda brindar un mejor entendimiento en cuanto a las razones por las cuales ese evento fue tan significativo, incluso para un foráneo: "Después de las votaciones de 1989, hubo un despertar cívico. La gente pasó semanas en las calles para proteger los votos…era como una fiesta. La población permaneció allí día y noche en una fiesta civil para asegurarse de que los votos no fueran sustraídos".

Estos eventos marcaron el inicio de una revolución política cuyos efectos eventualmente alcanzarían al gobierno nacional de México. Una década después, Vicente Fox Quesada, respaldado por el Partido Acción Nacional, "sacó" de la presidencia al Partido Revolucionario Institucional, después de 71 años de ininterrumpida sucesión al poder.

Y todo inició allá, en Ensenada. Este trabajo pretende ilustrar cómo sucedió y por qué los habitantes de Ensenada reclaman orgullosos el derecho de proclamar a su ciudad como el lugar de nacimiento de la democracia mexicana.

La base de este libro se terminó de escribir hace casi una década, en 2006. Después de ser revisado por una editora académica y de algunas recomendaciones de cambios menores por parte de algunos revisores, mis planes académicos dieron un giro. Mi enfoque profesional cambió a un objetivo a corto plazo con el fin de lograr una jubilación con beneficios totales, lo cual logré en 2009. Gran parte de mi vida académica había quedado en pausa dados los siguientes eventos: mi traslado a Brasil; el inicio de mi exploración acerca de la construcción con superadobe y sobre el desarrollo de la permacultura; un diagnóstico médico de cáncer maligno, una intervención quirúrgica y dos años de dieta Gerson para erradicar esta enfermedad.

Al cumplir los 60 años (2014) y reflexionar sobre el resto de mi vida, decidí revisar los trabajos que tenía pendientes y determinar cuáles retomar y concretar. Este manuscrito sobre Ensenada fue una opción sencilla, dado que el proyecto ya había sido escrito, editado y revisado. Por largo tiempo había deseado hacer de éste un libro más ampliamente accesible de lo que suelen ser las publicaciones académicas, poniéndolo al alcance de quienes desearan conocer más acerca de la interesante historia de Ensenada y Baja California.

En mi opinión, pese a que este proyecto inició en 2006, los eventos suscitados en la última década no demeritan la relevancia del texto. Considerando la forma en que la historia se ha venido desarrollando para la población ensenadense durante estos años, dichos eventos reafirman los argumentos que aquí se presentan. El reclamo de Ensenada por ser considerada como lugar de nacimiento de la democracia mexicana, no sólo se sustenta en su historia, sino en la actual alternancia política.

Un sello distintivo de la democracia es la alternancia en el poder por parte de los partidos en disputa. Desde que Ruffo Appel hizo su aparición en la historia cumpliendo parcialmente su función como alcalde municipal de Ensenada (1986-1989) y posteriormente como gobernador del estado de Baja California (1989-1995), Ensenada ha sido testigo de dicha alternancia en el poder. Después de la administración municipal de Ruffo Appel, las dos subsecuentes elecciones para la presidencia municipal fueron ganadas por los candidatos del Partido Acción Nacional (del Palacio Lafontaine 1989-1992 y Sánchez del Palacio 1992-1995); luego, por dos términos, retornaría al poder municipal a manos del Partido Revolucionario Institucional (Montenegro Espinoza 1995-1998 y Quintero Peña 1998-2001). Posteriormente, en las elecciones para la presidencia municipal de 2001, 2004 y 2007, el Partido Acción Nacional fue el triunfador (con Catalán Sosa, Mancillas Amador y López Núñez, respectivamente); y por último, en 2010 y 2013, hubo una vuelta al Partido Revolucionario Institucional con los presidentes municipales Torres Pelayo e Hirata Chico sucediéndose los turnos de poder. Cabe señalar que a nivel nacional, en el año 2000, el Partido Acción Nacional ocupó la Presidencia de la República, en donde se mantuvo hasta 2012, año en que el Partido Revolucionario Institucional regresó al poder.

Esta alternancia en el poder es considerada como un distintivo democrático y es una característica de la vida política de Ensenada que no ha sido superada en ningún otro lugar en México.

La democracia de Ensenada parece haber llegado para quedarse. Te invito a que leas y descubras por qué.

Dr. Michael Winkelman
Pirenopólis, Brasil
6 de Febrero de 2015

Prefacio al edición en español

Como lo expresé al escribir el prefacio del libro en inglés, en ocasiones somos testigos de la historia, pero sólo nos percatamos de la relevancia de lo que hemos visto hasta mucho tiempo después. A esto yo añadiría que en ocasiones, sucede lo mismo cuando documentamos la historia: es hasta después cuando reconocemos la relevancia de lo que hemos encontrado.

Este libro lo empecé a escribir con dos objetivos principales. Uno era el de proporcionar al lector de habla inglesa la oportunidad de saber algo acerca de un lugar muy interesante, Ensenada, Baja California. El segundo era descubrir si existían elementos para sostener la idea de que Ensenada era la cuna de la democracia mexicana. En el proceso de documentación de la historia política de Baja California, empecé a darme cuenta de que había una poderosa verdad en la afirmación de los mismos ensenadenses, en el sentido de que, en efecto, Ensenada era un lugar de nacimiento de la democracia mexicana.

Al escribir esta historia, tratando de explicar el origen de las tendencias democráticas de los ensenadenses, me maravillé de la facilidad con la cual esta hipótesis dio frutos, a la vez que me permitió verificar a través de muchas fuentes históricas, la existencia de prácticas democráticas que los ensenadenses han tenido a lo largo muchos años. Estaba entonces satisfecho de estar escribiendo un libro apoyando esta idea, aunque debo confesar que inicialmente lo hice ingenuamente, sin reflexionar en las implicaciones que pudiera tener este hallazgo.

En el proceso de preparar la publicación de la versión en inglés de este libro, me di cuenta de que aunque mi propósito original era informar y fascinar a los lectores de habla inglesa, la verdadera importancia de lo que yo escribí era principalmente para los mexicanos.

En este sentido, es un gran placer para mí presentar este regalo al pueblo mexicano, ofreciendo una perspectiva sobre una ciudad muy especial para mí-- Ensenada, Baja California. Al respecto, debo decir que he conocido muchos lugares de México, pero Ensenada es donde he vivido por más tiempo, durante todos los veranos a lo largo de 16 años. En esos años me pude percatar que los ensenadenses son como el resto de los mexicanos, gente buena y muy hospitalaria. Desde el principio de mis estancias veraniegas, sentí la bienvenida por parte de muchas personas que abrieron sus corazones y sus mentes a mis investigaciones, brindando además hospedaje a los estudiantes de mi programa de intercambio cultural.

En este rincón distante de México, experimente la necesidad de escribir este libro. Esto fue a partir del nacimiento de una revolución democrática que comenzaba allá y que eventualmente se extendería a lo largo de todo de México.

Ahora, debo confesar también que me causa cierto temor el traer este libro al público mexicano y hablar de lo que pueda significar éste para México. Ciertamente puede parecer demasiado presuntuoso de mi parte asumir que los mexicanos quieren escuchar lo que un extranjero tiene que decir acerca de ellos. Espero que quede claro que mi intención inicial era diferente, informar a los estadounidenses sobre la historia política de una parte especial de México, aunque en el proceso de escribir este trabajo haya llegado a la conclusión de que había algo importante que yo debía compartir con los mexicanos.

En este prefacio para México, no voy a alejarme de mi propósito original de ofrecer lo que percibo como una visión imparcial de los acontecimientos históricos de la democracia en Ensenada. Ciertamente, todos los hechos vienen con suposiciones y prejuicios, pero siento que si alguien consultara las fuentes de información que yo he analizado para este trabajo, llegaría a conclusiones generales muy similares a las mías. De hecho, me sorprende que este libro que ahora presento, no haya sido escrito antes por alguien de Ensenada.

Si bien lo que ofrezco aquí es una historia elemental de Ensenada, sin una agenda política específica, las reflexiones que aquí comparto están llenas de implicaciones sociales y políticas. Para promover la discusión sobre éstas, quisiera empezar con algunas preguntas generales, para luego responderlas con algunas síntesis y conclusiones que vayan más allá de afirmaciones concluyentes.

Algunas de estas preguntas son: ¿Por qué en Ensenada se inicio esta revolución democrática y por qué tuvo fruto en momentos en que estas iniciativas no tenían éxito en otras partes de México? ¿Cuáles son las características especiales de Ensenada, para que en ese lugar sí tuviera éxito?

Si aceptamos que Ensenada fue la cuna de la democracia mexicana, debido a su historia y su carácter especial, ¿cuáles son las implicaciones de estas circunstancias en la transformación social y democrática de México?

Si las circunstancias especiales de Ensenada eran favorables para que allí surgiera la democracia mexicana, ¿qué debe aprender México, acerca de la historia de Ensenada?

Para responder estas preguntas, voy entrar a un territorio mas peligroso para un extranjero en México. En principio me parece que no es un secreto el hecho de que partes importantes de la historia de Ensenada se expliquen a partir de la presencia extranjera en la región. Por otra parte, es también reconocida la relevancia que ha tenido el aislamiento geográfico y la distancia que hay entre Ensenada y el centro de México. De estos dos aspectos surge mi planteamiento en el sentido de que las particularidades de Ensenada tienen su origen en su proximidad a las influencias extranjeras y su distancia a los poderes y patrones culturales tradicionales del país.

Las tendencias democráticas en Latinoamérica fueron resultado de interacción entre este subcontinente y el resto del mundo, de donde llegaron las nuevas corrientes del pensamiento político. Entonces, no debe ser una sorpresa que una parte de México, como lo es Ensenada, mucho más cerca del exterior que del centro del país, pudiera formarse sobre una base democrática, para luego influenciar a toda la nación.

Es cierto que Ensenada no es la única parte de México con una historia de luchas democráticas y de apertura a la alternancia en el poder (véase Bassols y Solano 1996), elementos que definen el concepto de democracia. Los sucesos democráticos en el municipio de Ensenada ciertamente tiene paralelos en otras áreas de México, particularmente las zonas norteñas. Sin embargo, aún concediendo que hubo otras fuentes de la democracia mexicana, este libro establece que Ensenada en particular, y Baja California, en general, trajeron algo diferente y especial para México. Esto puede apreciarse en la trayectoria que se ha seguido desde la conformación del gobierno municipal con un partido político opositor al frente, y posteriormente, con el surgimiento del gobierno estatal que implementó una transformación de los procesos electorales que, una década después, darían paso a la alternancia y a la democracia a nivel nacional.

Rodríguez y Ward (1994) afirman que la democratización que se manifestó de manera temprana en Baja California con efectos inicialmente locales, se extendieron a nivel nacional. Ensenada, como lo demuestra su historia, mostró el camino. Rodríguez y Ward (1994) señalan que los cambios democráticos en México sucedieron principalmente en las regiones del norte en donde se observan mayores niveles de ingresos, bienestar y educación, así como mayores influencias de los Estados Unidos, todo lo cual incidió en la reducción del poder de la estructura corporativa del PRI. Ellos afirman que en las zonas más urbanizadas del norte de México se producen altos niveles de educación, lo que ha originado una clase media que generalmente ha encontrado atractiva la agenda del Partido Acción Nacional (PAN). Todos estos son factores altamente característicos de Ensenada. Ugalde (1970) mostró que ya para los sesentas, esta ciudad era una de las más prósperas de México, con una estructura ocupacional que era considerada como una de las más modernas del país, contribuyendo a altos niveles de vida y niveles de ingresos.

Debido a circunstancias históricas particulares descritas en este libro, Ensenada ha sido desde un principio, una sociedad de clase media, carente además de un sector mestizo. Esta es una característica de Baja California determinada por varios factores, que sigue estando presente, y por la cual existe la necesidad de importar trabajadores de otros lados de México para trabajar en las empresas agrícolas de la región. Ensenada surgió entonces, de un ámbito ajeno al antiguo patrón que se observaba en todo México, en el que prevalecía el sistema de hacienda; por el contrario, aquí hubo un nuevo tipo de formación social que está tipificado por la dinámica del norteño—practicas comerciales basadas en la ganadería, la industria y el turismo proveniente de los Estados Unidos.

En las siguientes páginas voy a ofrecer una visión acerca del carácter especial de los ensenadenses. Mis conclusiones, sin embargo, intentan no caer en el argumento simplista de que la clave del éxito de la democracia radica en la existencia de una sólida clase media. Sé que esta conclusión va a sorprender solamente a pocas personas, ya que es una realidad que esta estructura social de Ensenada ha contribuido fuertemente a la democracia y persiste como un factor del carácter especial de los ensenadenses. Otros factores que también contribuyen a la formación de estas características especiales de los ensenadenses, son los que tienen que ver con el Estado-nación, con la dimensión socioeconómica local y la presencia de extranjeros. Está claro que estas características no son algo simplemente inherente a las personas de la región, sino que se trata también de características promovidas por experimentos sociales y económicos del gobierno federal en Baja California y otras áreas fronterizas.

Experimentos del gobierno central

Paradójicamente, uno de los factores que fueron determinantes en el desarrollo de la democracia en Ensenada, fue la existencia de un gobierno altamente centralizado. De hecho, Ensenada surgió a fines del siglo XIX, como parte de un plan del gobierno central para modernizar y desarrollar a México a través de la inversión y colonización extranjeras. Mostraré que Baja California fue uno de los principales destinatarios de este plan y Ensenada, su punto focal.

A lo largo del desarrollo de Ensenada y Baja California, el gobierno central trató a estas entidades fronterizas como áreas de excepción, para experimentar con nuevas políticas de libre mercado tan diversas como la tolerancia a la prostitución, contrabando de drogas, colonización por parte de compañías extranjeras, e incluso políticas migratorias, permitiendo la presencia de trabajadores extranjeros. Por otra parte, en esta zona se toleró abiertamente la presencia de gobernadores militares corruptos que al tiempo que impulsaban el desarrollo regional, amasaban fortunas personales de millones de dólares.

Trabajo

Estas prácticas económicas y políticas eran parte de un experimento de aplicación de sistemas alternativos, modernos y abiertos, lo cual incidió en el surgimiento de líderes sindicales autodeterminados. El poder económico de los ensenadenses se explica en parte por la presencia de sus sindicatos, especialmente los asociados a la Confederación Regional Obrero Mexicano, la cual logró importantes acuerdos favorables para los trabajadores. Entre estos acuerdos estuvo el derecho a la sindicalización local y el control sobre los recursos económicos producidos por el puerto. Como consecuencia, en lugar de ser títeres de los sindicatos y las confederaciones nacionales, las organizaciones laborales locales experimentaron una autonomía relativamente completa en la gestión de sus asuntos internos. Las federaciones laborales locales de Ensenada fueron mucho más independientes que en otras partes del país, a menudo tomando posiciones políticas diferentes a las de sus organizaciones nacionales.

Libre mercado

Tal vez la expresión más importante de la libertad económica en la frontera, fue la creación de zonas libres, mismas que tenían el propósito de estimular el desarrollo de estas entidades, especialmente Baja California, en sus ámbitos comercial e industrial. Y en efecto, la zona libre tuvo éxito en estimular el desarrollo económico en la frontera, a través de la libre internación de mercancías de los Estados Unidos a México, sin pagar impuestos. Esto fortaleció al sector agrícola y comercial, apoyando el surgimiento de una clase media y el desarrollo de estructuras independientes al corporativismo de estado.

Anticorporativismo

Hacia los 1930, cuando el sentimiento antichino se apoderaba de algunas personas, los ensenadenses ya tenían definida una personalidad como comunidad. Esta personalidad estaba construida sobre los principios del libre mercado, más que sobre un sentimiento nacionalista o racista. Podría afirmar que los ensenadenses resistieron al racismo anteponiendo su inclinación hacia una economía libre que sirvió de plataforma para contrarrestar las imposiciones del estado corporativo. Esta resistencia se presentó no solamente en la organización laboral y empresarial independiente. Esta lucha de la élite empresarial local contra el control federal es un tema recurrente en la historia de Ensenada y Baja California; las prácticas ineficientes de la burocracia alienaron y obstruyeron el desarrollo eficiente del sector privado. En este sentido, se puede afirmar que el corporativismo no encajaba bien con la personalidad de los bajacalifornianos, o más específicamente, con la de los ensenadenses, quienes siguieron expresando su oposición a éste y a la imposición de autoridades locales por parte del poder federal.

La dinámica socioeconómica en Ensenada produjo un clima político progresista moldeado por inversiones externas. La zona libre servía como mecanismo para articular los mercados internacionales con el mercado laboral de la clase media y de las maquiladoras, las cuales no eran fácilmente controladas por las organizaciones corporativistas tradicionales como los sindicatos controlados por el PRI. Además, en Baja California radica decenas de miles de habitantes que trabajaban en el sur de California, obteniendo un sueldo en dólares, exponiéndose cotidianamente a la cultura de los Estados Unidos y quedando libre del control de las estructuras corporativistas de estado.

Experimentos de la democracia

Ahora bien, la vocación democrática de Ensenada no sólo se explica a partir de la presencia de influencias extranjeras en su origen. Para que ésta se consolidara hizo falta el papel jugado por algunas personas del gobierno central, que con gran visión experimentaron de muchas maneras con Baja California y Ensenada, poniendo en práctica políticas más liberales a las aplicadas en el resto del país. Tomando en cuenta las tendencias liberales de Baja California y otros estados fronterizos norteños, el gobierno central limitó la imposición de poder central allí y permitió el desarrollo de singulares dinámicas políticas y un tipo especial de economía. En este contexto, el mismo PRI experimentó con aperturas a la democracia. Un ejemplo de esto es el proceso de reclutamiento de candidatos en las elecciones municipales de 1965. En ese año, el PRI habilitó la votación popular directa para la elección de candidatos por los miembros locales del partido, en lugar de nombrarlos desde la dirigencia. El PRI estaba siguiendo el patrón de permitir el ejercicio de la democracia lejos de los centros de poder, alentando las tendencias democráticas ya bien establecidas en este rincón del país.

La influencia extranjera en Ensenada

Piñera (1995, p. 1-2) declaró que todos los pueblos mexicanos a lo largo de la frontera entre México y Estados Unidos, no existe otra área con una influencia norteamericana tan fuerte en sus orígenes, como Ensenada. Sin embargo, está claro que la fundación de este poblado se llevó a cabo también por inmigrantes ingleses, italianos, alemanes, españoles; se fundaron incluso las iglesias metodista-episcopal y presbiteriana, antes que una iglesia católica en lo que ahora es la ciudad de Ensenada. Ahora bien, la influencia extranjera en la ciudad de Ensenada no se debe únicamente a la presencia de estadounidenses e inmigrantes de Europa Occidental, sino también de chinos, japoneses, rusos y otros grupos que fueron parte importante del desenvolvimiento de la economía regional.

Es importante señalar que aunque algunos de estos grupos arribaron a Baja California en condiciones de pobreza, éstos fueron portadores de una serie de recursos y conocimiento que les permitieron llegar a ser económicamente poderosos a nivel regional. La asimilación de estos inmigrantes a la sociedad mexicana, tuvo lugar, generalmente, a través del matrimonio. De esta forma, a principios del siglo XX, los ensenadenses ya estaban acostumbrados a tratar con extranjeros; muchos de ellos incluso eran extranjeros que habían llegado recientemente a este lugar y sus descendientes.

Por otra parte, Ensenada era un destino no sólo para los inmigrantes extranjeros, sino también para muchos Mexicanos que querían explorar nuevas posibilidades de desarrollo. Baja California tiene uno de los índices mas altos de personas nacidas en otros estados de México, lo cual refleja la existencia de una inmigración histórica de personas que procuraban obtener algo diferente a lo que les ofrecían sus propios estados. Sin duda, el singular carácter y temperamento de los ensenadenses, también proviene de esta inmigración interna. El mexicano americanizado también formó parte de Ensenada, incluyendo a algunos de los cientos de miles de mexicanos y chicanos que fueron expulsados de California y se asentaron en Baja California y otros estados fronterizos de México. Mi propuesta ya en el sentido de que la integración de estas influencias extranjeras dio una visión más amplia, más informada y más cosmopolita al carácter del ensenadense. Siendo el puerto de mayor importancia en Baja California, Ensenada era el puerto abierto al mundo y a todo México.

En el análisis final deseo precisar que se debe reconocer que la proximidad al odiado Tío Sam influyó tanto en la formación del carácter democrático de Ensenada, como en la posibilidad de hacer de la democracia una realidad. La proximidad de Ensenada a los Estados Unidos fue determinante en la conformación de una identidad cosmopolita y global, inherente a las raíces de la región, y aún más, esta proximidad permitió que muchos disidentes políticos mexicanos pudieran huir al norte y salvar sus vidas. Los hallazgos de este libro pueden servir como un llamado a los mexicanos a reconocer que estas características son aspectos obvios del carácter del Ensenadense, y en los argumentos de este libro, una característica central son sus tendencias democráticas.

El malestar que los mexicanos pudieran sentir por esta propuesta, en el sentido de que algo bueno -una revolución democrática- surgió de las influencias extranjeras, podría ser parcialmente amainado por el reconocimiento de que estas tendencias extranjeras son también parte de su patrimonio. Tal vez sería más fácil para algunos mexicanos desconocer al ensenadense y declarar que sus características de origen extranjero son ajenas al carácter nacional.

Creo que eso sería un error.

Los ensenadenses son muy mexicanos y están orgullosos de serlo, aunque desde sus inicios se han diferenciado de los mexicanos típicos de su tiempo. Estas diferencias fueron resultado de las peculiares oportunidades y estructuras que les fueron impuestas y que en última instancia colocaron de manera significativa a Ensenada a la vanguardia en relación a otras partes de México.

Ensenada y Baja California fueron sitios de varios experimentos nacionales marcados por la apertura democrática; experimentos que deseaban saber, "¿qué tal si hiciéramos eso?"

Experimentos a los que Ensenada dijo "Sí".

Te invito a ver porqué.

"Doctor Miguel" Winkelman
24 de Agosto 2015

Ensenada y el oeste de América del Norte

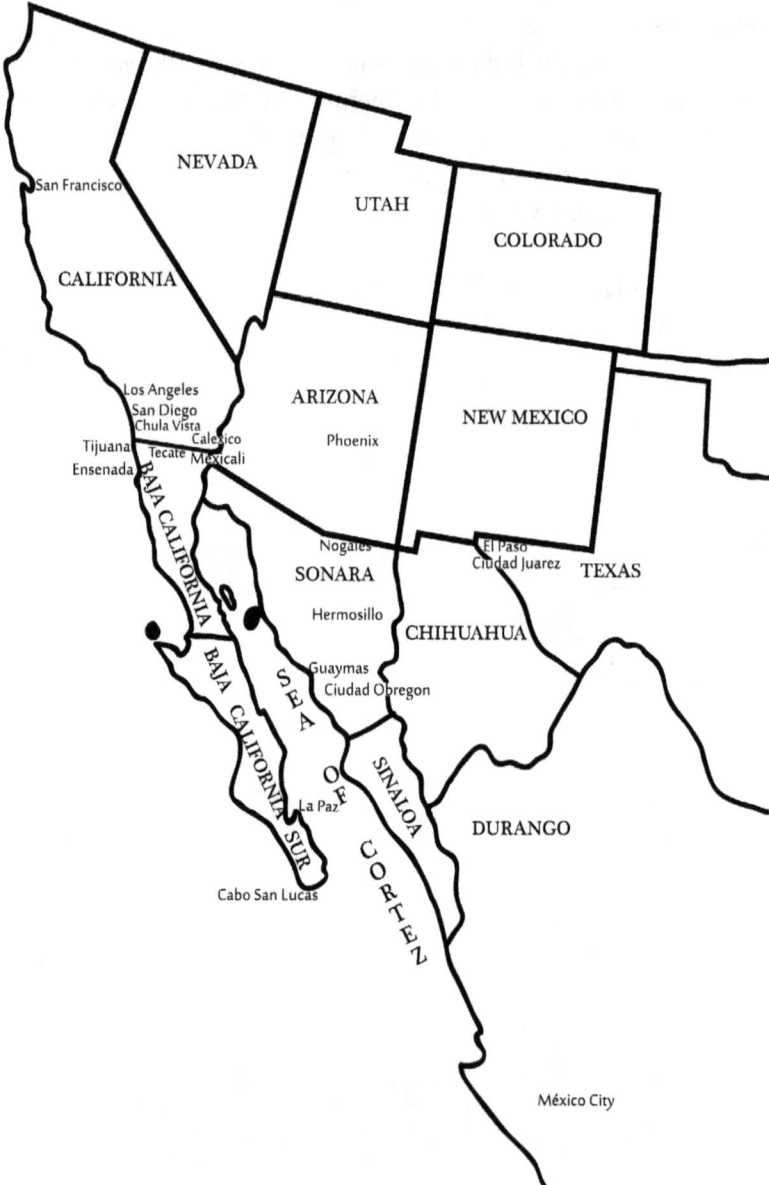

Capítulo 1

Ensenada: Cuna de la democracia mexicana

Este libro examina la evidencia histórica que sostiene la afirmación de que Ensenada, Baja California, México, es la "cuna de la democracia mexicana". Ensenada se localiza a 150 kilómetros al sur de San Diego, California, y cuenta con una histórica paradójica; por una parte es considerada "la perla del Pacífico", por ser fuente de riqueza, pero por otra, ha sido también llamada la "*dirty Cinderella*" (sucia Cenicienta), por ser un paraíso para juegos de apuestas, prostitución, consumo de alcohol y tráfico de drogas. Curiosamente, el reclamo de que esta ciudad es la cuna de la democracia tiene que ver con esta contradictoria reputación. Podemos afirmar que esto se debe a los cambios políticos que precedieron a una revolución política pacífica que se gestó en México en las décadas de 1980 y 1990. Sin duda, la imagen de Ensenada como un pueblo fiestero, pero a la vez rico e independiente, contribuyó para que esta ciudad se convirtiera en una fuerza democrática. La historia de Ensenada se caracteriza por la expresión de una variedad de formas de resistencia política al sistema político predominante en México, que ha sentado precedentes en cuanto formas democráticas de participación política. Estos procesos democráticos tuvieron entusiasta acogida en esta ciudad incluso antes de que se le permitiera elegir su propia municipalidad en 1888. A principios del siglo XX, los ensenadenses pidieron elecciones locales y repetidamente solicitaron al gobierno federal nominar a un local como gobernador del territorio, con esto resistiendo el patrón que se venía presentando por parte de los presidentes mexicanos en curso de nombrar a sus allegados de otras partes de México como gobernantes de Baja California.

La resistencia al centralismo es una característica que ha prevalecido por largo tiempo en los estados fronterizos en general y, especialmente, en Baja California, donde Ensenada sentó precedente. Esta resistencia se manifestó en la rebelión electoral democrática que tuvo parte en Ensenada en la década de 1980, cuando los partidos políticos de oposición, particularmente el Partido Acción Nacional (PAN), logró el fin del dominio del Partido Revolucionario Institucional (PRI) en el gobierno municipal. Este triunfo democrático se repitió a nivel estatal, dando lugar al histórico evento en el cual un partido de oposición ganó la gubernatura del estado. Estos cambios están relacionados con el capital político de Ernesto Ruffo Appel, gerente de una planta procesadora de pescado en Ensenada, cuya participación en este proceso de reforma democrática inició con su elección como presidente municipal de Ensenada en 1986. Esta elección sirvió como andamiaje para que, en 1989, Ruffo Appel obtuviera la gubernatura de Baja California, convirtiéndose con ello en el primer gobernador de un partido de oposición en el México moderno.

Durante las elecciones para elegir gobernador del estado, el pueblo de Baja California expresó masivamente su apoyo a Ruffo Appel, fenómeno que fue conocido como la "Ruffomanía". En ese contexto, la población se involucró en un levantamiento popular ocurrido en los alrededores del plantel escolar en Ensenada que servía como campamento temporal para la comisión local electoral y como resguardo de las boletas de la elección. Conscientes de la práctica común de intercambiar y llenar las urnas con votos fraudulentos, la gente de Ensenada montó guardia permanente por un período de dos semanas, hasta que los votos fueron contados y recontados y el resultado de las votaciones fue anunciado oficialmente. En consecuencia, su alcalde, Ernesto Ruffo Appel, fue proclamado vencedor. Esa fue la primera vez en la historia moderna de México que un candidato del partido de la oposición fue galardonado como gobernador.

Una vez en la gubernatura, Ruffo Appel instituyó reformas electorales a nivel estatal que impulsaron transformaciones nacionales, mismas que eventualmente condujeron al PAN, en el año 2000, a dar fin a un período de gobierno de 71 años interrumpidos por parte del PRI. Los dramáticos cambios en las políticas nacionales inspiraron a algunos ensenadenses a proclamar su ciudad como "la cuna de la democracia mexicana". En retrospectiva, las elecciones de Ruffo Appel fueron percibidas como propulsoras de cambios radicales que permearon las políticas nacionales en la siguiente década, dado que las reformas electorales promovidas por éste fueron adoptadas a nivel nacional, dando pie a la victoria del candidato socialista Cuauhtémoc Cárdenas como Jefe de Gobierno de la capital del país en 1997 y a la histórica elección del candidato del PAN Vicente Fox como presidente de México en 2000. Esta victoria del PAN terminó con el monopolio del PRI en la presidencia del país, lo cual llevó a una gran cantidad de ensenadenses a sentirse agentes de estos impresionantes acontecimientos.

Ante esta serie de eventos surgen estos cuestionamientos: ¿Tuvo en realidad Ensenada un papel central en estos históricos eventos? ¿Es realmente Ensenada una cuna de democracia? ¿El reclamo de ser el lugar de nacimiento de la democracia debiera estar más profundamente fundamentado que simplemente unas décadas de obvia oposición a las fuerzas políticas dominantes de México? ¿Existe realmente la democracia en Ensenada y Baja California? ¿El ascenso del PAN al poder ha marcado una diferencia real en estos lugares? Si lo fuera, ¿Por qué Ensenada habría de jugar ese peculiar papel, como propulsor de la democracia mexicana? El objetivo de este libro es responder estas preguntas con evidencia histórica.

Es indiscutible que las elecciones en Ensenada y Baja California en los 1980, provocaron inesperados cambios políticos, considerados por ciertos analistas como resultados delefecto demostración que inspiraron transformaciones democráticas pacíficas en otras partes de México. Para algunos, el arribo del primer gobernador de oposición en 1989, fue sólo un experimento democrático permitido por el PRI, sin embargo, los cambios que iniciaron en Ensenada alentaron la percepción a lo largo de México sobre las posibilidades de participación democrática. Así, la victoria del PAN puso en movimiento cambios en el sistema electoral que eventualmente transformaron los procesos nacionales de votación. Cambios en la credencialización y los procesos relacionados con las comisiones electorales aseguraron la victoria de Cuauhtémoc Cárdenas como Jefe de Gobierno del D.F. y Vicente Fox como Presidente, razón por la cual los ensenadenses orgullosamente reclaman que su ciudad es "cuna de la democracia mexicana".

¿Por qué Ensenada, más que Tijuana, Mexicali u otros lugares en México, dio lugar a tan oportunos cambios? Ciertamente, no a causa del tamaño de la población, la cual se ve empequeñecida por los millones de mexicanos que se concentran en las citadas ciudades asentadas a lo largo de la frontera norte. ¿Por qué Ensenada contó en conjunto con potenciales e influencias distintos a las que se encontraban en otros lugares de México?

Este libro presenta la singular historia de Ensenada, en la cual la ciudad, la municipalidad que lleva su nombre y la región fronteriza de Baja California han seguido una trayectoria muy distinta del resto de México. Que quede bien claro: Los ensenadenses son *muy mexicanos* y están orgullosos de serlo, aunque desde sus inicios se han diferenciado de los mexicanos típicos de su tiempo. Estas diferencias fueron resultado de las peculiares oportunidades y estructuras que les fueron impuestas y que en última instancia colocaron de manera significativa a Ensenada por delante de otras partes de México.

¿Cómo llegó Ensenada a tener este destacado papel? Ensenada, por una parte, puede ejemplificar el referente del famoso lamento del Presidente Porfirio Díaz: "Pobre México, tan lejos de Dios, tan cerca de los Estados Unidos", frase que refleja las actitudes de los mexicanos acerca de su padecer en manos de los estadounidenses, tal como el percibido a causa de la pérdida de la mitad de su territorio durante la guerra entre México y Estados Unidos. Pero en todo caso, Ensenada ha sido en muchos aspectos ejemplo de todo lo contrario. Desde sus inicios, la proximidad entre Ensenada y Estados Unidos ha sido vital en una economía que en la actualidad depende del turismo, más que de otros sectores, en la generación de empleo. La gran distancia de la capital mexicana y el histórico control centralista han forjado el singular carácter de la ciudad de Ensenada. Así, desde una área remota de México, Ensenada seguía su propia trayectoria de desarrollo, libre de algunas de las más restrictivas condiciones presentes en otras partes del país, siendo beneficiario de consideraciones especiales en cuestiones de importación como resultado de este aislamiento. Esta mayor libertad del control central ha caracterizado el desarrollo de Baja California. La distancia de las instituciones y prácticas coloniales tradicionales permitió a los territorios del norte de México desarrollar una estructura de clase y ciudadanía, así como educación, empleo y prácticas políticas distintas a aquéllas características del centro del país. En este aspecto, Ensenada no es completamente distinta a otras áreas del norte de México reconocidas como cuna de varias formas de oposición a los dictadores mexicanos. Así, uno podría argumentar que Ensenada no es el único lugar de nacimiento de la democracia en México, sino simplemente uno de los tantos lugares en donde se gestó.

Pero, ¿qué es democracia? ¿Realmente las victorias del PAN trajeron democracia a Ensenada y Baja California, o meramente transformaron el poder sin influir en el proceso de democratización, como algunos afirman? Este libro evalúa conceptos de democracia y muestra cómo se éstos se han materializado en Baja California y Ensenada.

Los elementos que soportan el principal argumento de esta publicación, en el sentido de que Ensenada debe ser considerado una peculiar ciudad en donde tuvo lugar el nacimiento de la democracia mexicana, son de carácter histórico. Las tendencias democráticas de la población ensenadense tienen una historia profunda, en la cual circunstancias particulares relativas a la fundación de la región y la ciudad han otorgado una cualidad única al carácter de los ensenadenses. Es el propósito de este trabajo describir esos eventos históricos que ponen al descubierto las bases para considerar a Ensenada como cuna de la democracia mexicana. Esta trayectoria histórica coloca a Ensenada como precursor de cambios que han ocurrido en varias partes de México, aunque con mayor rapidez dado su particular carácter histórico. Esta obra concluye con una reflexión sobre la evidencia de que la democracia continúa funcionando en esa ciudad.

Ensenada y su contexto histórico

Este libro tiene como primer propósito demostrar a través del análisis histórico, que las tendencias democráticas están profundamente enraizadas en el pasado de Ensenada. Un segundo propósito es proporcionar evidencia de los alcances democráticos de los acontecimientos ocurridos en la década de los 1990. Finalmente, el tercer propósito es proveer información sobre un lugar en México que ha sido desatendido en la literatura de habla inglesa (Véase también a Piñera 1995 y Ugalde 1970).

En este sentido, aunque la información que presento en este trabajo no es nueva, los argumentos que sostengo y la documentación que los sustentan sí lo son. Si bien en el Capítulo 8 he incorporado la revisión de documentos históricos primarios, principalmente periódicos publicados en Ensenada en los 1980, mi principal preocupación ha sido ilustrar el pasado y el desarrollo democrático de Ensenada, basándome en una serie de fuentes secundarias en idioma español publicadas por el Instituto de Investigaciones Históricas de la Universidad Autónoma de Baja California, que desde la década de 1980 constituyen un impresionante cuerpo de información acerca de Ensenada y Baja California. Las fuentes que han sido de particular importancia en mi investigación son las siguientes:

Visión histórica de Ensenada (Moyano de Guevara y Martínez Zepeda 1982)

Baja California un presente con historia (Velásquez Morales 2002)

Ensenada: Nueva aportaciones para su historia (Maríñez y Medina Gómez 1999)

Memorias anuales del seminario de historia de Baja California

Estas fuentes dieron impulso a uno de los propósitos de la edición en inglés de este libro: poner al alcance de los lectores de habla inglesa la información que hasta la fecha ha estado principalmente disponible sólo en español. A pesar de que Ensenada es una importante ciudad cerca de la frontera con Estados Unidos, se ha publicado muy poco sobre ella en el idioma inglés.

En mi opinión, la contribución que esta publicación hace es única tanto en la literatura en español como en inglés ya que se trata de una compilación de datos que se enfocan en demostrar la continuidad de las fuerzas democráticas en Ensenada y regiones aledañas a lo largo de casi dos siglos. Este libro se ha organizado desde un enfoque histórico que muestra el contexto en el que tuvieron lugar los dramáticos acontecimientos políticos que se extendieron por Ensenada y Baja California en la década de los 1980 y principios de los 1990. El análisis histórico es principalmente cronológico, aunque algunas tendencias y épocas se superponen. Cada capítulo se enfoca en un periodo de relevancia histórica.

El Capítulo 2, "La historia temprana: Baja California antes de Ensenada" muestra cómo los asentamientos eran impuestos y sumamente controlados por las órdenes religiosas que pretendían colonizar la península, diezmando a los pueblos indígenas y dejando a la península virtualmente libre para el desarrollo de ranchos orientados al comercio internacional, principalmente con los Estados Unidos.

El Capítulo 3, "La colonización de Ensenada por parte de extranjeros", ilustra cómo los planes para la colonización de la península atrajeron a grupos foráneos que le dieron un carácter único a la región, estableciendo poderosos intereses comerciales y dejando una marca indeleble en la fundación de Ensenada.

En el Capítulo 4 "Ensenada y la Revolución Mexicana" se muestra cómo el aislamiento de Ensenada y Baja California durante la revolución mexicana, facilitó el desarrollo de patrones peculiares que fortalecieron la formación de una burguesía local y una comunidad comercial dependiente de la economía de Estados Unidos.

La formación de la frontera económica durante la "Era de la Prohibición" en Estados Unidos, queda cubierta en el Capítulo 5 "La prohibición y el surgimiento de emprendedores político-económicos". Durante este período se establecen las bases para una economía turística que facilita las condiciones para la independencia financiera y el desarrollo de industrias locales.

El Capítulo 6 "La Gran Depresión y la Segunda Guerra Mundial en Baja California" documenta cómo en este período histórico, el cual coincide con la creación de la "zona libre" [tributaria] y la aplicación de la Reforma Agraria, se produjo una importante migración hacia la región y se cimentaron las bases para la dependencia de la economía de Baja California a la de Estados Unidos.

El Capítulo 7 "Baja California como estado y la imposición de estructuras estatales corporativistas" examina cómo la consolidación de Baja California como estado llevó a un conflicto entre las tendencias democráticas locales y las políticas centralistas impuestas, produciendo una crisis que desestabilizó al régimen gobernante.

El Capítulo 8 "Democratización de Ensenada y Baja California", analiza la revolución electoral que inició en Ensenada durante la década de los 1980 y se extendió a nivel estatal, y muestra cómo los cambios producidos por Ruffo Appel y el Partido Acción Nacional impulsaron el fortalecimiento de la democracia en Baja California. Este libro concluye que, en efecto, la democracia ocurrió en Ensenada y Baja California e inspiró a la nación.

Ubicación de Ensenada en México

La ubicación de Ensenada en un importante puerto sobre el Océano Pacífico, cerca de 160 kilómetros al sur de San Diego, California, obliga a un análisis con perspectiva global. Sin duda, la localización geográfica de Ensenada es un factor que hace de esta ciudad un importante escenario del comercio internacional y de procesos transnacionales con bases históricas. Esto se explica por el hecho de ser el mayor puerto norteño con cercanía a los Estados Unidos, con una sostenida apertura hacia Asia y la cuenca de Pacífico. Sin embargo, más allá de la ubicación geográfica, el carácter globalizado de esta ciudad ha sido determinado principalmente por las particularidades de su desarrollo histórico, migratorio, económico, político e internacional.

Este libro pone especial énfasis en la ciudad de Ensenada, aunque en su análisis incluye al municipio en su conjunto, que lleva el mismo nombre. En mi opinión, la historia y el destino de ambos no pueden abordarse separadamente, sobre todo si consideramos que históricamente la ciudad de Ensenada fue el centro de una entidad política mucho más grande. De hecho, las primeras constituciones de la República Mexicana reconocían a las Californias (Baja y Alta) como un territorio combinado; la Constitución de 1824 reconoce por separado los territorios de Alta California (actualmente el estado de California, E.U.A.) y Baja California (los actuales estados de Baja California y Baja California Sur). En 1850, después de la pérdida de Alta California por México, como resultado de la guerra entre México y Estados Unidos (1846-1848), se implementó la división de la península en Partido Norte y Partido Sur, la cual corresponde aproximadamente a los modernos estados de Baja California y Baja California Sur.

En 1872, la cabecera de gobierno del Partido Norte se estableció en Real del Castillo y, en 1882, ésta fue transferida a Ensenada, a 48 kilómetros al oeste. En 1887, Ensenada se convirtió en centro de una nueva estructura política, el Distrito Norte, y permaneció como tal las tres décadas siguientes hasta que, en el contexto de la Revolución Mexicana y el desarrollo agrícola del Valle de Mexicali, se consideró más conveniente trasladar los poderes del Distrito Norte a esta ciudad localizada en la línea fronteriza. Poco después, Mexicali fue reconocido como un municipio, separado del territorio previamente administrado por el gobierno municipal de Ensenada. Este mismo proceso se siguió posteriormente en los casos de Tecate, Tijuana y más tarde Rosarito, reduciendo sólo un poco el vasto territorio que correspondía a Ensenada. En 1930, Baja California se dividió en Territorio Norte de Baja California y Territorio Sur de Baja California, justo a la altura del Paralelo 28, y en enero de 1952, se erige en Estado.

Al terminar de escribirse este libro, Ensenada era el municipio de mayor extensión de México y ostentaba la reputación de ser el municipio más grande del mundo, con una extensión aproximada de 643 kilómetros que van de su frontera sur con Baja California Sur, en el Paralelo 28, hasta cerca del Paralelo 32, 40 kilómetros al sur de la frontera con Estados Unidos. Esta delimitación y extensión del municipio de Ensenada podrían cambiar en un futuro no muy lejano, considerando que el Valle de San

Quintín, al sur, se encuentra solicitando su reconocimiento como municipio.

No obstante, Ensenada sigue jugando un papel importante en el futuro de México, como el puerto de aguas profundas más importante en esa región del país. En la actualidad, esta ciudad cuenta con uno de los estándares más altos de vida en México, y el desarrollo de la educación e investigación ha hecho que en las décadas recientes los ensenadenses cuenten con algunos de los más altos niveles de educación en México. De hecho, a la entrada de la ciudad de Ensenada puede leerse el slogan, "Enseñada. La ciudad con mayor número de científicos per cápita en el país". Por otra parte, este puerto sirve como una de las puertas de acceso más importantes hacia el país vecino del norte y hacia el resto del mundo, con más de medio millón de pasajeros que arriban anualmente en cruceros que anclan en este puerto.

En México existe un dicho que reza: "Cuando Estados Unidos estornuda, México se resfría". Sin duda, este dicho es el resultado de una experiencia constante en la ciudad de Ensenada, la cual ha sido reiteradamente afectada por los cambios en la economía ocurridos al otro lado de la frontera, aproximadamente 100 kilómetros al norte. Las estrategias desarrolladas por Ensenada para lidiar con esta serie de cambios dramáticos que han afectado a México en los años recientes, sugieren que todo el país debería voltear su mirada a esta ciudad.

México y provincias adyacentes 1810

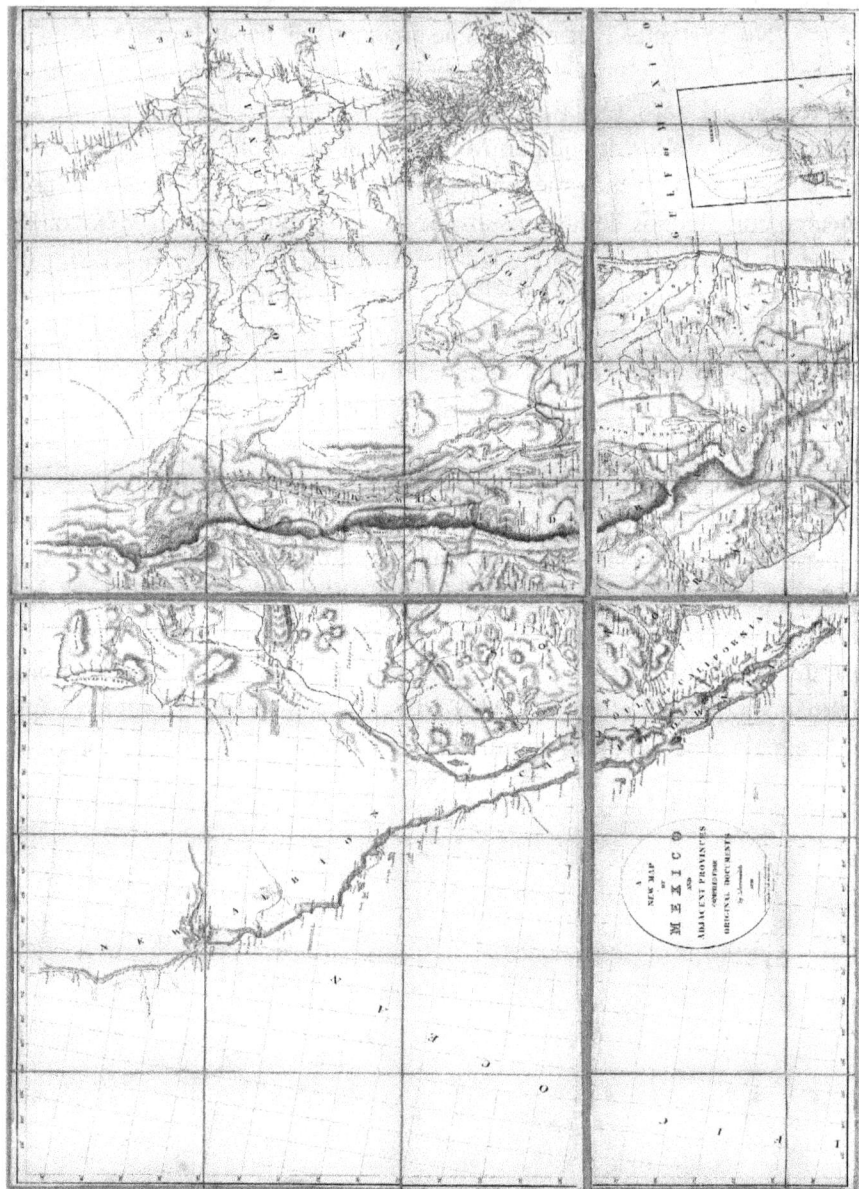

Capítulo 2

La historia temprana: Baja California antes de Ensenada

El origen y naturaleza exacta de los primeros pobladores de Ensenada es conocida sólo parcialmente, aunque los académicos han concluido que su presencia en la región tiene de 10 a 12,000 años. Los asentamientos más recientes de indígenas diegueños, pertenecientes al grupo lingüístico yumano que todavía habita la región, datan de 2,000 años. No obstante, al parecer estos grupos no se establecieron permanentemente en las inmediaciones del Puerto de Ensenada, debido a la falta de agua potable y a su estilo de vida nómada, aunque sí utilizaron el área, obstaculizando el paso de los misioneros españoles y dificultando el desarrollo de las actividades de éstos en la región. Otros grupos indígenas del área son los pai pai, tipai, kumiai y kiliwa, los cuales se encuentran en pequeños números en comunidades indígenas dentro del municipio de Ensenada. Estos grupos de lengua yumana que son parte de la prehistoria de la región de Ensenada[1] tienen parentesco con otros que en la actualidad habitan en Arizona, Estados Unidos. Estos son los yavapai, hualapai y havasupai.[2]

El descubrimiento de Ensenada por parte de los europeos se atribuye al portugués Juan Rodríguez Cabrillo, quien ingresó a la Bahía de Ensenada en 1542, nombrándola Bahía de San Mateo. A lo largo del siguiente siglo y medio de exploración española en el área, no se fundaron colonias u otro tipo de asentamientos españoles en la región de Ensenada (Mathes 1999). En 1602, durante sus viajes a lo largo de la costa del Pacífico de Norte América, el explorador español Sebastián Vizcaíno entró a la bahía, llamándola Bahía de Todos Santos. A pesar de estas tempranas exploraciones, la colonización de la región no sucedería hasta casi cien años después.

El periodo misional jesuita (y posteriormente, el de los dominicos) jugó un papel importante en el establecimiento de las colonias españolas en Baja California, produciendo un singular tipo de formación social en estas áreas fronterizas. Las actividades de los misioneros entre las poblaciones indígenas de esta región, presentó algunas similitudes a las desarrolladas en otras partes de México, aunque también algunas diferencias significativas. Esto, debido en parte a los patrones de subsistencia de los indígenas cazadores-recolectores y a las prácticas de control de las misiones. Ambos factores se combinaron para producir patrones de adaptación de los indígenas distintos a los ocurridos en otras áreas de México, en donde la dominación sexual de las mujeres indígenas por parte de los hombres españoles, dio lugar a una población mestiza (la mezcla entre indígenas y europeos), principal estrato social en este país. En lugar de ello, en Baja California se excluyeron a soldados y colonizadores, impidiendo la formación de una población mestiza subyugada, característica de la mayor parte de México. Esto no sólo impidió la formación de poblaciones sedentarias estables, sino que también imposibilitó la introducción de genes europeos en las poblaciones nativas que los hubiera provisto de inmunidad pasiva a las muchas epidemias y enfermedades letales provenientes de Europa.

En consecuencia, con la colonización española se produjo una disminución masiva de las poblaciones indígenas de la península, al tiempo que los indígenas cazadores-recolectores se rehusaban a adaptarse a las actividades agrícolas de las misiones, obstaculizando con ello el éxito que éstas tuvieron en otras partes de México. La ausencia masiva de campesinos mestizos en Baja California dio lugar a un medio social distinto al del resto del país, favoreciendo al desarrollo de una población también distinta.

Lo anterior dio lugar a otro tipo de patrón de desarrollo, caracterizado por el surgimiento de ranchos ganaderos fundados por los soldados misionales y sus descendientes, una vez que desaparecieron las misiones. En estos ranchos españoles, autosuficientes e independientes, se conformaron las primeras poblaciones de la frontera en el siglo XIX, en donde se empleaban a los sobrevivientes de las poblaciones indígenas como trabajadores encargados del manejo de ganado. El empleo de éstos en ranchos muy apartados uno de otro, contribuyó aún más a la desintegración cultural, de manera que, para el final del siglo XIX, las poblaciones indígenas eran virtualmente inexistentes, extensamente dispersas en el paisaje y ligadas más fuertemente a los ranchos que a sus propias comunidades. El desarrollo social regional, aislado del centro de México y más cercanamente relacionado a los Estados Unidos, produjo una conciencia de ciudadanía altamente independiente, que se manifestó en el rechazo a líderes militares que fueron enviados a gobernar la región a finales de ese siglo, llegando incluso al arresto o "deportación" de aquellos líderes políticos militares que mostraron comportamiento criminal.

El periodo misional[3]

La primera presencia española permanente en el sur de la península de Baja California estuvo relacionada con los misioneros jesuitas, quienes establecieron el proceso de evangelización por parte las organizaciones clericales, provocando la aculturación y explotación de los pueblos indígenas en un ambiente controlado. La evangelización había jugado un papel importante en la colonización española de México desde finales del siglo XVI y cuando la conquista de la península inició de lleno, en 1697, los misioneros ya tenían un sistema altamente desarrollado. El padre Kino llegó con los misioneros a Loreto bajo la dirección de Juan María Salvatierra. Con autorización del virrey y habiendo sido advertidos sobre que no recibirían fondos del gobierno, Salvatierra colectó donaciones de cristianos en México para las labores misionales en California. El sistema jesuita asumió control civil, judicial y militar a nombre de la corona española y extendió el sistema misional hacia la parte sur de la península. En su afán por conquistar almas y poder, los jesuitas excluyeron de manera importante a los colonizadores españoles, dependiendo de la protección de una mínima presencia de militares, la cual estaba bajo control misional. Mediante la utilización de regalos y alimentos, los misioneros persuadieron a los indios a trabajar con ellos en la construcción de las misiones. El propósito de esas misiones era el de concentrar a las poblaciones indígenas para cristianizarlas y emplear su fuerza en la construcción y mantenimiento del sistema misional, así como en la manutención de las poblaciones misionales. Los jesuitas empezaron a cristianizar a los indios en tanto que los primeros aprendían la lengua indígena y les enseñaban español a los segundos. Por otro lado, la milicia jugó un papel central en la protección de los misioneros y en el control de las poblaciones indígenas, convirtiéndose en la fuerza principal que llevó al sometimiento, esclavización y exterminio de la población indígena de la península. Por consiguiente, los soldados se vieron enfrentados en frecuentes riñas mortales con los indios, en tanto que éstos empezaron a experimentar mortalidad de forma masiva debido a las epidemias de sarampión, viruela, influenza, disentería y tifo introducidos por los misioneros y los soldados.

El dominio misional fue desafiado por una insurrección de pueblos indígenas en 1734, forzando a los jesuitas a solicitar ayuda militar adicional del gobernador de Sonora. Esta presencia militar adicional cambió gradualmente el carácter de los colonizadores españoles, dado que los soldados dejaron de estar bajo su control. Más aún, no se trataba de personal militar en un sentido estricto, sino que tenían también posiciones importantes como mercaderes, rancheros y mineros (Velazco 1999). Esto condujo a la disminución del poder absoluto de los misioneros y a la tendencia a la secularización que continuó a lo largo del siglo XIX, ejemplificado en la expulsión de los jesuitas de la Nueva España en 1769. Mathes (2002) concluye que los esfuerzos de los misioneros fallaron, en gran medida a causa de la poca resistencia por parte de los indígenas a las enfermedades introducidas por los españoles.

Cariño (2002) señala otras razones para el fracaso del sistema misional relacionado con la destrucción de la simbiosis entre los pueblos indígenas y su medio ambiente. Los procesos de aculturación impuestos por los misioneros destruyeron las adaptaciones culturales de los indígenas al ambiente, dejándolos sin el conocimiento necesario para sobrevivir con los recursos locales. Este proceso inició con la estrategia de los misioneros de obtener el control sobre los indígenas proveyéndolos de alimento, para posteriormente utilizarlo como un medio para lograr su sumisión. Esto produjo dependencia por parte de los indígenas, particularmente por parte de los jóvenes, sobre las fuentes de alimentos de los misioneros. Una vez que las poblaciones indígenas estuvieron en la esfera de influencia de los misioneros, las estrategias iniciales se desviaron hacia el uso de la fuerza bruta y el castigo con el fin mantener a los indios confinados y como participantes activos del sistema misional. Este confinamiento sentó las bases para la destrucción de las adaptaciones culturales tradicionales al medio ambiente, propiciando principalmente la separación de los jóvenes de los ambientes ancestrales y, frecuentemente, también de sus padres y otros adultos mayores que permanecieron fuera del control misional. Los misioneros intentaron enseñar las prácticas agrícolas a los indígenas, pero la instrucción fue infructuosa debido a lo reducido de las áreas idóneas para la agricultura y a los ciclos de sequías e inundaciones que impidieron una agricultura efectiva.

La deficiente agricultura hizo de la hambruna una realidad; la alternativa forzosa para los misioneros fue la de liberar a segmentos de los conversos para que regresaran a su estilo de vida como cazadores y recolectores y pudieran sobrevivir, debilitándose así los procesos de evangelización y aculturación. Con esto se comprobó la inefectividad de la estrategia, dado que los indios evangelizados habían perdido para entonces el conocimiento de su ambiente y las formas previas de proveerse de alimentos, orillándolos a una hambruna masiva, susceptibilidad a las enfermedades y, por último, a una resistencia armada en su lucha por sobrevivir. La población estimada de 50,000 indígenas en la península de Baja California al tiempo de la llegada de los españoles (iniciada alrededor de 1700) se redujo a menos de 5,000 para el año 1800.

La salida de los jesuitas de Baja California en 1768 fue pronto seguida por la entrada de los misioneros franciscanos bajo las órdenes de Junípero Serra y posteriormente por misioneros dominicos. El ambiente político había cambiado para entonces con la designación de un gobernador militar en California, reduciéndose así el poder de los evangelizadores. Más aún, el nuevo gobernador militar, Portolá, delegó la administración de las misiones existentes a los soldados. Los conflictos entre clérigos y los militares y administradores políticos se exacerbaron y empezaron a manifestarse cotidianamente en una lucha por el control, ya fuera directamente o por la vía de apelaciones a autoridades civiles de mayor jerarquía.

Las nuevas órdenes misionales empezaron la expansión de los sistemas de las misiones desde lo que es hoy Baja California Sur hasta las regiones norteñas de Baja California y Alta California, administradas en gran medida por los dominicos y los franciscanos, respectivamente. Serra tomó importantes recursos de las misiones del sur y las transportó al norte para apoyar el establecimiento de nuevas misiones. No obstante, estas misiones padecieron por la falta de apoyo material y la gran distancia del control administrativo, dado que el centro gubernamental permanecía en Loreto (en lo que actualmente es Baja California Sur). Consecuentemente, las misiones y otros aspectos de las colonias españolas en Baja California se desarrollaron lenta y esporádicamente. Asimismo, la política de las misiones de excluir a los colonizadores civiles en Baja California redujo el crecimiento de la presencia española, básicamente compuesta de los misioneros y los asentamientos de soldados en el territorio. Más aún, el objetivo político principal de la corona española consistía en defender la frontera norte en lo que ahora es la frontera sudoeste de Estados Unidos, por lo que el desarrollo de las misiones y asentamientos de Baja California tenía menor prioridad. El principal plan de Junípero Serra consistía en establecer una cadena de diez misiones entre San Diego en el sur y Monterrey en el norte, además de seis misiones en Baja California. Los dominicos llegaron unos años después, y empezaron a expandir las regiones del sur hacia el Río Colorado.

El sistema misional se extendió lentamente en la península de Baja California a finales de los 1700 y principios de los 1800, haciendo presencia entre los pueblos indígenas y conectando los sistemas misionales de Baja y Alta California. Aunque los misioneros declinaron en su intento de crear asentamientos directamente en el área de Ensenada debido a la escasez de agua (Mason 1986), establecieron misiones en las áreas aledañas de Santo Tomás, al sur (1791), San Miguel, al norte (1797) y Guadalupe del Norte, al noreste (1834).

Sin embargo, el ideal de una población indígena permanente ligada a las misiones casi nunca ocurrió en Baja California debido a la escasez de recursos y la inhabilidad de los sistemas misionales de proveer alimentación adecuada para los indígenas. En consecuencia, éstos abandonaban frecuentemente las misiones para volver a su estilo de vida como cazadores y recolectores, lo cual les permitía mantener contacto con grupos no misionales y finalmente los condujo a abandonar las misiones. No obstante, un gran número de indígenas falleció de inanición debido a que se encontraban demasiado débiles para retomar su estilo de vida como cazadores y recolectores. Así, los efectos de las misiones en los pueblos indígenas, incluido el control por parte de los militares y las enfermedades epidémicas que introdujeron, se intensificaron en la última parte del siglo

XVIII debido a los períodos cíclicos de sequías e inundaciones que destruyeron los cultivos.

Durante el tiempo que las misiones estuvieron en la región, los misioneros no lograron el control sobre la tierra o población indígenas. Muchos grupos nativos que eran considerados como evangelizados no pudieron adaptarse al sistema cultural de las misiones, y aquellos expuestos a éste con frecuencia se convirtieron en hostiles enemigos. El paso por el área de Ensenada era particularmente difícil, con frecuentes encuentros bélicos con las poblaciones nativas de la región (Magaña 1999). Los constantes esfuerzos de los misioneros por controlar a los grupos indígenas dentro de los sistemas misionales provocaron un aumento en la resistencia hostil tanto por parte de los indígenas evangelizados como por los no evangelizados. Una variedad de factores impidieron la expansión de la evangelización hacia el final del siglo XVIII y los llevó a su caída en la primera mitad del siglo XIX. El crecimiento de los hatos de ganado en las misiones y de otros ranchos con actividades relacionadas al pastoreo, incrementaron las oportunidades de los nativos de robar para su sustento, provocando reacciones hostiles por parte de los misioneros y de los militares que los apoyaban.

El aumento en la frecuencia de movimientos de los misioneros y otros por las rutas establecidas entre Baja y Alta California también contribuyó a incrementar el contacto e intensidad de hostilidades con esas poblaciones indígenas. Debilitados por hambrunas y epidemias, las comunidades indígenas sufrieron una dramática disminución en sus poblaciones y, desesperados por su sobrevivencia, los nativos se volvieron en contra de misioneros y soldados, iniciando una serie de ataques sobre los sistemas misionales. Durante estos ataques, dieron muerte a misioneros e incendiaron misiones y campos agrícolas, provocando con ello mayores represalias contra sus ya debilitadas comunidades. La mayor parte de éstas fueron abandonadas para 1830, y para 1840, quedaban activas solamente dos en el área fronteriza (Magaña 1999). Del Carmen (2002) señala lo obvio: que los indígenas de Baja California probaron su resistencia a la conquista material y espiritual.

Cariño (2002) concluye que, sin embargo, los efectos -directos e indirectos- de los sistemas misionales fueron tan devastadores que la esencia de las culturas yumanas de Baja California fue destruida por completo. Aunque no todos los indígenas murieron, los sobrevivientes adoptaron formas de vida occidentales en sus trabajos en ranchos y minas.

En este sentido, los misioneros habían alcanzado un objetivo no planteado: despejar el área de lo que se convertiría en Baja California para lograr una nueva fase de desarrollo económico. El éxito de las misiones en el control al acceso a la península conllevó a otro efecto a largo plazo. En otras áreas de México, los españoles dieron origen a una población mestiza a través de actividad sexual con los nativos; este grupo conformó rápidamente el grueso de la población de otras áreas del país. Este no fue el caso en Baja California, donde el aislamiento de los indios de la limitada presencia de militares impidió la formación de una numerosa población mestiza. La falta de una clase sometida de trabajadores agrícolas tendría un efecto permanente en Baja California y su desarrollo.

Los desarrollos ganaderos[4]

Las Californias escaparon por mucho tiempo de las consecuencias devastadoras del movimiento de independencia de México de 1810. De hecho, a principios del siglo XIX, el control central sobre estas zonas remotas disminuyó significativamente. No obstante, con el paso del tiempo las hostilidades interrumpieron la llegada de abastecimientos vitales a las misiones, contribuyendo a su desaparición. Abandonados por largo tiempo los misioneros, sólo tres de ellos permanecieron en la región fronteriza al momento de la independencia de México en 1821. De igual forma, la posterior independencia de México hizo poca mella en la región, dado que el país entró en un período de varias décadas de inestabilidad a principios del siglo XIX, debilitando aún más el control sobre la región. Durante ese tiempo, se incrementó el contacto de Baja California con buques de otras naciones de origen europeo, especialmente Inglaterra y los Estados Unidos, que desembarcaron principalmente en la bahía de la actual Ensenada. La falta de control central y la creciente flexibilidad para el contacto extranjero se convirtieron en un rasgo característico de Baja California.

La disminución de las poblaciones indígenas, así como la destrucción y el abandono de las misiones sirvieron para reforzar la influencia militar y la importancia de los soldados que se establecieron en la región. Estos dieron origen a la mayor parte de los asentamientos, enfocados principalmente en actividades ganaderas. Los soldados tomaron ventaja de los sistemas de irrigación, ganado y cultivos que los misioneros habían introducido a la región, así como de las poblaciones de indígenas que habían sido entrenados en esos campos. Los soldados habían aprendido mucho de los indios: las características del medio físico, los recursos acuíferos, las mejores áreas para los asentamientos, los alimentos locales y la medicina; todo ello les fue de mucha utilidad en el desarrollo de sus ranchos independientes.

La participación de los militares en la agricultura y ganadería se había convertido en una exigencia en una frontera distante a donde los abastecimientos prometidos desde el centro de México llegaban con años de retraso, o nunca llegaban. Estas condiciones demandaban autosuficiencia y adaptación. Cuando sus comisiones como protectores de las misiones llegaron a su término, los soldados solicitaron en repetidas ocasiones a las autoridades concesiones de tierra que les permitieran asentarse en la región, convirtiéndose en ganaderos y agricultores en las cercanías de las antiguas misiones. Los nombres de algunos de estos soldados –Arce, Armenta, Espinosa, Gastélum, Meléndrez, Ortega y Ruiz– siguen destacando en los nombres de algunas vialidades y líderes políticos de la actual Ensenada y Baja California.

El papel de los soldados colonizadores se ejemplifica en el establecimiento de asentamientos en el área de Ensenada. Los núcleos españoles dentro de los límites de la Bahía de Todos los Santos de Ensenada iniciaron en 1804 con la aprobación otorgada por el rey de España al Sargento José Manuel Ruíz, quien por sus años de servicio recibió 3,511 hectáreas para establecer ranchos en el área de lo que actualmente es Maneadero, cerca de 15 kilómetros al sur de la actual Ensenada. Su hija y yerno, Francisco Gastélum, heredaron este rancho, aunque su desarrollo permaneció limitado. Esto habría de cambiar en las siguientes décadas, al momento en que la predominancia de los sistemas misionales cedió paso a rancherías privadas (Magaña 1999). La adjudicación a Ruíz fue seguida por algunas concesiones a soldados que habían completado su período de servicio a la corona española. La independencia de España fue seguida por un número aún mayor de concesiones, muchas de ellas autorizadas por José Manuel Ruíz durante su período como gobernador de las Californias. Una vez que el desarrollo de la industria de las rancherías tomó su rumbo en Baja California, en las siguientes décadas, docenas de rancheros se extendieron desde el área de San Quintín hasta la actual frontera entre México y Estados Unidos (Magaña Mancillas 1999).

Cuando los soldados dejaban de prestar sus servicios a los misioneros, regularmente se dedicaban a las actividades propias de las rancherías, estableciendo así ranchos locales que en su mayoría eran autosuficientes. Los soldados-rancheros dependían entonces de los indios evangelizados para los trabajos en los ranchos, un rol que les había sido impuesto durante las primeras etapas de la colonización. Imitando los patrones establecidos en la misión, los rancheros plantaron árboles frutales, cultivos de vegetales y granos, contribuyendo al desarrollo de los recursos regionales básicos. Olivos, uvas, cítricos y una variedad de frutas eran cultivadas con facilidad en los fértiles valles, particularmente en el oeste de la península que se beneficiaban de la humedad del Océano Pacífico. El conocimiento de estos indígenas sobre los aspectos alimentarios de la región jugó un papel importante en el aprovisionamiento de los sistemas agrícolas y ganaderos durante los períodos de escasez y sequía, lo cual los hizo indispensables en la sobrevivencia de las rancherías; su sabiduría sobre el ambiente los hizo también excelentes elementos para el pastoreo, ya que podían encontrar fácilmente agua y pasto para los hatos de ganado.

La ubicación de estos primeros asentamientos en las costas del Pacífico, facilitó la participación de estos colonizadores en el intercambio marítimo y el desarrollo del comercio internacional de la región. Los productos de importación eran principalmente bienes manufacturados como tela, ropa, herramientas y ferretería, mientras que los de exportación eran cuero, fruta, vegetales, queso, carne, vino y otros productos regionales como las pieles de nutria que eran adquiridas principalmente por China. En este contexto de comercio internacional, los ricos recursos marinos de la región atrajeron la atención de los extranjeros interesados en su explotación. Este tipo de intercambio era mayormente ilegal, pero debido a las necesidades impuestas por el aislamiento de la región éste llego a ser un aspecto central de la economía colonial local. De hecho, desde los tiempos misionales ya era notable la presencia de forasteros que habían llegado a la región por materias primas, situación que habían aprovechado los misioneros para adquirir mercancías que en otras circunstancias no habrían estado a su alcance.

La llegada de los buques extranjeros a la región fue un asunto de considerable importancia política para México, dado el temor a una invasión y ocupación extranjera. El comandante local de la frontera, José Manuel Ruiz, registró diligentemente las llegadas y salidas de los navíos foráneos. Comprensivo de las necesidades de los habitantes de la aislada región, quienes de otra manera no tendrían acceso a ciertos bienes, Ruíz ignoró las actividades locales de intercambio ilegal con los barcos foráneos que desembarcaban a lo largo de esas costas. Estas embarcaciones eran la principal, aunque no la única, fuente de artículos extranjeros, ya que los viajes por tierra hacia Alta California y al estado de Sonora en el este fueron también fuente de provisiones. Las conexiones que se establecían con el mundo exterior eran fuente importante de recursos, respeto y reconocimiento local, de tal forma que quienes tenían amigos y familiares en Alta California eran considerados como "distinguidos" en Baja California.

En esta región, los ranchos se establecían en áreas donde había disponibilidad de agua y otros recursos naturales durante todo el año. En la mayoría de los casos, eran lugares en los que se habían establecido previamente los grupos indígenas, y en los que los misioneros habían construido las misiones. Una vez que los clérigos abandonaron estos sitios en la década de los 1840, los antiguos soldados, ahora rancheros, se apropiaron de éstos e incluso de los indios evangelizados que todavía quedaban.

Frente a las cada vez mayores y siempre bien armadas poblaciones invasoras, los indios no evangelizados optaron por retirarse a las montañas. El sistema de reclamo de tierras establecida por España y posteriormente adoptada por el México Independiente, permitió que éstas fueran habitadas por los nuevos colonizadores a quienes se les habían otorgado títulos y escrituras a pesar de tratarse de áreas donde principalmente residían los indígenas de la región. El número aproximado de 885 colonos mexicanos en el área fronteriza fue rebasado por los más de 3,000 indígenas yumanos, quienes fueron desplazados no obstante su superioridad numérica. Los yumanos eran excluidos de la nueva economía, a menos que se dejaran convencer de realizar trabajo en los ranchos, contribuyendo con esto a continuar su aniquilación cultural. De esta manera, los pueblos indígenas de la región siguieron siendo centrales en las operaciones de los ranchos hasta avanzado el siglo XX (Magaña Mancillas 1999).

La guerra México-Americana y los filibusteros estadounidenses[5]

Las condiciones de la Alta California cambiaron dramáticamente durante la guerra entre México y Estados Unidos, en el momento en que éstos últimos incautaron los puertos de San Francisco, Monterrey y San Diego en 1846. El 7 de julio de 1846, la marina estadounidense envió tres buques de guerra a la Bahía de Monterrey y exigió el rendimiento de las autoridades locales. A falta de fuerzas militares importantes, la rendición de los mexicanos y la pérdida de la Alta California tuvieron lugar virtualmente sin combate. La resistencia ofrecida en San Diego fue precaria frente a las arrolladoras fuerzas estadounidenses.

Baja California se libró en gran medida de hostilidades, aunque dos buques de guerra entraron a La Paz. El jefe político local y comandante de Baja California, Coronel Francisco Palacios Mirando, declaro ser un pacifista y rehusó pelear contra los estadounidenses. Además, emitió una declaración justificando su falta de resistencia, señalando el virtual abandono y descuido del área por parte del gobierno mexicano, apuntando la falta de correspondencia oficial del gobierno central en sus dos años al frente de su jefatura. Es por ello que la historia lo ha considerado como traidor, dado que otros miembros de la población opusieron resistencia a los invasores, venciendo a las fuerzas estadounidenses que habían avanzado del área de Mulegé al norte.

Después de la guerra México-Estados Unidos, Baja California pasó a ser una tierra codiciada por los estadounidenses que sabían de sus evidentes riquezas. Aunque inicialmente los Estados Unidos insistieron en la secesión de Baja California como parte del Tratado de Guadalupe-Hidalgo, sus fuerzas finalmente abandonaron la región acompañados de 300 de sus partidarios en Baja California, entre ellos varios líderes políticos que apoyaban la invasión, y partieron para establecerse en Alta California. El apoyo de los Estados Unidos hacia estas personas que decidieron irse a ese país, les generó una buena imagen entre aquéllos que permanecieron en Baja California, reforzando con esto la creciente insatisfacción entre los bajacalifornianos hacia su ineficiente sistema político nacional. Esto hizo a Baja California aún más atractiva para los estadounidenses.

La guerra México-Estados Unidos y la pérdida por parte de México de la Alta California y lo que constituye ahora el sudoeste de Estados Unidos, también tuvo importantes implicaciones para Baja California. La presencia de la economía estadounidenses se extendió en la primera región, y se convirtió en una creciente influencia en Baja California. Entre las más importantes implicaciones de la presencia de Estados Unidos se encontraba la dramática expansión económica que continuó en el norte y los desplazamientos masivos de población. El año posterior a la guerra México-Estados Unidos (1849), el descubrimiento de oro en California envió a decenas de miles de nuevos colonizadores estadounidenses a California, mientras que aproximadamente 7000 mexicanos ocupaban toda la península de Baja California. La región de

California experimentó un rápido crecimiento económico que aceleró la dependencia bajacaliforniana sobre mercancías extranjeras que estaban más al alcance y acentuó la distancia entre Baja California y el centro de México.

El gobierno central de México estaba al tanto de la precaria situación de Baja California, pero a pesar de sus esfuerzos, aún en la segunda mitad del siglo XIX, fue incapaz de establecer ahí una autoridad nacional. Esto se debió tanto a fallas nacionales como a factores locales: la guerra civil y la invasión contribuyeron a la desorganización y negligencia a nivel nacional, a la vez que la distancia entre esta zona y los centros de poder impulsó el carácter independiente de la localidad (Padilla Corona 2002).

La lejanía de los centros administrativos en La Paz frustró repetidamente el progreso en áreas del norte de Baja California. Esto condujo al establecimiento de autoridades locales independientes de las autoridades del Partido Norte, las cuales abarcaban aproximadamente desde la mitad de la península hasta la frontera con Estados Unidos. La cabecera de la división era Santo Tomás. La Ley Orgánica de Baja California aprobada por el Presidente Herrera en 1850 estableció procedimientos para la elección de autoridades locales, las cuales, sin embargo, estaban sujetas al tutelaje de una autoridad política designada por el gobierno federal. Pese a esto, los jefes políticos actuaban con considerable independencia, con frecuencia rehusándose a rendir cuentas a autoridades de más alta jerarquía o a ceder sus posiciones al arribo de sus sucesores legalmente asignados, en tanto que la ciudadanía local, igualmente independiente, con frecuencia desafiaba y arrestaba a los jefes políticos rebeldes, como se ilustra en el siguiente caso. Cuando el Jefe político asignado a Santo Tomás, Capitán Manuel Castro, se encontró con su reemplazo, se negó a entregar su puesto. La ciudadanía local, entonces, confrontó a Castro y a sus seguidores, arrestándolos y forzándolos a salir del país hacia San Diego. No obstante, Castro regresó con los previos jefes políticos y sus fuerzas, provocando la huida de los habitantes de Santo Tomás. Cuando el orden se reinstauró, meses después, con el arribo de soldados leales al gobierno central, la ciudad estaba casi completamente abandonada. Padilla Corona (2002, p. 192) observó, que falló el gobierno central en su intento de establecer una colonia militar para ejercer su autoridad sobre los habitantes de la Partido del Norte. Padilla Corona atribuye esta falla a la falta de preocupación por parte del gobierno central, la dificultad en la comunicación dentro de la región y la falta de reparto de los recursos adecuados, incluyendo los salarios de los soldados y oficiales.

Posteriores invasiones de estadounidenses: De filibusteros y comercio

La negligencia por parte del gobierno mexicano y el aumento en la interacción con los Estados Unidos, contribuyeron a que renacieran las intenciones anexionistas de Estados Unidos. Mercenarios estadounidenses, conocidos como filibusteros, llevaron a cabo invasiones armadas en el norte de México, incluyendo a Baja California. El abogado estadounidense William Walker dirigió una primera invasión en 1853, con el objetivo de tomar control de Baja California. Desde su base de trabajo en San Francisco, Walker obtuvo un buque y los servicios de mercenarios. Aunque las autoridades de Estados Unidos intervinieron y tomaron control del navío y armamento de Walker, como pedía el gobierno mexicano, éstos fueron regresados a Walker y sus fuerzas, permitiéndoles avanzar en la invasión a Baja California. Walker y sus 45 hombres tomaron La Paz en noviembre de 1853, apresando a las autoridades políticas locales y recluyéndolas en su embarcación. Autonombrándose presidente de una república independiente que incluía a Baja California y Sonora, Walker saqueó la ciudad. Asimismo, lanzó edictos estableciendo leyes civiles basadas en los códigos de Louisiana que permitían la esclavitud y se ganó el apoyo de los bajacalifornianos aboliendo los impuestos de importación.

El subjefe político Castillo Negrete, unió entonces a los pocos soldados con los que contaba, y a algunos voluntarios organizados por Antonio María Meléndrez. Las fuerzas mexicanas atacaron a las de Walker, quien se retiró a Cabo San Lucas y posteriormente al área de la actual Ensenada, donde tomaron posesión del rancho de Francisco Gastélum, de noviembre de 1853 hasta febrero de 1854. Las fuerzas mexicanas acorralaron a los hombres de Walker, causando serias pérdidas que se intensificaron cuando los prisioneros de Walker, a bordo del barco, convencieron al capitán de zarpar hacia La Paz. Los combatientes mexicanos empezaban a retirarse cuando Walker recibió refuerzos desde California. Sin embargo, un navío estadounidense apareció en la bahía con órdenes de arresto para Walker y sus fuerzas, forzándolos a replegarse bajo el hostil fuego de parte de los mexicanos. En su retirada hacia el sur, las tropas de Walker atracaron a las rancherías a su paso para reabastecerse de sus ya agotados suministros. La escasez de recursos contribuyó a aumentar alarmantemente la deserción de su ejército, orillándolo a marcharse junto con su compañía rumbo a Sonora, llevando con él el ganado robado. Meléndrez lo interceptó con una fuerza de 40 mexicanos y 300 indígenas yumanos, forzándolo a retirarse hacia San Diego, en donde se rindió ante el ejército de los Estados Unidos. Walker fue acusado de violación de las leyes de neutralidad de Estados Unidos, pero fue posteriormente absuelto de cargos. Walker encontró la muerte años después, al intentar re-tomar control de Nicaragua.

La entrada de intereses comerciales extranjeros

La invasión de los estadounidenses había dejado al Partido Norte en ruinas, con pérdidas de ganado, actividades económicas suspendidas y el abandono de algunas poblaciones que huyeron hacia los Estados Unidos. Al final de la guerra entre México y Estados Unidos, Baja California siguió siendo parte de México, aunque el poder político y económico se mudó del lado de la Alta California, bajo el control del gobierno estadounidense. El reducido número de tropas asignadas a esta región por el gobierno mexicano, con frecuencia se quedaban sin recibir salario, viéndose forzados a abandonar sus obligaciones para buscar su sustento. El proceso de secularización de las misiones desmembró a la última de las misiones en Baja California en 1849, cuyas tierras pasaron a manos de las mencionadas tropas en la década de los 1850. Esto dejó a los indios evangelizados sin los recursos de sus tierras, aunque sus actividades se mantuvieron ligadas a las anteriores misiones. Los nuevos propietarios de dichas tierras continuaron las actividades agrícolas y ganaderas de sus predecesores, al tiempo que los estímulos recibidos de fuentes externas aumentaban la diversificación de su economía. Estas actividades, sin embargo, producían pocas ganancias, ya que el mercado principal se encontraba al otro lado de la frontera, en San Diego, y las tarifas de exportación e importación eran muy altas.

Baja California permaneció tan aislada de México, que su ruta principal de comunicación con la capital era a través de los consulados Mexicanos en San Diego y San Francisco, lo cual reforzó su orientación hacia los Estados Unidos. El desarrollo interno de la economía se basó en una creciente dependencia de las actividades de intercambio internacional ilegal, principalmente con embarcaciones estadounidenses e inglesas, a quienes proveían de materia prima para ranchos y minas, y de quienes se obtenían mercancías procesadas. Los intereses comerciales foráneos se enfocaban en el desarrollo de industrias que permitirían la extracción de materias primas a larga escala, siendo la sal y la industria ballenera los objetivos principales. En este contexto, la venta de mercancías importadas en comercios establecidos pronto se desarrolló. La península de Baja California estaba siendo penetrada por intereses foráneos, los cuales ocuparon posiciones dominantes en el comercio, las finanzas y la banca (Jesús 2002). Las industrias no pertenecían a pequeños comerciantes individuales, sino que eran dirigidas por representantes de grandes comercios internacionales que podían brindar créditos necesarios a los consumidores de la región. El desarrollo de los molinos de trigo hizo de Baja California una fuente dominante de la harina más fina que abastecía no solamente a la península, sino también a algunos estados del oeste de México. Esto ejemplifica el impacto de los extranjeros sobre Baja California, en lo tecnológico y en el comercio.

Desarrollos mineros y la frontera salvaje[6]

El área de lo que en el presente es Ensenada, estaba virtualmente deshabitada en 1870; el viejo rancho de Don Manuel Ruiz y su yerno Francisco Gastélum en Maneadero, eran ocupados por solamente dos personas. Para esas fechas, el Partido Norte, que corresponde al actual estado de Baja California, tenía apenas una población estimada 500 habitantes. Esta situación habría de cambiar dramáticamente en las siguientes décadas. La fiebre del oro de California estimuló la búsqueda de este mineral en Baja California, lo cual dio por resultado su descubrimiento en 1870, al este de Ensenada y en el Valle de San Rafael, por Ambrosio y Manuel del Castillo. Esto atrajo a numerosos inmigrantes de otras partes de Baja California y Sonora, así como a extranjeros, principalmente estadounidenses. Las operaciones mineras de los placeres, sin embargo, fueron pronto ineficaces por la escasez de agua en la región, teniéndose que importar equipo que facilitara otros tipos de actividad minería. Esto con frecuencia involucraba a inversionistas estadounidenses que llegaron a adquirir lucrativos derechos en la minería.

Las mercancías y servicios demandados por los mineros, así como la riqueza generada por la extracción de oro, fomentó el desarrollo de algunos negocios en la región (Padilla 1999). Una ruta para diligencias conectaba a Real del Castillo con Ensenada y San Diego. Hoteles, restaurantes, panaderías y otros negocios pronto transformaron al primero, abriendo oportunidades a los extranjeros, principalmente a estadounidenses, que llegaron a prosperar en la minería. El impulso que tuvo Real del Castillo, condujo a la reubicación de la capital del Partido Norte hacia este sitio.

En 1873 se descubrió oro en Japa, 50 kilómetros al este de Real del Castillo, y en 1874, en La Laguna, hacia el sur. Esto provocó un éxodo masivo de mineros y empresarios estadounidenses del anterior centro minero, quienes seguían los desarrollos en la minería. Los descubrimientos fueron de tal importancia para los negocios en San Diego, que éstos llegaron a financiar el mantenimiento de los caminos que conectaban al puerto con las nuevas regiones mineras. Ensenada también experimentó bonanza debido a los desarrollos mineros, mismos que incrementaron la creciente demanda de productos que circulaban a través del puerto. El volumen de mercancía que llegaba en buques de vapor proveniente de San Diego, motivó al empresario estadounidense Wentworth a construir un almacén portuario en Ensenada. Este tipo de influencias estadounidenses prevalecían en Baja California, y en ese contexto, las incipientes tendencias democráticas de la ciudadanía del Partido Norte se expresaban en 1871 cuando, a raíz de la muerte del alcalde Cecilio Zérega, el ayuntamiento municipal organizó elecciones para reemplazarlo. La cabeza política de Baja California, General Bibiano Dávalos, nulificó las elecciones y otorgó la alcaldía a Manuel Clemente Rojo, frustrando así este esfuerzo democrático.

Los problemas de corrupción política también iban en aumento. En 1871, el presidente del ayuntamiento Antonio Sosa, quien fungía temporalmente como subjefe, organizó un pelotón armado y se aplicó en la búsqueda de un grupo armado de ladrones que habían estado cometiendo abigeato y asaltando rancherías en la región. El pelotón sorprendió y capturó a los ladrones acampando en la Laguna Hanson con un hato de ganado robado. Uno de los acusados fue herido en la pierna durante su captura y ejecutado por órdenes de Sosa. El resto fue conducido a la cárcel de Real del Castillo y, la siguiente mañana, al cementerio local. Ya en ese lugar, Justo Chávez, policía local, recibió órdenes de Sosa de ejecutarlos. A pesar de la protesta de residentes locales, quienes insistían en la aplicación de los procedimientos judiciales, y ante la insistencia de Sosa, Chávez ejecutó a tres de los cuatro prisioneros, indultando únicamente a un menor.

Los ciudadanos locales presentaron una demanda en contra de Sosa, quien fue arrestado y llevado a La Paz para enfrentar un proceso judicial; posteriormente, Sosa fue enviado a Sinaloa, en donde aparentemente fue absuelto de su comportamiento criminal, ya que reapareció en Real del Castillo poco tiempo después. Más aún, en 1873, poco después de que el subjefe José María Villagrana asumiera su posición, fue alertado de una conspiración encabezada por Sosa, quien buscaba robar el tesoro municipal de Real del Castillo. Varios conspiradores fueron apresados en su momento, aunque posteriormente fueron puestos en libertad por falta de evidencias. Esto provocó la indignación de los ciudadanos locales, quienes en protesta decidieron boicotear su servicio voluntario como guardias de la cárcel local, un servicio que resultaba indispensable en una municipalidad que contaba únicamente con un policía. Aprovechando esta situación, otros prisioneros tuvieron la oportunidad de escapar de la cárcel con la ayuda del alcalde local. Evidentemente, estas fallas en la seguridad fueron resultado de la inestabilidad de la región.

El creciente comercio y riqueza de la región fueron campo fértil para el surgimiento de un creciente bandidaje en ambos lados de la frontera. Corona (1999) relata con detalle varios casos de bandolerismo mexicano y justicia fronteriza. Los residentes de Baja California eran frecuentemente víctimas de los asaltos de vigilantes, filibusteros, aventureros y rancheros estadounidenses, algunos de los cuales, estaban enfurecidos por las incursiones de indígenas y asaltantes mexicanos. La correspondencia oficial entre los oficiales políticos y sus superiores en La Paz y la Ciudad de México, documentó su preocupación por los filibusteros que en varias ocasiones entraron al territorio mexicano desde los Estados Unidos, con la esperanza de repetir los movimientos de "independencia" que habían caracterizado el establecimiento de Texas como la República de la Estrella Solitaria (*the Lone Star Republic*). La ausencia virtual de tropas y población en Baja California y la proximidad de decenas de miles de residentes de los Estados Unidos al otro lado de la frontera, tenían peso en las mentes de los administradores políticos del Partido Norte.

La lejanía de los centros de poder en México y la falta de recursos adecuados para la defensa civil con frecuencia provocaron acciones independientes tanto por parte de oficiales designados como de la ciudadanía (Corona 1999). Por su parte, el subjefe Villagrana enfrentaba una situación administrativa común en el Partido Norte: la falta de una cárcel segura, armamento y personal necesarios para mantener la custodia de los criminales y proteger a la ciudadanía. Sus preocupaciones aumentaron cuando un grupo de yumanos atacaron la casa de un juez para liberar a algunos de los suyos, quienes habían sido encarcelados. Los oficiales mexicanos trataron infructuosamente de retener a los prisioneros, frente a cientos de indígenas armados que demandaban la separación del cargo del juez local.

Villagrana convocó al ayuntamiento para decidir cómo dirigir la situación y hacer frente a los peligros que ésta presentaba, pero se encontraron sin personal ni armamento para encarar a esas fuerzas hostiles. Entonces el subjefe decidió allegarse de fondos mediante "préstamos forzados" a los establecimientos comerciales locales, y a través de recursos solicitados a la oficina de aduana de Tijuana. El oficial local de la aduana, sin embargo, denegó tal solicitud por considerarla fuera de la ley. En respuesta a esta negativa, Villagrana tomó el control de la aduana, encontrando que sus recursos sumaban apenas 45 pesos, que no alcanzaban para adquirir las docenas de rifles necesarios para contener a los rebeldes yumanos. Villagrana designó entonces a un colaborador para continuar con el control de la oficina aduanal e incautar los ingresos que ésta llegara a tener en el futuro, y los enviara al "fondo de guerra". En medio de esta confusión, los prisioneros que se habían fugado se pasaron al lado estadounidense de la frontera, fuera del alcance de las autoridades mexicanas; con ello se eliminó la percepción de que los indios pudieran representar una amenaza, haciéndose innecesaria la aplicación de la fuerza.

Los residentes del área continuaron con su tradición de acción política independiente, aplicando los remedios legales –y la fuerza- para remover a los oficiales ineficientes de sus puestos. Unos meses después, un grupo de ciudadanos de Real del Castillo aprehendió a Villagrana en una tienda y convenció al jefe político Manuel Clemente Rojo de que lo encarcelara con cargos en su contra; sin embargo, durante su traslado hacia Guaymas para que enfrentara su proceso judicial, Villagrana escapó. Con su ausencia, los políticos locales escalaron posiciones de mando, tal como era permitido por ley. Quien entonces llegó a ser el nuevo jefe de armas, José Valdez, empezó a amenazar a las autoridades locales y a establecer control sobre la ciudadanía, forzándola a firmar peticiones dirigidas al gobierno en demanda del cierre de las aduanas en Tijuana. Posteriormente, Valdez dirigió a sus tropas para tomar la oficina aduanal de ese lugar, haciendo cada vez más frecuentes sus abusos contra el gobierno y la población local. José Moreno, comandante de las fuerzas militares de Tijuana, y un grupo de ciudadanos de esa ciudad, organizado por Pedro Badillo, enfrentaron a Valdez y le dieron muerte en las calles de Tijuana.

El jefe político y comandante militar de Baja California envió posteriormente a Villagrana a concluir su mandato. La ciudadanía decidió capturarlo siguiendo una orden de aprehensión girada por un juez en contra de Pedro Vadillo, líder del grupo que escoltaba a Villagrana. El comandante militar José Moreno, organizó a un grupo de 30 hombres armados, incluidos algunos ciudadanos estadounidenses, y juntos se dirigieron hacia el rancho de Vadillo, quien huyó hacia los Estados Unidos. El grupo regresó entonces a Tecate, donde la autoridad local Emilio Legaspy y sus seguidores, temerosos de otro movimiento por parte de los filibusteros, huyeron también hacia Estados Unidos en busca de su seguridad. Legaspy y Villagrana se reunieron en San Diego, desde donde partieron en un barco hacia la capital territorial en La Paz. En Real del Castillo tuvieron lugar elecciones de ayuntamiento municipal y alcaldía, resultando electo José Moreno. Su elección, sin embargo, fue anulada por los seguidores de Villagrana y Legaspy. Cuando Moreno se lanzó a la persecución de un prisionero fugitivo, Legaspy, quien había regresado, unificó a la oposición local contra Moreno y autorizó una comisión para arrestarlo. Moreno entonces huyó a Ensenada y abordó un barco rumbo a La Paz.

Andrés Tapia, el nuevo jefe político del territorio se embarcó de La Paz hacia Ensenada para poner orden. Irónicamente, el navío que lo llevaba a él y a 100 soldados, había transportado, en su momento, a Moreno, Villagrana y a otros líderes de los conflictivos movimientos. Tapia y el presidente de México sentían una gran preocupación por la región, la cual era expresada en reuniones públicas en las que se hablaba de que en el área prevalecía un estado de anarquía, de que los pobladores habían ganado la reputación de ser ingobernables y de que los eventos recientes los colocaban al borde de la provocación de un conflicto internacional. La frontera ofrecía una cómoda protección al comportamiento criminal de aquéllos en ambos lados de la frontera. Los que asaltaban las aduanas en Tijuana (por ejemplo, la banda de Pedro Vadillo en 1879), escapaban refugiándose en los Estados Unidos. De igual forma lo hacían los indígenas que robaban, como en la época misional, el ganado de los rancheros al sur y norte de la frontera, y luego huían hacia los Estados Unidos. En ambos casos, las autoridades norteamericanas requerían de una orden de extradición para detenerlos, impidiendo su persecución por las autoridades mexicanas.

Las autoridades federales designadas al Partido Norte siguieron actuando laxamente y con frecuencia fuera de la ley. Por ejemplo, en 1877, el jefe de la Comisión de Terrenos Baldíos, Cayetano E. Treviño, fue acusado de tomar parte de los terrenos que debía repartir, para especular, comercializar, o incluso hacer uso personal con ellos. Cuando el sub jefe político local, Ignacio Alas, demandó y encarceló a Treviño, éste trató de persuadir a la población para sublevarse en contra de su persecutor. En medio de este conflicto llegaron refuerzos militares a Real del Castillo, cuyo capitán determinó que tanto Treviño como el juez local habían sido encarcelados sin el proceso debido y sin haber informado de su detención a sus superiores. Cuando Treviño obtuvo su libertad, Alas huyo a San Diego, dejando a Real del Castillo -y al Partido Norte- sin autoridades políticas debidamente constituidas.

En 1879, el rebelde general mexicano Manuel Márquez de León, inició una insurrección en La Paz que eventualmente lo condujo a Ensenada y a otras áreas del Partido Norte. Un aviso anticipado sobre el hecho causó poco efecto en prevenir la insurrección y las fuerzas se confrontaron en Todos Santos. Aunque era superado en número por fuerzas leales, Márquez logró la rendición de éstas, obligando al Jefe Político Tapia y a otros oficiales gubernamentales a abandonar la capital. En 1880, los simpatizantes de Márquez incendiaron la aduana en Tijuana, donde los soldados locales, habiendo padecido largos periodos sin recibir salario, se unieron a su rebelión. Posteriormente, las fuerzas de Márquez descendieron a Real del Castillo, cuyos habitantes y administradores habían huido a San Diego. Márquez liberó a los prisioneros de la cárcel local, redujo un tercio de los derechos de aduanas y vendió mercancía decomisada por los aduanales de Tijuana. A pesar de esto, sus recursos alimentarios disminuyeron y, mientras viajaba a San Francisco en busca de financiamiento, sus tropas se dispersaron. A su regreso, guió a 130 soldados a través del Rio Colorado hacia Sonora, donde fue vencido.

En este contexto, se consideró que la solución a los frecuentes disturbios era trasladar tanto a la capital del Partido Norte con sede en Real del Castillo, como a la Aduana de Tijuana, hacia Ensenada. Con este mismo propósito de estabilidad, el Jefe Político Tapia, a su regreso a La Paz, hizo una serie de propuestas al Ministerio de Gobierno de México. Entre éstas se encontraban: concesión de tierras a los indígenas, reubicación de las fuerzas militares hacia el área fronteriza, envío de embarcaciones militares a la región, designación de un juez de distrito y la separación de la península de Baja California en dos territorios. Con esto último se daría al Partido Norte una estructura gubernamental propia, que le permitía tener acceso a comunicación directa, en lugar de depender de

La Paz. Otras recomendaciones incluían incentivos para la economía, tales como el pago de empleados civiles y militares de gobierno. Tal vez la propuesta más controversial de Tapia fue la de reforzar la aduana en Tijuana. Lo que la ciudadanía deseaba era la eliminación de los impuestos aduanales y el derecho al libre comercio (Padilla 1999). A falta de una inmediata implementación de las propuestas del Jefe Político, el Partido Norte siguió sumido en la turbulencia.

La fundación de Ensenada

Los descubrimientos de oro en Real del Castillo, en 1870, dispararon la importancia de Ensenada, tanto por ser un puerto con un creciente movimiento de mercancías ubicado a sólo 48 kilómetros de las minas, como por el hecho de ser una fuente significativa de ingresos fiscales. Esta creciente importancia económica del puerto fue otro factor, aunado al político, que condujo a que en abril de 1882 se tomara la decisión de trasladar hacia allá la cabecera del Partido Norte. Los residentes de Real del Castillo mostraron fuerte resistencia a este cambio, resentidos por el descenso del estatus de su poblado como capital, objetando la falta de inmuebles y otras estructuras en Ensenada. Las razones para el cambio, sin embargo, eran contundentes. El puerto de Ensenada era el principal punto de importación de mercancías necesarias provenientes de San Diego, por lo que era un mejor lugar que Tijuana para el establecimiento de oficinas aduanales y el control de las importaciones. Además, el puerto proporcionaba una mejor comunicación con la sede del gobierno territorial en La Paz y con Estados Unidos, dados los frecuentes arribos de barcos de vapor desde San Diego y sus rutas hacia el sur. Y por último, Ensenada se ubicaba en un lugar más defendible. El traslado se consumó entonces en el mes de mayo, una vez que los líderes de la oposición a este proyecto, en Real del Castillo, fueron encarcelados.

Una vez convertida en cabecera de Partido, la población de Ensenada aumentó con los empleados de gobierno y con los nuevos comercios. Este crecimiento fue limitado, pues hacia 1882 no pasaba de los 100 individuos (Mason 1986). Gastélum lotificó y vendió algunas de sus propiedades en el área que más tarde se convertiría en el centro de la ciudad. La economía, sin embargo, permaneció estancada, puesto que el grueso de la población, -oficiales, soldados y guardias de gobierno y sus familias-, generalmente no recibían pago. Esto provocó la muerte del capitán y sargento a manos del insurrecto 21 Batallón, cuyos elementos se dirigieron posteriormente a Sonora, en donde fueron capturados por el ejército de los Estados Unidos previo ingreso a territorio mexicano. Estas eran las inestables condiciones en el Partido Norte y de las personas de mentalidad independiente que lo ocupaban.

En esos años, las oficinas aduanales se convirtieron en la principal herramienta mediante la cual el gobierno central ejercía control sobre la frontera y a través de la cual se allegaba de recursos para el desarrollo de infraestructura en la región. Además, por ese puerto arribaron nuevos agentes de cambio que permitieron la transformación de la economía de Baja California, originalmente orientada a la producción y extracción para para el consumo local, a una encaminada al mercado internacional. Estas actividades también incrementaron el acceso y la demanda de mercancías extranjeras.

Las mercancías que entraban a Baja California provenían principalmente de los puertos de San Diego y San Francisco. Un número importante de puntos comerciales se encontraban localizados a lo largo de la frontera Baja California-California, la mayoría propiedad de estadounidenses que aprovecharon la nula supervisión de la frontera para dar entrada ilegal de mercancía a Baja California. Este acceso de la economía estadounidense era lo que más preocupaba a los residentes locales, ya que los conflictos políticos entre la iglesia y la democracia liberal que continuaban desestabilizando al país no existían en Baja California; en vez de ello, "los mayores problemas tenían lugar entre los rancheros de la región, quienes se oponían a los esfuerzos del gobierno central para imponer orden y autoridad y como ocurrió en la mayoría de los casos, en perjuicio de los intereses locales" (Padilla 2002, p.207, paráfrasis). Los impuestos eran una fuente de disputa, particularmente cuando la economía empezó su expansión, ya que éstos con frecuencia se tazaban al doble del costo de las mercancías que eran adquiridas a sólo kilómetro y medio de la frontera. Los locales, carentes del dinero necesario para pagar dichos impuestos, se veían forzados a realizar trueque.

El Presidente de México, Manuel González, respondió entonces a las demandas de los fronterizos disponiendo, en 1881, un mayor acceso a las mercancías estadounidenses. Este presidente abrió las aduanas en Tijuana a una variedad más amplia de mercancías libres de impuestos. Jesús (2002) señala que esta medida fue la precursora de las zonas libres de impuestos; una estrategia para hacer de la frontera norte un lugar más habitable y atractivo para los inmigrantes del interior de México. Sin embargo, esto agrandó también los problemas que habrían de multiplicarse en Baja California durante el siguiente siglo: "En las aduanas de Tijuana los problemas de comportamiento del personal eran recurrentes; por ejemplo, los administradores eran acusados de malos manejos y corrupción, o de que pasaban la mayor parte de su tiempo en San Diego" (Ruiz 2002, p. 233). Todos esos factores hicieron de Ensenada un punto de creciente importancia en la región, pronto atrayendo millones de dólares de inversiones extranjeras. Una era de mayor influencia extranjera estaba por llegar.

Conclusiones

La historia temprana de Ensenada y sus alrededores, refleja los resultados de la interacción entre los misioneros y sus soldados, su gran distancia con la Ciudad de México y su fácil acceso a los intereses comerciales estadounidenses e internacionales. La época misional redujo a la población indígena, dejando a sus pueblos completamente abiertos a las actividades de los ex-soldados de las misiones y nuevos colonizadores. El hecho de que grandes números de colonizadores no se asentaran en esta región, combinado con la destrucción de las poblaciones y culturas locales, dio como resultado un patrón de desarrollo distinto al observado en la mayor parte de México. En contraste, con la formación de campesinos mestizos característicos de la mayor parte de México, la simiente de la población bajacaliforniana fueron los soldados europeos transformados en rancheros autosuficientes. Estas personas sentaron las bases de la personalidad que iba a caracterizar a la región, en lugar de la personalidad observada en el resto de México, en la que la presencia de caciques de origen español dominó a las poblaciones mestizas e indígenas. En lugar de ello, el paisaje de Baja California permaneció relativamente despoblado, pero se constituía como una fuente de riquezas ligadas al comercio exterior.

Taylor (2002b, pp 72-73, paráfrasis) sostiene que el gobierno federal ejerció su autoridad de manera directa en el Partido Norte en 1877, cuando envió a un contingente de 100 soldados de La Paz a Real del Castillo, cabecera del Partido Norte, con el objetivo de reprimir una insurrección en contra del sub prefecto Villagrana. Además, el contingente permaneció allí por temor a una invasión por parte de Estados Unidos. Esto indicaba que el involucramiento en forma directa por parte del gobierno federal de México en lo que eventualmente sería el municipio de Ensenada, se debía tanto a la resistencia local como a las amenazas externas; dos factores que en conjunto jugaron un papel vital en el carácter que presentaría Ensenada cien o más años después. Taylor (2002b, p. 73, paráfrasis) señala que el desarrollo del puerto de Ensenada de Todos Santos fue un factor determinante en el establecimiento de las autoridades regionales políticas en el norte de la península. Las conexiones de las Californias mexicanas con los estadounidenses e ingleses dominarían la siguiente fase del desarrollo de Ensenada y Baja California. Estas influencias foráneas fueron también de particular importancia, debido a que mediante el pago de impuestos a la importación, proporcionaron recursos para el desarrollo de la infraestructura regional.

Notas

1 El término "yumano" se emplea aquí para referirse a los grupos indígenas de Baja California. Técnicamente, yumano se refiere a la familia lingüística, más que a una forma de auto denominación o a la forma en que los locales o antropólogos denominan a las organizaciones tribales o patrilineales.

2 Para mayor información sobre los grupos de la familia lingüística yumana, ver Aschman (1955), Garduño (1994) o Williams (1975).

3 Para mayor información sobre los sistemas misionales de Baja California, ver León (2002).

4 La información sobre las tradiciones relativas a la crianza de ganado, también llamada "cultura del vaquero", se deriva de Magaña (1999) y Martínez (2002).

5 Para más información sobre las invasiones a Baja California en el Siglo XIX, ver Brown (1980) y Stout (1973).

6 Para información sobre la minería en Baja California, ver Heath (varios). El material en esta sección se deriva principalmente de Jesús (2002) y Padilla (2002).

Estados Unidos y México 1839

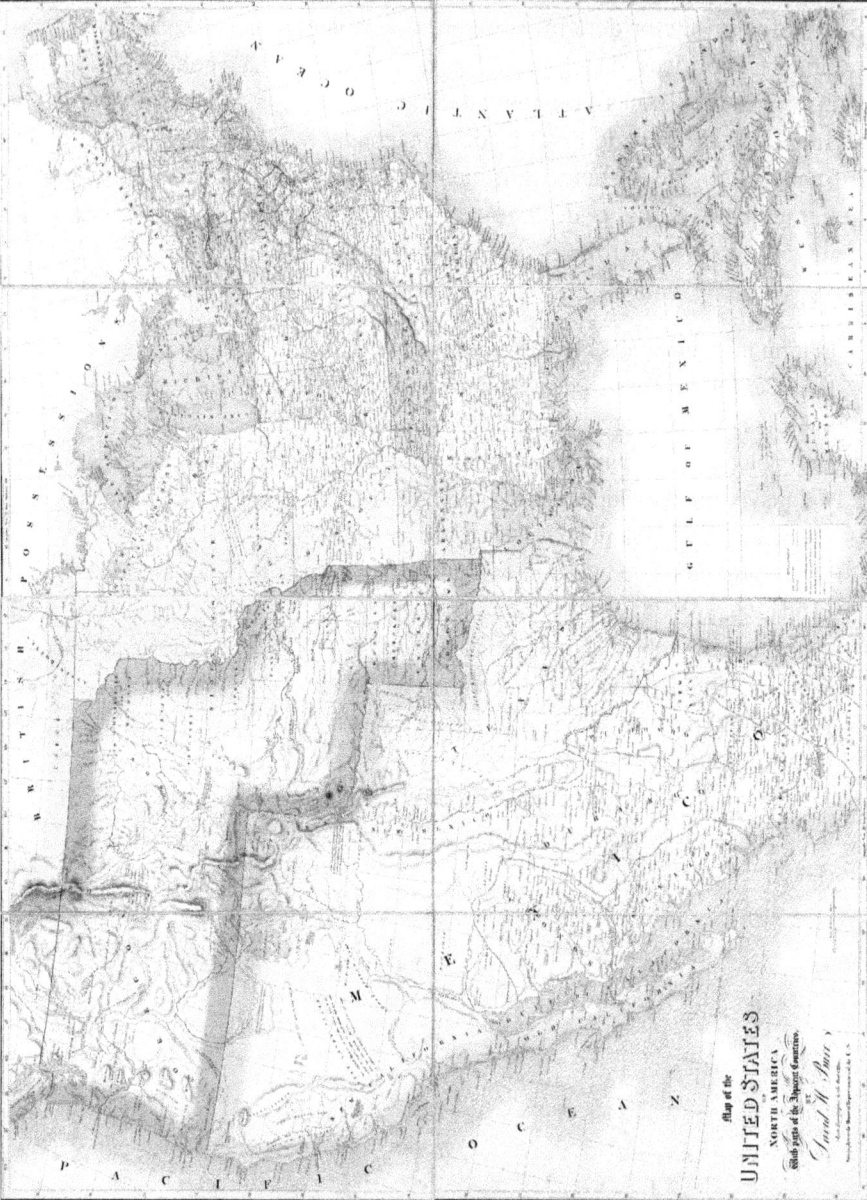

Noroeste de México 1857

CAPÍTULO 3

LA COLONIZACIÓN DE ENSENADA POR PARTE DE EXTRANJEROS

Ensenada y sus alrededores estaban prácticamente despoblados en 1870. El viejo rancho de Manuel Ruiz en Maneadero era habitado solamente por 2 personas y en todo el Partido Norte había apenas 500 habitantes no indígenas. Para 1887, los ranchos agrícolas, mineros y ganaderos establecidos por inversionistas extranjeros habían atraído a 1500 inmigrantes a Ensenada, de los cuales 1000 eran estadounidenses y el resto extranjeros de otras nacionalidades y unos cuantos mexicanos (Mason 1986). En las siguientes tres décadas, sin embargo, el crecimiento de esta ciudad se detuvo, debido a que miles de inmigrantes de origen chino contribuyeron al desarrollo de un imperio agrícola en el Valle de Mexicali. Esto era parte de un nuevo plan de colonización para México, el cual consistía en dar a los extranjeros la libertad de ocupar el territorio de Baja California para explotar sus recursos. Este plan para la modernización y desarrollo de México se basaba en atraer inversión y colonización extranjeras al país, en donde Baja California fue uno de los principales destinos. Ciertamente, la colonización de Baja California con extranjeros fue un fracaso, tanto porque las compañías entraron en bancarrota como porque se vieron forzadas a abandonar el país. No obstante, el paso de estos extranjeros por esta región dejó un efecto indeleble en el carácter de la población peninsular.

Los extranjeros influyeron en el desarrollo de un sector comercial en Ensenada, así como en la implementación de prácticas democráticas. Por ejemplo, la Cámara de Comercio de Ensenada se formó principalmente por extranjeros y en la comunidad comercial predominaban las influencias extranjeras. Incluso, la relación entre esta comunidad comercial y el líder del concejo municipal ilustra cómo estas influencias jugaron un importante papel en la evolución de las características de Ensenada.

Colonización de Baja California por extranjeros

Después de la guerra entre México y Estados Unidos (1846-1848), tanto la guerra civil estadounidense (1861-1865) como la invasión a México por los franceses (1862-1865) dieron lugar a un período de enfriamiento en las relaciones entre los dos primeros. Poco tiempo después, durante el período presidencial de Ulysses S. Grant (1869-1877), las relaciones se normalizaron y México se abrió nuevamente a la inversión estadounidense. Sin embargo, la creciente incursión de compañías e individuos de Estados Unidos en el despoblado territorio del norte de México, se convirtió en un asunto de seguridad nacional para este país. Ante el riesgo de perder Baja California, el gobierno mexicano diseñó un plan de colonización de la frontera norte con mexicanos. Este plan, sin embargo, tuvo consecuencias contrarias: condujeron al fortalecimiento de la influencia de Estados Unidos en la zona.

En 1864, desesperado por adquirir fondos para financiar la guerra contra los franceses, el Presidente Benito Juárez concesionó dos tercios de Baja California a Jacob Leese por 100,000 pesos; dicha concesión permitía a un grupo inversionistas estadounidenses encabezados por Leese, desarrollar económicamente la región y explotar sus recursos naturales. Los derechos de este grupo eventualmente se extinguieron por el incumplimiento de sus obligaciones con el contrato de concesión; sin embargo, las iniciativas de colonización se extendieron en 1875 con la ley de colonización del Presidente Sebastián Lerdo de Tejada (1872-1876), la cual establecía una compensación, con tierras deslindadas a colonizadores e inversionistas extranjeros, y la autorización para que éstos pudieran distribuirlas entre individuos y compañías. El gobierno mexicano esperaba lograr con esto el arribo de nuevos colonos y otros beneficios económicos, similares a los que Estados Unidos estaba experimentando como resultado de la creciente inmigración europea.

Y en efecto, esta ley dio resultado, incrementando así la influencia extranjera en esas Baja California, especialmente en Ensenada. Las disposiciones constitucionales mexicanas no sólo asignaron tierras a los promotores nacionales y extranjeros, sino que también les permitieron distribuir estas tierras entre particulares y empresas, propiciando así una mayor influencia extranjera en el desarrollo de Ensenada y Baja California.

Los promotores debían recibir autorización del gobierno federal para llevar a cabo la distribución de tierras, aunque eran pocas las restricciones federales para conceder tierras nacionales como propiedad privada (Piñera, 1995, p.10). La autoridad conferida a los oficiales locales para otorgar títulos de propiedad los condujo a cometer graves abusos de poder, dadas las importantes concesiones de tierra a otorgadas a especuladores estadounidenses y mexicanos que hicieron muy poco para darle a la tierra un uso redituable. Mientras que la ley de colonización levantó serios debates en la capital de México, su impacto inmediato en Ensenada o Baja California fue leve. Esto, sin embargo, estaba a punto de cambiar.

La apertura del gobierno mexicano a la inversión y colonización extranjera se fortaleció aún más durante el período presidencial de Porfirio Díaz, quien facilitó la entrada de inversionistas de Estados Unidos en las áreas de minería, industria petrolera, desarrollo portuario y vías ferroviarias. Posteriormente, su sucedáneo, el Presidente Manuel González, estableció incluso más disposiciones para la colonización el 15 de diciembre de 1883, a través de la Ley de Colonización. Estas normas legales incluían una amplia variedad de incentivos para extranjeros, tales como el pago de los gastos de transporte y menaje, un año de manutención, herramientas, semillas y ciudadanía exenta de obligaciones en el servicio militar.

Por otra parte, la misma ley permitía a las compañías extranjeras deslindar el territorio mexicano a cambio de un tercio de las tierras deslindadas; el resto podía ser obtenido a precio reducido. De esta forma, estas disposiciones fueron generosas con los extranjeros, al tiempo que ignoraron los derechos de los mexicanos sobre la tierra. Como resultado, se otorgaron 33 concesiones a compañías extranjeras en Baja California, durante las últimas décadas del Siglo XIX (Chaput y Yaeger, 1999).

Compañía internacional de México[1]

Las actividades colonizadoras en Baja California incluían los desarrollos urbanos, ejemplificada en el caso de Ensenada. El desarrollo de Ensenada y las distintas estrategias de colonización de Baja California tuvieron lugar en una época de competencia entre Estados Unidos y Gran Bretaña, y en el contexto de expansión de los bienes raíces en California. Esto dio por resultado el desarrollo de varios núcleos urbanos en el lado mexicano de la frontera, entre los que estaba Ensenada. El desarrollo en esta área era parte de un crecimiento económico aún más amplio y su expansión en el suroeste de Estados Unidos, sobre todo en la región del sur de California. Debido a su excelente situación como zona portuaria, Ensenada era más accesible que la ciudad fronteriza de Tijuana y contaba con mejores atractivos naturales y condiciones climáticas. Esta ocupación de Baja California por parte de extranjeros despojó de tierras a muchos pequeños propietarios de origen mexicano en la región. Se estima que durante esos años, más de 3.2 millones de hectáreas pasaron de manos mexicanas a las compañías colonizadoras estadounidenses primero y, posteriormente, inglesas, ante la imposibilidad de los primeros de explotarlas por la falta de capital.

En el caso específico de Ensenada, la presencia extranjera emergió en 1884, como resultado de una concesión al comerciante español Telésforo García y sus socios. Meses después, los derechos del Señor García fueron transferidos al alemán naturalizado mexicano, Luis Hüller. Esta concesión consistía en una enorme porción de tierra correspondiente a lo que en términos generales sería el moderno estado de Baja California; posteriormente, esta concesión se expandió para incluir una concesión a Adolfo Bulle, con lo que alcanzó una extensión de 3.2 millones de hectáreas. Esta concesión fue obtenida a cambio de servicios de levantamientos topográficos y por la puesta en marcha de actividades industriales, agrícolas y mineras. En 1866, la compañía de Hüller se fusionó con un grupo financiero encabezado por el estadounidense George Sisson, formando la Compañía Americana, también conocida como la Compañía Internacional de Hartford, Connecticut. Otras concesiones previamente otorgadas a mexicanos fueron vendidas a inversionistas estadounidenses, como lo fue el caso de las tierras del Valle de Mexicali, propiedad de Guillermo Andrade. La Compañía Internacional, en el área de Ensenada y la Colorado River Land Company, en el delta del Río Colorado, fueron las compañías extranjeras de mayor impacto en el desarrollo del norte de Baja California en las siguientes cuatro décadas.

Piñera (1995, p. 50 paráfrasis) señala el poder económico que esta compañía llegó a tener, al afirmar que aquellos estadounidenses que formaban parte en esta inversión se movían en el mundo de las altas finanzas y trajeron un capital de 20 millones de dólares. Cabe señalar que la Compañía Internacional también se benefició debido a algunas disposiciones especiales por parte del gobierno mexicano, tales como el pago de su transporte a México, la exención de impuestos por un período de 20 años y la libertad de gravámenes en la importación de maquinaria, herramientas para su comercio y artículos de necesidad básica. La

Compañía Internacional, con oficinas en Nueva York, Ciudad de México, Londres, San Diego y San Francisco, fue un ejemplo como empresa internacional moderna, impulsando nuevas estrategias de desarrollo capitalista en México.

La Compañía Internacional también debía cumplir con ciertas condiciones, como el asentamiento de 100 familias de colonos en dos años, y de más de 1,900 familias en un período de 10 años. De estos colonos, al menos el 30% tendrían que ser mexicanos, preferentemente repatriados de Estados Unidos. A su vez, la compañía tenía que respetar las tierras previamente otorgadas a otros colonos, y debía limitar la cantidad de tierra para vender. A cambio, el gobierno autorizaría la trasferencia de un tercio de las tierras deslindadas que estuvieran vacantes.

Con la concesión autorizada por el Presidente Porfirio Díaz en 1886, la Compañía Internacional inició pronto operaciones en Ensenada, vendiendo tierras y promoviendo la inmigración de colonizadores estadounidenses y europeos. El representante de esta empresa en México, Maximiliano Bernstein, llegó a Ensenada en Octubre de 1885, y en mayo de 1886 compró 3,510 hectáreas a Pedro Gastélum (Padilla 1999, p. 241). Entre estas tierras estaba el área de la bahía, en donde se encuentra actualmente la ciudad de Ensenada, y que a principios del siglo XX era parte de la concesión hecha a Manuel Ruiz. La ciudad de Ensenada, establecida algunos años antes, se convirtió entonces en el centro de operaciones comerciales y de desarrollo regional.

Sisson, el administrador general de la Compañía Internacional, proyectó el asentamiento de 500,000 personas dentro de un período de 20 años. En el primero, dicha empresa se encontraba promoviendo bienes raíces en Baja California, desarrollando asentamientos urbanos, impulsando una infraestructura básica como casas habitación, comercios, agua potable, una ruta de vapor con servicio diario a San Diego y sistemas de comunicación telefónica y telegráfica; en ese año se trazó un camino rudimentario entre Tijuana y Ensenada, se estableció sistema de drenaje y alumbrado público y se construyeron algunos hoteles como el Iturbide, Pacheco y Bay View, con un total de 100 habitaciones. Eso producía una peculiar atmósfera para esta ciudad mexicana, lo cual propició que un gran número de lotes fueran vendidos a estadounidenses en zonas urbanas. De igual forma, proliferaron los negocios de inmigrantes estadounidenses, italianos, alemanes, españoles y mexicanos. Como ejemplo de la atmósfera cosmopolita, multicultural y tolerante en Ensenada, se puede mencionar la fundación de una iglesia metodista-episcopal y una congregación presbiteriana en1888, antes de la fundación de una iglesia católica.

Algunos inmigrantes que llegaron a Ensenada venían en grupos familiares; así sucedió con numerosos mexicanos provenientes del sur de la península y de Sonora, y con otros procedentes de Estados Unidos y Europa. Este fue el caso de 15 familias que llegaron de Suecia en 1884, a las que les siguieron de 30 a 40 familias más. Sin embargo, a pesar del creciente número de inmigrantes, se realizaban más ventas de tierras a especuladores de bienes raíces que a los colonizadores que México había esperado atraer. Estas deficiencias en el plan de colonización de Porfirio Díaz fueron evidentes, generando agudas críticas en su contra. En 1887, Teófilo Masac, el Inspector de las Colonias, hizo un elogioso reporte acerca de la Compañía Internacional; sin embargo, este informe fue puesto en duda debido a sus posesiones personales dentro de la misma. Poco tiempo después, Masac y algunos inversionistas mexicanos, estadounidenses y franceses formaron compañías que reclamaban algunas áreas mineras. La incapacidad de sus asociaciones para enganchar suficientes trabajadores lo condujo a establecer una alianza con una empresa china de nombre On Yick, con el fin de obtener acceso a trabajadores de ese país. Hasta 80 chinos fueron empleados en varias de las concesiones de esta empresa, entre las cuales se encontraba la de la cosecha de perlas.

Sin duda, en un período corto de tiempo las actividades de la Compañía Internacional habían tenido un impacto significativo, consolidando la infraestructura comercial de Ensenada y alcanzando por ello cierto grado de independencia política. En ese contexto, en diciembre de 1887 se dictó un decreto mediante el cual se transformaba a Ensenada en un distrito y se le removía de la administración directa de La Paz. De acuerdo a Piñera (1995, p. 71), este hecho fue gracias que la Compañía Internacional era clave para el desarrollo de Ensenada, permitiéndole emerger como centro político y administrativo de la región. No obstante, el aislamiento de Ensenada con respecto al resto de México seguía siento tal, que las tropas que la resguardaban, eran enviadas a través de El Paso, Texas, en donde abordaban trenes de Estados Unidos con destino a San Diego, y de ahí se trasladaban a Ensenada en un bote.

El primer jefe político del nuevo distrito fue el General Luis Emeterio Torres, quien después de un recorrido por Ensenada y sus alrededores, calificó el reporte de Masac como propaganda exagerada llena de imaginación. En opinión de Torres, el fracaso de la compañía era evidente. No había cumplido con los aspectos básicos de su acuerdo con el gobierno mexicano en cuanto al establecimiento permanente de colonos, y mucho menos con su compromiso de que el 30% de estos colonos tenía que ser de mexicanos. Torres también expresó preocupación por la presencia predominantemente de estadounidenses y mostró dudas en cuando a que si los mexicanos podrían llegar a tener una presencia importante en Ensenada, dado el control por parte de la Compañía Internacional sobre los gabinetes y funcionarios de gobierno. En ese entonces, el dólar estadounidense era utilizado como moneda local, el inglés era el idioma más ampliamente extendido y los estadounidenses controlaban la mayoría de los negocios. Los asentamientos de la Compañía Internacional no cumplían con el requisito de integrar actividades agrícolas y eran por lo tanto caracterizadas más como urbanizaciones que como colonias (Piñera 1999). De un total de más de 1,300 residentes, menos de 300 fueron registrados como colonos, siendo la mayoría especuladores estadounidenses en el área de bienes raíces.

El tamaño de estos asentamientos y la extensa adquisición de tierras en Baja California por parte de particulares del sur de California, alarmaron a algunos en la capital de México. Y al parecer, los temores del gobierno mexicano no eran infundados, ya que aparentemente Sisson y otros miembros de la Compañía Internacional fueron parte de la instigación de un movimiento filibustero en Baja California, con miras a crear una república independiente que eventualmente pudiera ser anexada a los Estados Unidos. El gobierno envió entonces a inspeccionar las actividades de la compañía lo cual concluyó en un reporte que denunciaba el carácter fraudulento de los informes de ésta, la sobreestimación de cifras y la transferencia ilegal de tierras. No obstante, hay quienes consideran que quien llevó a cabo esta inspección era oponente del régimen de Porfirio Díaz (Piñera 1995): el señor Manuel Sánchez Facio, quien después de estar en Ensenada se dirigió inexplicablemente a Estados Unidos, en donde estuvo por cinco meses publicando en los diarios de San Francisco una serie de evaluaciones negativas sobre las actividades de la compañía en Baja California. Tal parece, afirman dichos analistas, que sus informes tenían el propósito de causar daño en los círculos financieros de los Estados Unidos (Piñera 1999). Posteriormente, también al señor Facio se le asoció con los movimientos filibusteros, por lo que el Presidente Díaz giró instrucciones al cónsul mexicano en San Francisco, para arrestarlo, lo cual finalmente sucedió en esa ciudad.

La compañía inglesa[2]

La preocupación por una nueva "invasión" de los estadounidenses desapareció parcialmente, por las crisis en los bienes raíces del sur de California en 1888, mismas que habían tenido repercusiones hacia el sur de la frontera. El colapso de los exitosos negocios en bienes raíces en esa zona de Estados Unidos, en combinación con una pobre administración, dificultades legales con los títulos y los reportes negativos sobre los intentos de la colonización en Baja California, trajo dificultades financieras para la Compañía Internacional en 1889. Esto condujo a esta empresa a establecer un acuerdo con inversionistas ingleses en mayo de 1889, para transferir propiedades, deudas, derechos y activos a La Compañía Inglesa, conocida oficialmente como la Compañía Mexicana de Terrenos y Colonización.

Bajo las órdenes del mayor inglés Buchanan Scott, la Compañía Inglesa continuó con los planes de la Compañía Internacional reemplazando a los administrativos estadounidenses claves por representantes británicos. Scott se enfocó entonces en desarrollar la infraestructura de Ensenada y las relaciones con autoridades políticas. La Compañía Inglesa eventualmente amplió el enfoque en actividades de urbanización, expandiéndose hacia actividades agrícolas y ganaderas, abocándose a la minería, desarrollando negocios, sistemas de transporte y otras actividades que habilitaron a la compañía para controlar la economía básica de la región (Piñera 1995, 1999). Las actividades de la compañía recibieron un impulso significativo con el descubrimiento de oro en El Álamo, a un poco más de 100 kilómetros al sur de Ensenada. Esto provocó una inmigración intensa pero breve de 5,000 mineros de oro, provenientes principalmente de Estados Unidos.

Sin embargo, las actividades de la compañía permanecían indefinidas debido a una serie de factores, entre los cuales se encontraba el aparente involucramiento de Scott en el movimiento filibustero en 1890. Los agentes de la compañía prometieron más de 100,000 dólares, además de armas y municiones, a un grupo de conspiradores en California para que invadieran Baja California (Chaput y Yaeger 1999). Asimismo, formularon planes para la creación de una República de California Independiente, con intenciones de solicitar posteriormente su anexión a Estados Unidos. La prensa de California reveló este plan y lo mantuvo en los encabezados por meses, alertando a las autoridades mexicanas y fomentando con ello un sentimiento anti-inglés en la región. Esto evitó la conspiración y condujo a la partida de Scott ese mismo año.

Para contrarrestar la influencia estadounidenses, la Compañía Inglesa propuso la creación de un puerto de altura en San Quintín. Esta nueva ruta naviera aislaría a la de Ensenada-San Diego, dominada por estadounidenses. Así, con el propósito de fomentar la colonización de San Quintín, se inició la construcción de casas, hoteles, almacenes, líneas telegráficas y un sistema de irrigación para 200 colonos; sin embargo, esto último no fue completado en tiempo, y las actividades agrícolas, ganaderas y mineras de los colonos fracasaron en medio de una sequía entre 1892 y 1896.

Durante esos años, la compañía Inglesa también intentó construir una línea ferroviaria que uniera a San Quintín con el Mar de Cortez y San Diego. Sin embargo, este proyecto tampoco se desarrolló, por cuestiones burocráticas y técnicas (Chaput y Yaeger 1999), o porque el gobierno mexicano lo obstaculizó por las abiertas intenciones de la Compañía Inglesa por separar a Baja California de México (Piñera 1999). Incluso, en ese contexto, J. A. Drought, uno de los directores de la compañía, propuso al jefe político del Distrito Norte, General Luis Emeterio Torres, un plan para que Baja California pasara a manos de otra nación (presumiblemente los Estados Unidos), haciéndole ver los beneficios económicos personales que obtendría con ello. Torres informó de este plan al Presidente Porfirio Díaz de este plan, y éste ordenó la expulsión de Drought.

A pesar de éste y otros intentos secesionistas de la Compañía Inglesa, el gobierno de Porfirio Díaz renovó sus concesiones en 1906. El deseo de que hubiera otra presencia extranjera para confrontar el poder de los Estados Unidos fue fundamental en esta decisión. Por su parte, Ensenada no era del todo floreciente económicamente. A fines de 1880, sólo tres o cuatro tiendas y dos hoteles se mantenían prósperos, mientras que los embarques permanecían detenidos y dos tercios de la población habían partido.

En medio de esta crisis de la Compañía Inglesa, surgió la Revolución Mexicana (1910) con una orientación esencialmente agrarista. Su principal reclamo era la expropiación de tierras a los latifundios y a los extranjeros, lo cual constituía una amenaza para la Compañía Inglesa. El fin de sus concesiones parecía inevitable. Paralelamente, en la primera década del Siglo XX, Mexicali tuvo un crecimiento importante que hizo que se desplazara el desarrollo de Ensenada hacia esta ciudad, quitándole al puerto el estatus de capital del Distrito Norte de Baja California. En este clima de tensión política, cambios económicos e intentos secesionistas de ingleses y estadounidenses, el gobierno de México tomó la decisión de reconsiderar sus políticas de colonización. Si bien estas políticas tenían el propósito prevenir las incursiones de Estados Unidos en territorio mexicano, sus resultados estaban siendo precisamente opuestos, ya que se estaban exacerbando dichas incursiones.

Influencias extranjeras en la planeación urbana de Ensenada[3]

Aunque la Compañía Internacional y la Compañía Inglesa no pudieron concretar sus objetivos, la influencia que éstas tuvieron sobre Ensenada fue tal, que hicieron de esta ciudad un punto sumamente importante para Baja California y moldearon el carácter especial de sus primeros habitantes. Piñera afirma que "A lo largo de toda la frontera entre México y Estados Unidos, no existe otro caso con una influencia americana tan fuerte en los orígenes de un pueblo mexicano como el ejemplo de Ensenada (Piñera 1995, pp. 1-2, paráfrasis). Como se ha venido enfatizando, la relevancia de las de influencias externas en el origen de Ensenada, no solamente se explica a partir de la proximidad de esta ciudad con los Estados Unidos. Esto tiene que ver con la gran distancia y aislamiento de Baja California, con respecto al centro de México y la debilidad de la economía de Ensenada. La cercanía de esta ciudad a los Estados Unidos fue un factor central para que se convirtiera en un sitio importante para inversionistas estadounidenses, quienes jugaron un papel central en su planeación y urbanización para la promoción y desarrollo de bienes raíces. Los estadounidenses y británicos influenciaron la evolución de Ensenada como ciudad, desempeñando un papel fundamental en la economía y en la estructura urbana de la comunidad. Los colonizadores extranjeros establecieron la infraestructura de Ensenada e impulsaron su preeminencia política. Esto condujo al cese de la supervisión política de La Paz sobre esta región, y la designación de Ensenada como nueva cabeza de distrito.

El papel fundamental de los extranjeros en la fundación de Ensenada dejó una impresión indeleble en su carácter físico. Su población migrante multinacional reforzó la esencia foránea y cosmopolita de Ensenada. Por otro lado, el matrimonio entre esos hombres y las mujeres mexicanas significó que, aunque la economía permanecía fuertemente ligada a los intereses estadounidenses e ingleses, el carácter de la ciudad continuó siendo inequívocamente mexicano, incorporando características anglosajonas en la configuración física de la ciudad y en la naturaleza de varias estructuras, incluyendo la arquitectura.

De acuerdo a Piñera (1995), el plano de la ciudad de Ensenada que hasta la fecha es reconocido oficialmente, es el que fue trazado por la Compañía Internacional. Sin embargo, una mirada al mapa de la ciudad revela que el diseño de ésta no es resultado de un proyecto coherente. Como se puede observar en el mapa de la ciudad de Ensenada, la ciudad está compuesta de varias redes y cuadrículas múltiples que siguen diferentes orientaciones cardinales, sin una plaza principal y ni otras características típicas de las ciudades coloniales españolas y del centro de México. Esto es evidencia de que el desarrollo pos misional de Ensenada estuvo en manos de compañías extranjeras no españolas, las cuales modificaron la distribución original de los fundadores españoles y mexicanos provenientes de Real del Castillo. Estos primeros inmigrantes, habían impreso en la ciudad, un estilo colonial hispano, mientras que los colonos extranjeros que arribaron después, le confirieron un estilo tradicional de deslinde estadounidense.

Específicamente, quienes jugaron un papel importante en el nuevo diseño de la ciudad de Ensenada, fueron Pedro Gastélum y los inmigrantes provenientes de Real del Castillo. Recordemos que las concesiones originales de tierra que incluían a la actual ciudad de Ensenada, fueron otorgadas en 1804 al soldado José Manuel Ruiz, quien a su vez las transfirió a su yerno Francisco Javier Gastélum en 1824 y posteriormente fueron heredadas a su hijo Pedro Gastélum (Padilla 1999b, p.239). Así también, recordemos que cuando la cabecera del Partido Norte fue transferida de Real del Castillo a Ensenada en 1882, se generó un éxodo de la primera población hacia la segunda. El entonces concesionario de Ensenada y sus alrededores, Pedro Gastélum, fue quien vendió los terrenos a estos inmigrantes (Padilla 1999, p. 243). En aquel momento Ensenada seguía un plan que, hasta cierto punto, contemplaba las Ordenanzas de las Leyes de Indias (1573), mismas que dictaban la distribución de los nuevos asentamientos durante el período colonial según las políticas españolas. En estas Ordenanzas se establecía que debía haber una plaza principal, con las cuatro esquinas orientadas a los puntos cardinales, para definir la disposición en diagonal de las calles y las cuadras. El plan para Real del Castillo incorporó una división espacial entre *pueblo* (asentamiento civil), *ejido* (tierras comunales) y edificios gubernamentales en el lado norte dela plaza, pero no se menciona una iglesia. Padilla (1999b, p 233) sugiere que esta ausencia refleja los posibles efectos de las reformas anticlericales de 1863, así como la batalla entre liberales y el clero, la cual convulsionó a la mayor parte de México. Por su parte, Jesús Ruiz (2002) apunta que esto obedece a que en el Partido Norte no existían las preocupaciones pro-clericales de otras latitudes, debido a la naturaleza secular de la sociedad fronteriza.

Sin embargo, las Ordenanzas aplicadas en la fundación de Real del Castillo, aparentemente eran empleadas en la subdivisión de Ensenada. Para ilustrar cómo estas Ordenanzas fueron consideradas en el primer plano de esta ciudad, veamos la información que ofrece Padilla (1999, pp. 237-243), quien reconstruyó el trazo original de Ensenada a través de la revisión de 70 inscripciones anteriores a 1886, obtenidas en el Registro Público de la Propiedad. Padilla demuestra que el corazón original de esta ciudad se encontraba entre las calles Miramar, Avenida México, López Mateos y Juárez, y que cuando la población de Real del Castillo llegó a Ensenada, encontraron solamente una aduana y tres residencias; Padilla (1999) señala, además, que el plano original de Ensenada había sido elaborado en 1886, como lo ilustra el croquis regional reportado por Teófilo Masac, inspector de colonias. Este croquis revela que en dicho año, había tres diferentes orientaciones de calles y cuadras. La primera se encontraba en diagonal al norte geográfico; la segunda, diez veces más grande, orientada hacia el norte, al igual que la tercera. El primer Registro Público de 1882, muestra que un terreno de 25 x 50 metros fue vendido en la esquina de Hidalgo y Cementero (lo que corresponde a las actuales Gastélum y Primera). La constante mención a terrenos de estas dimensiones, implica la existencia de un orden urbano previo a la intervención de la Compañía Americana, mismo que siguió las políticas coloniales españolas. Evidencia de lo anterior es el mismo reporte de Masac, en el que se muestra una plaza llamada Plaza Rangel, la cual estaba localizada entre las calles Tercera y Cuarta y entre las avenidas Ruiz y Obregón. Aunque la Plaza Rangel no se localizaba en el centro, se encontraba dentro de los límites del asentamiento principal. Ciertamente la plaza fue lotificada por la Compañía Internacional y vendida en 1887, pero para compensar su ausencia, se adquirió otra porción de tierra para ser utilizada como tal. Actualmente esta es la llamada Plaza de la Revolución, la cual se encuentra en una de las esquinas del corazón original del asentamiento, dentro de la segunda orientación (en la calle Sexta, entre Obregón y Moctezuma).

Posteriormente, cuando la Compañía Internacional obtuvo las concesiones de tierras alrededor de Ensenada, ésta deslindó el área y planeó una cadena de ciudades alrededor de la Bahía, siguiendo el sistema tradicional de asentamientos estadounidenses. Desde el período colonial, la mayoría de los asentamientos estadounidenses seguía un sistema de cuadrículas formada por calles y manzanas (cuadras) (Padilla 1999b, pp. 244-45; Reps 1979). Este sistema se originó en un decreto de 1785, del Congreso Continental de los Estados Unidos, el cual establecía bloques de 6 x 6 millas (aproximadamente 10 x 10 kilómetros), intersectadas por calles orientadas a los puntos cardinales como base para formar a un pueblo. Entre las principales razones para que este sistema fuera ampliamente aceptado, estaban la facilidad para ser aplicado a la tierra disponible, su apariencia racional y la oportunidad que ofrecía a los pobladores para ubicar equitativamente sus hogares y negocios. Este procedimiento fue el que aparentemente se utilizó en la tercera orientación de Ensenada.

La segunda orientación, también establecida por la Compañía Internacional, parece una especie de transición entre el centro urbano original y la cuadrícula que se extendió por toda el área de la bahía. Padilla (1999b, p. 50) observa que esta segunda orientación es perpendicular al contorno de la costa, una práctica adoptada en otros pueblos mexicanos como Coronita, San Carlos y Punta Banda. Padilla afirma que los ingenieros tomaron en consideración que durante la temporada de lluvias, no se interrumpiera la comunicación del centro urbano original, habilitando puentes y caminos para cruzar eficientemente en forma perpendicular al flujo del drenaje. El área de la tercera orientación, sin embargo, no se integró a la segunda, de tal forma que las calles y avenidas fueron interrumpidas en intersección diagonal con la nueva cuadrícula. En lugar de eso, esta área siguió el sistema de urbanización estadounidense, caracterizado por una orientación norte-sur y bloques de 6 x 6 millas.

El fracaso de la Compañía Internacional y la transferencia de sus derechos a la Compañía Inglesa, interrumpieron el desarrollo urbano posterior. Así, "las actividades económicas, sociales y culturales permanecieron inalterables en ese centro urbano de inspiración colonial" (Padilla 1999b, p. 258, paráfrasis), sin embargo, puesto que el plan se reorganizó sobre la base de principios norteamericanos, hubo esfuerzos por parte de los primeros ensenadenses para "mexicanizar" su ciudad. La plaza, un parque central que proporciona un punto para la interacción social, había sido incluida en la ciudad original (Plaza Rangel), pero fue subdividida y vendida por la Compañía Internacional. Entonces, en 1890, el alcalde José María Obando compró un terreno a la Compañía Inglesa para construir una nueva plaza (Cortés 1993, p.22). Esta porción de tierra se localizaba en el segundo desarrollo a orillas del centro urbano original (entre las calles Quinta y Séptima y Moctezuma y Obregón). La plaza fue inicialmente llamada Plaza Rangel, tal como la anterior plaza, pero el nombre fue cambiado posteriormente por el de Parque Porfirio Díaz (Cortés 1993, pp. 22-23), actualmente conocido como Parque Revolución. En el parque, diseñado por el arquitecto Mariano Pontecorbo, se plantaron árboles importados, tales como el *Eucalipto australiano* y *Alcornoque español* (Olguín 1989 (comunicación personal, citado en Cortés 1993, p. 23).

La ubicación del nuevo parque carecía de las características de centralidad y relación con los edificios de gobierno e iglesias tradicionalmente asociados con las plazas principales. No obstante, éstos se encontraban próximos a la plaza. La iglesia católica más antigua de Ensenada, la Parroquia del Purísimo Sagrado Corazón, construida a fines de los 1890, estaba a sólo dos cuadras de una de las esquinas de la nueva plaza. Las oficinas del gobierno municipal también se encontraban a unas cuadras de distancia, en las calles Tercera y Gastélum. La nueva plaza tuvo las funciones sociales tradicionales al proveer un lugar para las reuniones de esa índole. También se convirtió en un punto importante que indicaba el carácter de Ensenada, como se muestra en una descripción publicada en 1899 para promover las inversiones extranjeras: "Casi al centro del asentamiento se encuentra el parque público, con un colorido quiosco, donde la banda militar ofrece conciertos semanales que atraen a un número de personas y en donde se pueden apreciar abundantes flores y plantas tropicales" (traducido por Tatsuya Murakami de Moyano [1983], citado en Cortés [1993, p. 23]).

Descripciones de fiestas en el parque ilustran cómo éste se convirtió en un centro importante para la interacción social, como sucede en las plazas de la mayoría de las ciudades mexicanas (Cortés 1993, pp.23-24). Por ejemplo, ahí se realizaba El Grito de Independencia; en este parque también, los soldados marchaban formando un pasillo a través del cual el gobernador caminaba para dirigirse a la multitud allí reunida. En otras ocasiones, algunos oradores ofrecían discursos desde ese quiosco. La efectividad en el uso de ésta área fue expresada por el impacto emocional que causa el lugar en un residente: "Si uno se emociona! El patriotismo se inflama dentro de nosotros, los que estamos tan lejos del centro del país" (Bonifaz 1983, citado en Cortés 1993, p. 26, paráfrasis). Los ciudadanos y autoridades políticas intentaron hacer del Parque Revolución un centro importante para Ensenada, organizando actividades sociales y propiciando la interacción social en el lugar.

Fundación del gobierno municipal de Ensenada

Las bases para la creación del gobierno municipal de Ensenada fueron establecidas en el Artículo 30 de la Constitución del 19 de mayo de 1849. En esta Carta Magna se estipulaba que los Partidos Norte y Sur de Baja California debían tener un ayuntamiento compuesto de un alcalde, dos regidores y un síndico procurador (Taylor 2002b). Un año más tarde, la Ley Orgánica del 25 de abril de 1850, le daba al gobierno central el poder de designar a la cabeza política de los territorios, así como una diputación territorial que supervisara ambos distritos. De esta forma, en ese mismo año, la cabeza administrativa del Partido Norte fue ubicada en Santo Tomás, en 1872 fue trasladada a Real del Castillo y más tarde, en 1882, al Puerto de Ensenada. Así también, en diciembre de 1887, los Partidos Norte y Sur fueron elevados al estatus de Distritos, removiendo al Distrito Norte del control del Distrito Sur y poniendo a cada uno bajo el control de una cabeza política designada directamente por el gobierno federal. El general Luis Emeterio Torres fue el primer elegido para ocupar tanto la posición de jefe político como la de jefe militar del Distrito Norte. Estas posiciones ubicaron a Torres como intermediario entre el gobierno federal y el concejo municipal local. Posteriormente, cuando Ensenada fue proclamada cabeza del Distrito Norte, también se convirtió en cabeza de la municipalidad, única en el distrito debido a su escasa población. En esta era, las responsabilidades básicas del gobierno municipal eran la recolección de basura, la limpieza de las calles, la conformación de una policía, la administración de una cárcel, de los rastros, la supervisión de las empresas de servicios públicos y las designaciones judiciales regionales (Piñera 1999). El ayuntamiento también colectaba cuotas e impuestos, incluyendo los relativos a los permisos de negocios, automóviles y animales, y establecía las tarifas de los rastros y de importación.

Primer alcalde electo de Ensenada[4]

La primera elección municipal celebrada en Ensenada fue en 1888, la cual produjo un resultado anómalo con respecto a los obtenidos en otras zonas del país. La persona elegida como presidente municipal fue el Capitán Richard P. Eaton, quien era miembro del sector comercial de Ensenada y había empezado a hacer negocios en la región de Baja California desde su base en San Diego en 1873. Eaton nació en Inglaterra, aunque al parecer era ciudadano canadiense y estadounidense y posteriormente se naturalizó mexicano. Inició sus actividades en la minería, en el área de Real del Castillo, en donde se casó con Josefa Severiana Cota Amador, hija de una de las familias prominentes de la región. Allí continuó con sus actividades mineras y se inició en la ganadería, aunque en 1884 se mudó a Ensenada. En este poblado, Eaton adquirió la nacionalidad mexicana, adquirió propiedades comerciales y cobró importancia en las actividades políticas y económicas del lugar.

La planilla de candidatos electos en 1888 junto con Eaton, incluía a personas reconocidas como fundadores importantes de Ensenada –Carlos Guijose, Juan Montenegro, Manuel Riveroll, Miguel Santos y Fernando Silva (Serrano 2002, p.100). La presidencia municipal de Eaton inició en enero de 1889; durante su período incrementó la fuerza policiaca y desarrolló la infraestructura de la comunidad. Su hábil manejo enriqueció las arcas municipales, pero su influencia en la ciudad habría de terminar abruptamente con su precipitada muerte en octubre de ese mismo año, a la edad de 52 años. Juan Montenegro, miembro del ayuntamiento, terminó su periodo.

Establecimiento del poder del ayuntamiento[5]

En 1889, Ricardo Nieto fue electo alcalde y bajo su dirección, Ensenada intentó superar sus deficiencias como centro urbano. Por ello, se formaron algunas comisiones a fin de supervisar la obra pública y la prestación de varios de sus servicios, tales como agua, electricidad, vialidades, negocios, cárceles y servicios de salud. La falta crónica de fondos en el ayuntamiento, sin embargo, frustró los intentos de Nieto por desarrollar esos servicios tan necesarios.

Durante este período también emergieron desacuerdos entre los municipios y los jefes políticos, con respecto al control de impuestos, gastos de los fondos públicos y principalmente disputas por la autoridad. Éstas se veían agudizadas a causa del carácter autoritario del personal militar enviado como cabeza de distrito y el de los alcaldes electos democráticamente a través de la participación activa de los ciudadanos. Uno de los más importantes conflictos de este tipo tuvo lugar en el período 1892-1894, cuando el alcalde de Ensenada, Ismael Sánchez (1891-1895), decidió hacer uso de los fondos que habían sido colectados y depositados con el municipio por el jefe político, Coronel Rafael García Martínez. Por una parte, el Coronel Martínez tenía intenciones de que estos fondos se destinaran a la obra pública, mientras que el alcalde y los miembros del ayuntamiento deseaban destinarlos al pago de salarios del municipio y deudas que éste tenía con los comercios locales. Respaldados en la ley federal, estos últimos confrontaron entonces al jefe político argumentando que "los jefes políticos no tienen la autoridad para revocar o suspender las resoluciones de los ayuntamientos relacionadas con la inversión de fondos e ni interferir en el manejo y aplicación de los fondos" (Bonifaz 1999, p. 337, paráfrasis). Al considerar como inaceptable la subordinación del jefe político al alcalde de Ensenada, Martínez solicitó su remoción por motivos de salud, mostrando una serie de reportes médicos que constataban el padecimiento de tensión, estrés e histeria. García Martínez dejó la región sin resolver este conflicto, lo cual puede interpretarse como el éxito de la resistencia a la autoridad militar por parte del alcalde llevado a su puesto por elección democrática.

En 1894, el coronel Agustín Sanginés fue designado por el Presidente Díaz, sustituto de Martínez como jefe político. Para llegar a Baja California, Sanginés viajó desde Chihuahua vía El Paso, Texas y San Diego, California, desde donde se embarcó hacia Ensenada. En general, este jefe político mantuvo buenas relaciones con el alcalde y el concejo municipal. Ismael Sánchez debió haber convocado a elecciones en diciembre de 1894, sin embargo no lo hizo, por lo que continuó en su puesto de alcalde hasta 1895. En ese año fue electo para dicho puesto José María Obando, quien al asumir su mandato en enero de 1896, se encontró con una tesorería virtualmente en quiebra. El incumplimiento por parte de la Compañía Inglesa con el pago de impuestos puso en peligro las finanzas de la alcaldía. Por esta razón, las siguientes alcaldías encabezadas por Carlos A. Guijosa (1897-1900) y Fernando Palacios actuaron contra las compañías y los empresarios extranjeros, en representación de la comunidad. Incluso, la Compañía Inglesa fue judicialmente perseguida por sus deudas al gobierno municipal, lo cual desembocó en la revocación de una decisión de la Suprema Corte que daba su apoyo a la compañía. Asimismo, se presentaron cargos en contra de los socios Francisco

Andonaegui y Miguel Ormat, quienes proveían a la ciudad de agua, y se habían rehusado a pagar el derecho de vía de las tuberías y las cuotas por permisos comerciales o impuestos.

En 1901, Alejandro Guerrero y Porres fue electo alcalde, pero fue temporalmente remplazado por Enrique Ferniza por razones de salud, continuando su gestión en 1902. El espíritu de servicio de los miembros de la alcaldía durante este periodo son revelados en los comentarios de Bonifaz (1999, p. 343, paráfrasis) quien notó que el concejo funcionaba con un verdadero espíritu de servicio, en posiciones honorarias sin pago, incluyendo al alcalde, sin considerar que el tiempo que les requería en atender al concejo los desviaba de sus propios negocios y profesiones. Por esta razón, tampoco permitían negligencias en el ejercicio de sus responsabilidades y se observaba puntualmente la honestidad de los funcionarios. Por ejemplo, en 1901 el concejo fue notificado por el coronel Sanginés acerca de irregularidades fiscales cometidas por el tesorero anterior, quien se había apoderado ilegalmente de más de 26,000 pesos; en respuesta, al tesorero se le acusó, condenó y envió a prisión.

En 1903, Eulogio Romero Aguiar, un arraigado comerciante de Ensenada, fue elegido alcalde de Ensenada e implementó una eficiente administración, aprovechando sus muchos años de experiencia en los negocios. Nacido y criado en Baja California Sur, este personaje fue considerado la figura más importante en la vida pública de Ensenada de 1890 a 1910 (Araujo 1994). Romero Aguiar ya era un acaudalado hombre de negocios cuando llegó a principios de 1880 a Ensenada, donde estableció uno de los más importantes negocios de alimentos, ropa, ferretería y mercancía en general, localizado en Ruiz y Calle Tercera. También se dedicaba a los bienes raíces, la banca, minería y exportación, llegando a tener más de una docena de permisos para sus negocios. Su importancia como comerciante lo llevó a servir a muchos intereses comerciales nacionales e internacionales y finalmente a involucrarse en la política. Los períodos de Romero Aguiar fueron seguidos primero por la elección de Carlos Ptanick, quien sirvió de 1905 a 1906, y posteriormente Manuel Labastida, quien se sostuvo en la posición con el apoyo de Celso Vega, el entonces jefe político de Baja California.

Durante los últimos años del mandato del Presidente Díaz, el único proceso democrático vigente eran las elecciones municipales, y en Ensenada, la posición para alcalde era particularmente disputada. En la primera década del siglo XX, esta contienda fue protagonizada por Eulogio

Romero y Manuel Labastida, ambos importantes comerciantes de Ensenada. De acuerdo a Samaniego (1993, p. 55) durante la década de1900-1910 el poder local se mantuvo entre los residentes de Ensenada, aunque la autoridad federal regulaba la actividad política a favor de los socios de Labastida, partidarios del régimen de Díaz. El grupo opositor al de Labastida era el liderado por el vocal Romero Aguiar quien posteriormente regresó a servir en la alcaldía municipal de David Zárate Zazueta en 1912.

La cámara de comercio y David Zárate Zazueta

Otra figura comercial importante en la incipiente estructura política de Ensenada, fue Don Heraclio Ochoa Vaca (Estrada Ramírez 2002). Don Heraclio era socio comercial de Eulogio Romero y sirvió como tesorero del concejo municipal en 1893. Fue socio fundador de la Cámara de Comercio en 1896, constituida principalmente por extranjeros como Francisco Andonaegui, Andrés Strickroth, Feliciano Aldrete, James Moorkens y Anthony Godbe, cónsul de Estados Unidos en Ensenada. Esta cámara se tambaleó en 1903, debido a la disminución de actividades económicas, y su actividad se reavivó hasta 1915 (Bonifaz de Hernández, en Piñera 1987), gracias a David Zárate Zazueta, joven socio que fue por varias décadas el pilar de la Cámara de Comercio, del Club Democrático Ensenadense y de las alcaldías democráticas (Bonifaz Sáez de Novelo 1995).

David Zárate Zazueta era hijo del inmigrante chileno Felipe Zárate, fundador de Real del Castillo, quien contrajo matrimonio con la mexicana Victoria Zazueta y se naturalizó ciudadano mexicano. En 1877, Felipe llegó a Ensenada junto con su hijo David de 2 años de edad. Allí, el padre de David se involucró con las rebeliones e insurrecciones en contra de los abusos de los militares, por lo que, en 1879, Porfirio Díaz ordenó su persecución, lo que lo hizo huir a un exilio temporal en Estados Unidos. David permaneció en Ensenada durante ese tiempo, hasta que a la edad de 13 años se reunió con su padre en Los Ángeles, California, en donde aprendió inglés y francés, así como técnicas comerciales y contabilidad. David regresó a Ensenada en 1892 y empezó a trabajar para Ochoa Vaca y Romero Aguiar, llegando a fungir como gerente general y socio. Fue entonces cuando Zárate, Juan Uribe y Eulogio Romero (entonces tesorero del concejo municipal por 8 años) fueron centrales en la fundación del Club Democrático Ensenadense en 1911. Cabe señalar que este club contaba con los principales hombres de negocios de Ensenada, y que después de la salida de Porfirio Díaz, ellos fueron los principales promotores de las elecciones libres en el municipio de Ensenada. Zárate Zazueta fue uno de los principales protagonistas en estas iniciativas.

El siglo XX: Los siguientes inmigrantes

Las actividades de la Compañía Inglesa permanecieron estancadas en la ciudad de Ensenada durante la primera parte del Siglo XX. Mientras tanto, el desarrollo económico más importante en Baja California tenía lugar en el Valle de Mexicali, en donde se habían descubierto tierras altamente fértiles resultado de los depósitos aluviales del Río Colorado que desemboca en el Mar de Cortés. En ese lugar, el desarrollo agrícola fue impulsado principalmente por extranjeros –el capital de estadounidenses y la fuerza de trabajo de chinos- quienes se convirtieron en los principales fundadores de la ciudad de Mexicali.

Otro centro de desarrollo económico era el Valle de Guadalupe, al noreste de Ensenada. Allí, la actividad agrícola era impulsada por inmigrantes rusos pertenecientes a la religión molokana, quienes rehusándose a participar en actos bélicos habían huido de Rusia en 1904. Los rusos molokanos convirtieron a la región en una zona agrícola próspera, eventualmente plantando gran parte de los viñedos. Al tiempo que se asimilaban a la sociedad mexicana, los rusos llegaron a ser líderes en una variedad de innovaciones tecnológicas y comerciales en la ciudad de Ensenada. Sin embargo, en 1958, la mayoría de las familias de inmigrantes molokanos dejaron el valle de Guadalupe, al ver invadidas sus tierras por campesinos mexicanos solicitantes de tierra, en la última parte del reparto agrario (ver Capítulo 6).

Los chinos en el desarrollo de Mexicali[6]

Durante la última década de los 1800, Guillermo Andrade, cónsul mexicano en Los Ángeles, había formado una sociedad con comerciantes estadounidenses para iniciar actividades agrícolas de riego en la región de Mexicali. Pocos años después, transfirió sus derechos a la Colorado River Land Company (CRLC), la cual había sido registrada en México en 1902 como la California-México Land and Cattle Company. La compañía era encabezada por el General Harrison Grey Otis y dirigida en gran parte por su yerno Harry Chandler. En 1908, la compañía empezó a despojar de sus tierras a los habitantes locales, principalmente a los indios cucapá, para apoderarse de la explotación de más de 350,000 hectáreas del Valle de Mexicali. La fase inicial incluyó la construcción de canales y diques para redirigir al Río Colorado hacia los campos; esta fase estuvo principalmente a cargo de inmigrantes japoneses, mientras que los chinos ejecutaron las subsecuentes fases de nivelación de tierras y cultivo del algodón. La CRLC no se involucró en la producción agrícola, sino que rentó las tierras a otros, especialmente a chinos, hindúes y mexicanos que trabajaban directamente en los campos. La CRLC también restringió las actividades de los renteros, condicionando la renta a cambio de que produjeran algodón y se lo vendieran a la misma compañía. A través de esos acuerdos, el área cultivada se incrementó rápidamente a 72,000 hectáreas en 1918, lo cual produjo ganancias de 18 millones de dólares el año siguiente. La CRLC y sus subsidiarios controlaron la renta de tierras, el precio de compra al por mayor, las despepitadores de algodón y las líneas ferroviarias utilizadas para la exportación del producto. El impulso más importante de las actividades productivas provenía, sin embargo, de la fuerza de trabajo de los inmigrantes chinos.

Ahora bien, aunque las actividades principales de los chinos tuvieron lugar a principios del siglo XX, primero como agricultores y después como dueños de hoteles, casinos y pequeños negocios e industrias, su presencia en Baja California se remonta al inicio del último tercio del siglo XIX. Por ejemplo, se sabe de su participación en la minería desde 1870 y 1880. Existe evidencia de asentamientos posteriores de chinos en el área aledaña a Ensenada que datan de 1877, así como registros de 1882 que confirman la existencia de comerciantes chinos en contratos de renta urbanos y rurales en esta ciudad. Finalmente, al cierre del siglo XIX, los chinos incursionaron en la pesca, a raíz de la proliferación de compañías pesqueras en Ensenada. Su flota explotaba una amplia variedad de especies costeras que eran exportadas a San Diego, en los Estados Unidos.

El tratado que autorizó la inmigración de población china a México y garantizó sus derechos fue firmado en Washington, D. C., en diciembre de 1899. Este tratado, sin embargo, fue sistemáticamente violado. La aceptación de la inmigración de chinos reflejaba la preocupación de México por poblar la frontera norte, aunque también era resultado de la presión de intereses comerciales y de la necesidad de poner un freno a los gobernadores militares locales que se beneficiaban de la situación. Por su parte, el éxito de los chinos en Baja California fue posible gracias a la presencia de poblaciones fronterizas más tolerantes, con actitudes menos xenofóbicas y mayores necesidades locales de mano de obra. Los poderosos negocios estadounidenses que se apoyaron en los trabajadores chinos les aseguraba a éstos su entrada. Para los 1920, una cantidad estimada de 10,000 chinos se encontraban en la región de Mexicali, superando el número de mexicanos en el área.

Trabajo y economía

Los trabajadores chinos eran parte de un sistema de extrema explotación, en el que debían encarar salarios miserables y las difíciles condiciones de trabajo. Los chinos constituían la principal mano de obra en las inversiones de la CRLC por 12 millones de dólares aplicados a caminos, canales, desagües y diques para explotar las tierras agrícolas del valle de Mexicali. La CRLC también les rentaba tierra, aunque muchos chinos trabajaban para otros chinos que tenían los recursos para rentar grandes parcelas. En 1919, los granjeros chinos controlaban cerca de 30,000 hectáreas, ya que a pesar de su explotación y victimización, eran altamente exitosos. Su voluntad de prestar sus servicios por salarios bajos les permitió acaparar la mayor parte del mercado de trabajo en la región de Mexicali. Por otra parte, dado que dedicaron parte de sus tierras a la producción de alimentos, pudieron extender su presencia hacia los sectores comerciales más redituables. Su capacidad para desempeñar trabajos pesados y la frugalidad con la que vivían les permitió mejorar su posición económica y escapar del peonaje en el campo.

Incluso, algunos de estos inmigrantes se unieron a la élite del sector comercial del norte de México, como dueños de pequeños comercios que se posicionaron a la vanguardia de una nueva clase social en la frontera. Los mayoristas chinos, algunos de ellos con residencia en Estados Unidos, particularmente en San Francisco, hicieron posible la expansión de los pequeños negocios de sus connacionales, al proveerles de créditos para abrir sus propias tiendas y negocios. Estos pequeños negocios se establecieron en áreas en donde no enfrentaban competencia con las grandes compañías mexicanas y extranjeras, en un nicho en el que satisfacían las necesidades de alimentos y lavandería de los nuevos migrantes (incluso mexicanos), varones y solteros. Cabe señalar que estos servicios eran precisamente los que típicamente proveías las mujeres, quienes eran escasas en esas zonas.

Los chinos eran tolerados por los beneficios económicos que dejaban a la región: los propietarios de tierras de Estados Unidos obtenían importantes ganancias a través de ellos, y los políticos mexicanos hacían lo mismo a través de los impuestos y sobornos que les aplicaban. De hecho, los impuestos que pagaba esta población, era la fuente más importante de ingresos gubernamentales. A través de las cuotas de hasta cien dólares que se cobraban por trabajador importado y las tarifas anuales que sobrepasaban los cien dólares por persona, se generaban ingresos de millones de dólares. Más aún, el cultivo de algodón de exportación, producido a través de mano de obra china, fue valuada en 1919 en más de 18 millones de dólares, y los impuestos producidos por su exportación, ascendieron a los 2 millones de dólares. Por otra parte, los impuestos al opio, las apuestas y otras actividades que eran consideradas parte de la "industria del vicio", produjeron millones de ingresos como "impuestos". Tan grande fue el impacto económico de los chinos, que los gobiernos de Baja California se sintieron obligados a permitir que continuara su inmigración, el contrabando de opio, el juego y las apuestas, incluso después de su prohibición legal por parte del gobierno federal.

Comunidad y política

Los chinos en Baja California eran los extranjeros que sufrían el mayor acoso, y sobre quienes se grababan impuestos personales que no se aplicaban a otros extranjeros. Sin embargo, comparado con las reacciones xenofóbicas hacia esa población en otras partes de México, la frontera era una zona relativamente hospitalaria que permitía a los chinos establecer comunidades permanentes y prosperar. Esta aceptación se debía en parte a su importancia económica en la región y a las fuerzas políticas en ambos lados de la frontera, que trabajaban para asegurar la disponibilidad de su fuerza de trabajo. Otro factor que contribuía era la rápida asimilación de los chinos a la cultura regional, debido a la ausencia de sus familias. La vasta mayoría de estos inmigrantes eran hombres imposibilitados para traer con ellos a sus esposas. De una cantidad aproximada de 11,000 inmigrantes chinos en Baja California, se estima que solamente 100 eran mujeres. Consecuentemente, los inmigrantes chinos contrajeron matrimonio con mujeres mexicanas o, dado que era mal visto casarse con mexicanas, establecieron solamente relaciones conyugales con la mayoría de ellas. La ausencia generalizada de esposas de origen chino también facilitó la asimilación de la descendencia, cuyas madres eran generalmente mexicanas.

La asimilación y adaptación de esta población también se logró a través de las asociaciones chinas y sus sociedades anónimas. Estas sociedades colectaban cuotas de los miembros, mismas que les permitieron acumular recursos que utilizaban para adquirir representación legal competente para proteger sus intereses, particularmente cuando eran confrontados por algunos individuos de manera hostil. Además, las relaciones entre chinos y la sociedad mexicana se facilitaron por el poder de sus sociedades y la mediación de sus abogados con inversionistas comerciales estadounidenses, los México-nacionalistas, el gobierno mexicano y las organizaciones mexicanas del trabajo. A su vez, estas sociedades también facilitaron el éxito económico chino ya que permitía a estos inmigrantes iniciar negocios con recursos económicos colectivos, en localidades urbanas de alta rentabilidad. El capital de las asociaciones chinas en Baja California era superado solamente por el poder de las comunidades inversionistas chino-americanas de California. Para 1919, había 28 asociaciones chinas en Baja California, incluyendo 17 sociedades anónimas, casi un cuarto de todas las compañías registradas en ese tiempo a nivel estado. Las asociaciones también servían como cooperativas rurales, otorgando asesoría a los productores para elevar su producción en las granjas y v inculcando, a través de la distribución de sus productos, sus actividades en el campo con las actividades comerciales en las ciudades.

Por su parte, diversos funcionarios públicos se beneficiaron con la importación legal e ilegal de mano de obra china. La CRLC pagaba a través de canales oficiales y no oficiales, sus permisos para contratar chinos, haciendo de esta fuerza de trabajo un negocio redituable para muchos. En corto tiempo, los chinos se integraron a las estructuras regionales de poder. El valor de su fuerza de trabajo explica porque en las décadas de 1910 y 1920, ante la escasez de mano de obra en la región, Arturo Guajardo –asesor legal de la Asociación China, quien también era el agente de la CRLC-, junto con otros inversionistas de Estados Unidos, presionaron al Gobernador Esteban Cantú para que intercediera ante el gobierno federal, a fin de que permitiera la reubicación de los chinos que estaban siendo expulsados de otras partes de México. Cantú accedió pero estableció una cuota de 100 dólares por permiso para cada chino, además de otros impuestos ilegales y cuotas para el otorgamiento de su residencia. Los siguientes gobernadores militares en Baja California continuaron con esta política de permitir la inmigración china y facilitar sus actividades comerciales, a cambio de cuotas que constituían los principales ingresos en las arcas gubernamentales.

La colonia rusa del Valle de Guadalupe[7]

Durante la primera década del Siglo XX, otro importante desarrollo extranjero tuvo lugar en el Valle de Guadalupe, a escasos 40 kilómetros al noreste de la ciudad de Ensenada. Se trataba del arribo de molokanos ("bebedores de leche") de Rusia. Los molokanos eran descendientes de una secta rusa que surgió en el siglo XVIII para protestar contra la iglesia ortodoxa griega y posteriormente contra el estado ruso. Después de estar huyendo de la persecución a lo largo de Rusia, y atendiendo la profecía de su líder acerca de un futuro de tribulaciones en su país, planearon su emigración hacia lugares más remotos.

Los molokanos empezaron a salir de Rusia en 1904 y continuaron su éxodo, aunque de manera secreta, durante la siguiente década. Esto debido a una prohibición por parte del zar para que abandonaran el país. Para evitar ser detectados, partieron en pequeños grupos, pero para 1911, un número de 3,000 personas había ya emigrado. La mayoría se reagrupó en Los Ángeles, aunque muchos no estaban satisfechos con el entorno urbano. Fue entonces cuando agentes del Presidente Díaz arreglaron la venta de más de 5,000 hectáreas a los molokanos en el Valle de Guadalupe. Después de las negociaciones con el gobierno mexicano para obtener derechos migratorios y asegurar su libertad de religión, un grupo liderado por Iván Samarin dejó Los Ángeles para irse a Baja California. Estos inmigrantes rusos tenían la expectativa de seguir con sus actividades agrícolas tradicionales, criar a sus hijos en un mejor ambiente y practicar su religión en libertad. A su llegada, transformaron rápidamente el paisaje, dejando su marca al convertirlo en una villa rusa.

Tierras y asentamiento

La fundación de la colonia Rusa en el Valle de Guadalupe ocurrió en una extensión de terreno de más de 5,000 hectáreas, originalmente otorgada en renta en 1905 y posteriormente comprada por 48,000 dólares en 1907. Conocido como Rancho ExMisión de Guadalupe, dentro del área se encontraban los restos de una misión dominicana fundada en 1834. Las 104 familias molokanas rusas que emigraron hacia allá encontraron la vieja Misión Señora de Guadalupe todavía de pie, pero la hallaron de poco valor. Había, sin embargo, varios cientos de caballos y ganado incluidos en la propiedad, junto con vagones y equipo para los trabajos en la granja. La tierra estaba divida en un número más grande de pequeñas parcelas que permitían a cada familia el acceso a una variedad de tipos de tierra. Además, los colonos rusos rentaron miles de hectáreas de tierra en otros escenarios dentro del área (por ejemplo, La Misión, San Antonio, Punta Banda, Vallecitos, Rancho Barre y Valle Seco); esto con el propósito de expandir sus cultivos de trigo. La mayor parte de la renta de la tierra era pagada con una porción de aproximadamente 20 a 50% de la cosecha.

Trabajo

Aunque la agricultura era la base del trabajo de los molokanos, algunas de las primeras acciones que la colonia rusa realizó fue la construcción de puentes y caminos, incluyendo un camino de 35 kilómetros a Ensenada, que sirvió como principal acceso hasta 1958. Inicialmente, los molokanos cultivaban sus campos con arados tirados por caballos, pero eventualmente modernizaron sus métodos de cultivo, adoptando tractores y cosechadoras e instalando bombas en los molinos de viento para tener acceso más constante al agua. También pastoreaban ovejas, criaban caballos y aves de corral, y daban mantenimiento a colmenas de abejas. Los molokanos plantaban jardines familiares para producir la mayor parte de lo que comían, especialmente pepinos, calabaza, lechuga, lentejas, semillas de girasol, rábanos, cebollas, tomates y chiles. También los árboles frutales y olivos florecían en la colonia. Los molokanos producían queso, mantequilla y crema agria, la cual con frecuencia vendían. También eran herreros, carpinteros, carniceros y panaderos. Al ser altamente autosuficientes, dependían muy poco de una economía más amplia para satisfacer sus necesidades. Las compras locales se limitaban típicamente a sal, azúcar, te, café, dulces y queroseno. Frecuentemente obtenían los materiales de construcción de los Estados Unidos, haciendo un viaje de 10 días de ida y vuelta en sus vagones. El trigo que vendían en Ensenada y San Diego era la base principal de sus ingresos. Los rusos también adquirieron un molino de trigo, con el cual se expandió su participación económica y les permitió una mejor integración a la comunidad local. Además de la producción comercial de trigo, también sembraban cebada, alfalfa y posteriormente uvas. Algunos molokanos en el Valle de Guadalupe se mudaron a Ensenada y establecieron allá sus negocios, incluido uno de lácteos, un molino de harina y una agencia Ford. El desarrollo económico más notable por parte de los molokanos, en funcionamiento en la actualidad, es el de las estaciones de gasolina, como la establecida por Moses Rudametkin en 1929 y que todavía ostenta un letrero con su nombre en la estación de Pemex que se encuentra a la entrada de Ensenada. Cuando las Bodegas Santo Tomás abrieron, los molokanos empezaron a plantar más vid, extendiendo los cultivos de uva a casi todo el valle.

Familia y socialización

Los molokanos empezaron su vida en México viviendo en carpas, pero pronto construyeron sus propias casas. Las grandes familias de 8 a 12 hijos se acomodaban en una casa de dos recámaras, una para los padres y otra para los niños. La cocina era el centro de la casa, donde la comida se cocinaba y comía y donde los miembros de la familia interactuaban unos con otros. Las familias eran patriarcales, con una clara división del trabajo. Los hombres frecuentemente dejaban sus casas durante varios días a la semana, debido a su trabajo en parcelas remotas y dejaban las cuestiones domésticas al control de sus esposas. Los padres eran quienes tradicionalmente arreglaban las bodas y esa tradición persistió en México. Los hijos con frecuencia se resistían a ello y los matrimonios entre éstos y jóvenes de la localidad se incrementaron. La creciente población de los molokanos contaba con más de 200 niños en edad escolar para 1925, por lo que se construyó una escuela dentro de la colonia para dar servicio principalmente a estos colonos. No obstante, los molokanos tenían opiniones adversas al sistema escolar, el cual inculcaba valores que causaban conflictos con la orientación patriarcal de la familia. Así también, aunque las escuelas ayudaban a los molokanos a ser fluidos en el idioma español, les disminuía sus habilidades para hablar ruso, en tanto que los iletrados padres no tenían las herramientas para transmitir a sus hijos conocimiento académico en ruso, por lo que aceptaron que sus hijos recibieran la instrucción impartida en dichas escuelas para tener una profesión y progresar económicamente. Por su parte, las mujeres jóvenes generalmente obtenían trabajo como servidoras domésticas en Ensenada, incrementando su exposición a la cultura local y por lo tanto, incrementando la tendencia a casarse con mexicanos. Todo esto condujo al abandono gradual del conocimiento de su lengua y a la asimilación de hombres y mujeres jóvenes.

Organización comunitaria y política

Los molokanos tenían una fuerte organización comunitaria, que se puso de manifiesto en su habilidad para agruparse al salir de Rusia, reunirse en Estados Unidos y comprar tierras en el Valle de Guadalupe. Estas tierras eran poseídas en forma comunal más que en parcelas de propiedad individual. Al igual que en Rusia, los molokanos mantuvieron su propio sistema político situado alrededor de la posición del *starshina* o presidente. Se trataba de un liderazgo informal, elegido por la comunidad por un tiempo indefinido. El último *starshina* en el valle de Guadalupe fue Basilo Mohoff, quien se mantuvo en el cargo desde 1943 hasta su partida hacia Estados Unidos en 1963. Los *starshinas* eran seleccionados por sus habilidades para mediar con la sociedad local, y por su conocimiento del lenguaje, valores, sistema legal y gobierno. También tenían responsabilidades que incluían la representación de la comunidad en asuntos legales externos, así como en la resolución de disputas al interior del grupo. Los inmigrantes rusos utilizaron sus habilidades y recursos para triunfar en una gran variedad de actividades económicas de la región.

Conclusiones

Las últimas décadas del Siglo XIX constituyeron un período en el cual Ensenada, como cabecera del Distrito Norte, fue supervisado por jefes militares por largos períodos. El Coronel Agustín Sanginés fue designado jefe político por el Presidente Díaz en 1894 y permaneció en funciones por 8 años, siendo relevado de su cargo después de que asesinó a un prisionero en estado de ebriedad que lo asaltó en la cárcel. Sanginés fue reemplazado por el Teniente Coronel Abraham Arroniz, quien a los cinco meses murió a causa de una indigestión. Siguió entonces el Coronel Celso Vega, quien fue jefe político de Baja California desde marzo de 1903 hasta el final del régimen de Díaz en 1911. Esto significó que Ensenada estuvo directamente gobernado por dos fuertes líderes militares durante casi 15 años que precedieron a la Revolución Mexicana. Consecuentemente, durante este período las autoridades federales fueron persistentes y de constante presencia, aunque el alcalde y el ayuntamiento municipal desarrollaran e hicieran sentir su poder civil incluso sobre los gobernantes militares y el cada vez más poderoso sector comercial. Piñera (1999, p.216 paráfrasis) notó que una forma embriónica del poder local surgió en las siguientes décadas con una creciente consolidación en el ayuntamiento.

Los principales grupos de inmigrantes llegados a finales del Siglo XIX y principios del XX fueron distintos de los que arribaron al resto de México. Los inmigrantes estadounidenses, ingleses, rusos y chinos trajeron consigo sustanciales habilidades comerciales y crearon un tipo de sistema económico muy distinto al que existía en otras partes del país. Estos desarrollos sentaron las bases para el desarrollo de un sector comercial y una sociedad de clase media que virtualmente no existía en el resto de México. Las influencias extranjeras se ejemplifican en el origen casi completamente extranjero de los miembros de la Cámara de Comercio de Ensenada, lo mismo que el poderoso sector comercial representado por los chinos.

Sin duda, nuestras consideraciones sobre estos grupos migrantes y su impacto en la región, nos han llevado demasiado lejos en la historia. Regresemos después para reflexionar sobre otros procesos verdaderamente importantes en la región, surgidos durante la Revolución Mexicana de 1910 a 1920, y sobre cómo éstos impactaron a la economía y la política de Baja California.

Notas

1 El material de esta sección se deriva principalmente de Piñera (1991, 1999). Ver también Piñera (1995).

2 El material de esta sección se deriva principalmente de Piñera (1991, 1999).

3 La mayor parte de esta sección se basa en el manuscrito no publicado de Murakami, "La Cultura en el paisaje Urbano de Ensenada". Fuentes primarias incluyen a Piñera (1995), Padilla (1999) y Cortés (1993).

4 Esta sección se deriva de Serrano (2002).

5 El material de esta sección se deriva principalmente de Bonifaz (1999).

6 Las fuentes principales para esta sección son Velázquez (2001) y Hu-DeHart (2002).

7 La fuente principal es Mohoff (s.f.), "La Colonia Rusa de Molokanos de Guadalupe en México" Publicado por el autor.

Baja California 1899

CAPÍTULO 4

ENSENADA Y LA REVOLUCIÓN MEXICANA

En la víspera de la Revolución Mexicana, Baja California se encontraba completamente aislada del resto de México. La comunicación entre el Distrito Norte y el gobierno federal de la Ciudad de México, tenía lugar a través de los Estados Unidos vía San Diego o San Francisco. El transporte de funcionarios o militares desde Ensenada hasta el centro del país por mar o tierra podía tomar semanas. Esta circunstancia geográfica de aislamiento de Baja California tuvo peculiares efectos durante la Revolución Mexicana, en la segunda década del Siglo XX. En primer lugar, ésta permitió que tuviera lugar una invasión de anarquistas y socialistas mexicanos dirigida por Ricardo Flores Magón -un autor intelectual de la Revolución Mexicana-, entrando por Estados Unidos. Debido a la falta de simpatizantes mexicanos en la región, la incursión magonista de anarquistas y socialistas mexicanos sufrió del descrédito en la región. En segundo lugar, el gobernador militar de la región, Coronel Esteban Cantú, contó una relativa autonomía que le permitió reubicar la cabecera del Distrito Norte, pasándola de Ensenada a los prósperos centros agrícolas de Mexicali. Desde allí, Cantú desafió al gobierno central, a la vez a que mantuvo al distrito, ajeno a los conflictos que envolvieron al país durante su período de 6 años. Antes de ser removido de su cargo, este coronel ayudó a sentar las bases para el desarrollo de una poderosa clase político-económica de mexicanos que tomaron ventaja de las considerables oportunidades comerciales ofrecidas por la economía fronteriza. Ensenada permaneció al margen de la mayoría de esos acontecimientos, pero continuó su trayectoria relativamente autónoma, con un liderazgo democrático de orientación comercial que se constituyó en una fuerza poderosa en contra del mismo Cantú, incidiendo en su destitución.

Los precursores de la revolución Mexicana[1]

La Revolución Mexicana afectó más a otros estados de la frontera con Estados Unidos, que a Baja California, la cual permaneció aislada del resto de México. Esto a pesar de que gran parte de la oposición a la dictadura de Porfirio Díaz ocurrió en el norte del país, en donde la proximidad con Estados Unidos había producido cambios socio-económicos en la frontera, y había provisto de refugio, financiamiento y acceso a las armas. El fuerte apoyo que la Revolución Mexicana recibió de los estados del norte del país reflejaba la transformación socioeconómica de la frontera. Esto podía verse sobre todo en la minería, industria, agricultura, vías ferroviarias y el comercio, lo cual había contribuido a la creación de un segmento de trabajadores asalariados, con mayores recursos que los agricultores del interior del país. La clase media y los dueños de tierra independientes que se habían establecido en esta región, contribuyeron al ímpetu intelectual de la revolución. Sus ideas políticas se difundieron por el centro del país y ayudaron a inspirar levantamientos en contra de los dictadores que intentaban mantener el control. La actividad minera y las fábricas del norte de México, habían generado condiciones de explotación similares a las que prevalecían en Europa durante la Era Industrial del Siglo XIX. Estas condiciones estimularon a los movimientos sindicales y la conciencia de clase que impulsaron a la revolución. Como es sabido, los trabajadores mineros y ferrocarrileros fueron parte importante de los reclutados en el ejército revolucionario, quienes aportaron sus conocimientos sobre el uso de la dinamita y las vías ferroviarias. Los ganaderos del norte y sus trabajadores, también jugaron una función vital en la revolución, utilizando estratégicamente su conocimiento del territorio para guiar a las tropas opositoras contra las fuerzas federales.

Este es el caso de Francisco I. Madero, principal adversario de Porfirio Díaz, miembro de una familia de acaudalados comerciantes, ganaderos, agricultores y políticos del estado de Coahuila. Madero era además un convencido defensor del capitalismo, con estudios en negocios en Estados Unidos y Francia y familiarizado con los ambientes de varios lugares de Europa. A su regreso a México, Madero estableció su propia escuela de negocios y se dedicó a administrar las granjas de su familia, preocupado siempre por los espacios habitacionales y necesidades de salud de sus trabajadores. En 1908 publicó "La Sucesión Presidencial en 1910", en donde cuestionaba las repetidas reelecciones del presidente Díaz, colocándose inmediatamente en una posición adversa al dictador. Posteriormente, Madero contendió por la presidencia, pero fue apresado por Porfirio Díaz durante la campaña. El líder revolucionario escapó entonces de prisión y huyó hacia los Estados Unidos para organizar la resistencia contra Díaz, quien en 1910, había anunciado nuevamente su reelección.

Ciertamente, la mayoría de estos acontecimientos de la Revolución Mexicana no habían tenido un efecto directo sobre Ensenada. El Distrito Norte se encontraba apartado del resto de México por los desiertos del norte, y la única forma de ingresar a esta región era a través de las rutas marinas o de los Estados Unidos. No obstante, esto no impedía que los ensenadenses expresaran su oposición a Porfirio Díaz a través de la formación del Club Democrático Ensenadense en donde se llevaban a cabo lecturas públicas del libro de Francisco I. Madero, acerca de la sucesión presidencial. Los esfuerzos de los líderes comunitarios locales por lograr una separación de las posiciones políticas y militares, así como por designar a sus autoridades a través de la elección popular, también eran manifestaciones de las tendencias democráticas de Ensenada, antes de la revolución. Por otro lado, la gran distancia de Baja California y Ensenada de los centros mexicanos de poder, los dejó al margen de la mayoría de los conflictos violentos que envolvieron al país durante las décadas de los 1910 y 1920.

La notable excepción a lo anterior fue la corta rebelión anarquista autoría de Ricardo Flores Magón, fundador del Partido Liberal de México (PLM). Esta rebelión se gestó en el vecino estado estadounidense de California, no obstante que ello representara una violación de las leyes de neutralidad estadounidenses. Esta violación era tolerada a causa de que el gobierno de ese país, descontento con el gobierno de Díaz por su despiadado sometimiento a toda oposición, permitió por un tiempo las operaciones de los floresmagonistas que tenía el propósito de iniciar una revolución socialista en Baja California. La Revolución Mexicana se había abocado a los estados fronterizos, dado que la cercanía de éstos con los Estados Unidos ayudaba en la provisión de armas y refugio; sin embargo, la distancia de Baja California al centro del país lo convirtió en un lugar ideal para el inicio de la revolución anarquista de los Flores Magón. Las fuerzas defensoras de México provenían principalmente de Ensenada.

La rebelión de los hermanos Flores Magón contra Porfirio Díaz, dio inicio en los primeros años de 1900s, y eventualmente desembocaría en la Revolución Mexicana en 1910. Los propósitos de los Flores Magón, lo mismo que sus antecedentes, eran diferentes a los de Madero. Su padre había servido como soldado en tiempos de Benito Juárez, único presidente indígena de México. Sus tendencias socialistas tenían origen en previos contactos con los grupos originarios de Oaxaca, de quienes adoptaron la ética comunitaria en la relación con la tierra y el trabajo. Además, sus estudios en leyes en la Ciudad de México, su encarcelamiento y exilio de su país, aumentaron su fervor revolucionario. En 1900, Ricardo, Librado Rivera y sus colegas iniciaron la publicación del diario Regeneración, el cual se convirtió en una voz importante para el cambio democrático y social, inspirando a muchos mexicanos a lo largo del país y provocando respuestas opresivas por parte de Porfirio Díaz y sus seguidores.

Las propuestas de Ricardo Flores Magón a favor de una reforma política y económica en México, inspiraron a los principios fundamentales de la Constitución Mexicana de 1917 (Bonifaz 1982a). Ricardo fue encarcelado y posteriormente liberado en 1902, continuando con una serie de campañas que lo llevaron a ser apresado nuevamente. En 1904 escapó de la cárcel para huir a San Antonio, Texas, hasta donde fue perseguido por asesinos enviados por Porfirio Díaz, obligándolo a fugarse una vez más, ahora hacia St. Louis Missouri. Desde allá organizó el Partido Liberal de México y continuó con la publicación de Regeneración, periódico que utilizó para incitar a la revolución en contra de Porfirio Díaz en México, ofreciendo incluso instrucciones militares para una guerra de guerrillas. Sus seguidores organizaron ataques militares desde 1906 en Coahuila y posteriormente, en Ciudad Juárez, Chihuahua; Jiménez, Coahuila y Agua Prieta, Sonora.

La Revolución Mexicana se había abocado a los estados fronterizos, dado que la cercanía de éstos con los Estados Unidos ayudaba en la provisión de armas y refugio; sin embargo, la distancia de Baja California al centro del país convirtió a este estado en un lugar ideal para el inicio de la revolución anarquista de los Flores Magón. El mensaje de los Hermanos Flores Magón y su partido liberal fue bien recibido por las masas en otras partes de México en resonancia con la Revolución Mexicana y les valió la reputación de líderes ideológicos de la Revolución Mexicana. Sin embargo, la asociación de Ricardo Flores Magón con el movimiento internacional anarquista y su invasión a Baja California con un ejército principalmente formado por extranjeros le costó la enemistad de los bajacalifornianos. Los Flores Magón programaron su invasión tomando en cuenta los esfuerzos de otros mexicanos, especialmente las fuerzas de Madero, para derrotar al dictador Porfirio Díaz.

Los hermanos intentaron, con limitado éxito, reclutar en su ejército a mexicanos que vivían en los Estados Unidos, y terminaron invadiendo a México desde los Estados Unidos con un ejército mal organizado, principalmente de socialistas y revolucionarios internacionales, filibusteros y anarquistas. Estas fuerzas magonistas ocuparon áreas del norte de Baja California, saqueando y vandalizando poblaciones locales y combatiendo entre ellos mismos y en contra de las fuerzas mexicanas, antes de ser finalmente vencidas por las fuerzas opositoras a este movimiento, principalmente de Ensenada, y obligadas a regresar a los Estados Unidos. La importancia de la invasión magonista para Ensenada no tiene paralelo en los eventos de principios del Siglo XX. El impacto de esta corta guerra en la región fue tan grande que los negocios se paralizaron, los Ensenadenses huyeron hacia San Diego y lo ocurrido permaneció como tema de conversación por años. La caída del dictador Porfirio Díaz y la negociada victoria de Madero, dieron un rápido giro a los eventos que terminaron con la neutralización de los magonistas, bajo las autoridades estadounidenses.

La revolución anarquista en Baja California[2]

A pesar del fervor revolucionario que prevalecía en México en 1910, la atmósfera de Ensenada permaneció tranquila debido a su aislamiento. La única irrupción que tuvo en esos años la apacible calma de Ensenada, fue la provocada por las acciones revolucionarias de los hermanos Flores Magón y el Partido Liberal Mexicano (PLM), en 1911. Cabe señalar que antes de estos sucesos, Porfirio Díaz había ofrecido una recompensa a quien diera muerte a los hermanos Ricardo y Enrique Flores Magón, razón por lo qual estos revolucionarios huyeron a Estados Unidos. Desde ese país, Ricardo continuó fomentando la revolución en México, por lo que en 1907, el, junto con Librado Rivera y Antonio Villarreal, seguidores de su movimiento y también en el exilio en Estados Unidos, fueron encarcelados por violar las leyes estadounidenses de neutralidad. Cuando estos personajes fueron liberados en 1910, retomaron la publicación de su diario Regeneración y empezaron a planear una invasión a México para derrocar el régimen de Porfirio Díaz.

Las fuerzas magonistas recibían un amplio apoyo popular en muchas partes de México, pero su base principal de operaciones se encontraba en Los Ángeles, California. Por esta razón fue fácil desacreditar su movimiento difundiendo la idea de que se trataba de una invasión promovida por Estados Unidos con fines anexionistas. Por ello, en los acontecimientos de 1911, la mayoría de los habitantes de Baja California llegó a percibir a los magonistas como traidores a México, más que como precursores intelectuales de la Revolución Mexicana. Los Flores Magón y su Partido Liberal Mexicano se reorientaron hacia una organización anarquista radical que legó a confrontar incluso al propio Madero con su planteamiento liberal.

Solamente en Baja California, el comité organizador del PLM llevó a cabo acciones militares en contra de las tropas federales. Esto sucedió con el apoyo de organizaciones como la Organización Internacional Socialista, la Industrial Workers of the World (IWW), el Partido Socialista Americano (American Socialist Party), y de individuos simpatizantes de orientación socialista y anarquista. Para concretar sus acciones, la Junta del PLM intentó reclutar inicialmente a inmigrantes mexicanos en el sur de California, especialmente en San Diego; sin embargo, debido a la falta de interés de éstos, los magonistas tuvieron que reclutar, además de los socialistas y anarquistas que simpatizaban con el movimiento, a aventureros y mercenarios, quienes aceptaban participar motivados más por un salario de un dólar al día y por la promesa de recibir tierras cultivables en México, que por sus convicciones ideológicas.

Los magonistas escogieron a Baja California para sus incursiones, no sólo porque contaba con un pequeño número de tropas y habitantes, sino por su lejanía a los centros de poder en México y su vecindad con California. Las incursiones de estos revolucionarios dieron inicio en Mexicali, el 29 de enero de 1911, en donde 17 hombres bajo la dirección de José María Leyva y Simón Berthold encontraron poca resistencia. Esta situación cambió, sin embargo, cuando los magonistas anunciaron sus planes de continuar su marcha hacia Ensenada. El anuncio anticipado dio tiempo para que al siguiente día se organizara la resistencia con más de 100 hombres que habían partido de Ensenada a su encuentro, bajo la dirección del jefe militar y político del distrito, Coronel Celso Vega. Estas fuerzas mexicanas débilmente organizadas fueron vencidas, con pérdidas sustanciales de ambos lados. Los siguientes enfrentamientos ocurrieron en

Los Algodones en el mes de febrero y en Tecate y El Álamo en marzo, en donde no hubo una seria resistencia que se opusiera a los magonistas.

No obstante, al llegar a este último lugar, parte de las tropas dirigidas por Berthold quienes tomaron al El Álamo desertaron para atacar por su cuenta a Santo Tomás y San Vicente. En la víspera de atacar a Ensenada, Berthold y Celso Vega sostuvieron una guerra "telefónica". El primero amenazando con la invasión a esa plaza y exigiendo la rendición de las fuerzas del gobierno, y el segundo rehusándose a entregar la capital. Estas comunicaciones telefónicas hicieron que aumentaran las tensiones en Ensenada, a donde el arribo de los magonistas parecía inminente a decir de las denuncias por parte del Presidente Díaz y la prensa norteamericana, así como también por la difusión que había tenido la convocatoria para invadir Ensenada, a través del periódico Regeneración en Los Ángeles. Desde la perspectiva de los habitantes de Ensenada, los magonistas no eran percibidos como revolucionarios que peleaban en contra de un desprestigiado dictador, sino como un grupo de estadounidenses que trataba de apoderarse de Baja California para anexarla a los Estados Unidos.

Después de esta guerra telefónica, Berthold avanzó sobre Ensenada, pero sus planes se vieron frustrados y adquirieron complicadas dimensiones dado el involucramiento de los indios yumanos en uno u otro lado del conflicto. Ciertamente, a su paso por Mexicali el PLM había reclutado a yumanos pertenecientes al grupo cucapá y de otras regiones mineras en donde estaban siendo explotados. Sin duda, el abuso al que estuvieron sometidos estos indígenas en las minas y el impacto desintegrador que éstas tuvieron en sus vidas y cultura, fue un factor que condujo a su incorporación a este movimiento que percibieron como de liberación. Otro factor que motivó de manera importante el involucramiento de los yumanos en el movimiento magonista, fue la participación del líder cucapá Emilio Guerrero, quien después de visitar al PLM en Los Ángeles, se dedicó a reclutar a los indígenas. Al respecto, Roger Owen (1963) considera que la participación de algunos segmentos yumanos a favor del movimiento magonista, tuvo efectos adversos sobre éste, dado que los conflictos ancestrales entre ellos empezaron a influir en el movimiento. Segmentos adversos a los que acompañaban a los magonistas identificaron a éstos como enemigos y atacaron en consecuencia. En uno de esos ataques, el líder mexicano de ascendencia alemana, Simón Berthold, recibió heridas que le causaron la muerte, lo qual afectó enormemente a las fuerzas magonistas.

Hay quienes afirman que los yumanos que atacaron a los magonistas fueron reclutados por el jefe político Celso Vega; también existe evidencia de que ellos miembros de algunos linajes que desde tiempo atrás habían sido enemigos de los yumanos asociados con los magonistas. Owen (1963, p.38) concluye que "es altamente probable, entonces, que el ataque a Simón Berthold fuera el resultado de las intenciones de algunos miembros de un linaje patrilineal, los Kulwat, de vengarse de los miembros de otro, los Qashaqsh". La muerte de Berthold dejó a las tropas magonistas sin un líder central mexicano, exacerbando conflictos internos entre las fuerzas mexicanas e internacionales y generando la división de las fuerzas invasoras y la aparición de distintos líderes.

La muerte de Berthold dejó a las fuerzas magonistas bajo el mando de Jack Mosby, un marino desertor de las fuerzas de los EE.UU y un mercenario. El líder indígena Guerrero llevó a las fuerzas yumanas hacia el sur, a los alrededores de San Quintín, en donde vandalizaron negocios, incendiaron edificios y archivos y mataron personas en venganza personal. Mosby, por su parte, desobedeció las órdenes de los dirigentes del PLN de avanzar hacia la débilmente defendida Ensenada, y en lugar de ello, el 20 de abril se dirigió hacia Tecate con 50 hombres, en donde cometió violaciones, torturas, asesinatos y vandalismo de todo tipo. Cerca de allí, las fuerzas del gobierno provenientes de Ensenada lo emboscaron e hirieron seriamente a Mosby, por lo que fue trasladado hacia Estados Unidos, debilitándose aún más el liderazgo del movimiento insurrecto.

El Octavo Batallón de Infantería del Ejército Mexicano había desembarcado en Ensenada el 8 de marzo bajo el comando del Coronel Miguel Mayol, con instrucciones de proteger los trabajos de irrigación en el Valle de Mexicali. Un mes después, a las afueras de Mexicali tuvo lugar el primer enfrentamiento entre una avanzada de este batallón y las fuerzas magonistas, que al parecer estaba integrado solo por estadounidenses bajo las órdenes de Stanley Williams -un desertor del ejército de Estados Unidos. Este enfrentamiento tuvo consecuencia desastrosas para los magonistas, quienes fueron derrotados, y sus refuerzos abatidos por mexicanos civiles que se habían armado para este propósito. Las frecuentes derrotas de los magonistas produjeron desacuerdos y escisiones en su interior, protagonizados algunos de ellos por las fuerzas extranjeras (de

Estados Unidos e internacionales) y las mexicanas, algunas de las cuales se unieron al maderismo.

Para entonces los recursos de los magonistas estaban agotados. Por esta razón, en abril, Ricardo Flores Magón se reunió con algunos agricultores estadounidenses con el propósito de obtener apoyo económico para sus fuerzas. Aunque lo que estos rancheros deseaban era la anexión de Baja California a su país, condicionaron su apoyo a las demostraciones de poder militar de los magonistas. Por esta razón, Ricardo ordenó un ataque para tomar Ensenada. En ese momento, sin embargo, el líder militar del PLN, Carl Ap Rhys Pryce, decidió tomar sus propias decisiones y unirse a las debilitadas fuerzas de Mosby, ahora bajo las órdenes de Wood, para atacar Tijuana. El 9 de mayo, este ejército dirigido por Rhys Pryce y compuesto en un 90% por extranjeros, tomó control de dicha ciudad, después de una batalla de 16 horas. Las fuerzas magonistas, vencedoras en este primer enfrentamiento, procedieron entonces a colectar cuotas entre los sandieguinos para permitirles ingresar a Tijuana, saquearon los establecimientos comerciales y permitieron la re-apertura de los lugares de juego.

Disensión entre magonistas

Estos eventos siguieron teniendo lugar, lo cual, junto con el origen extranjero de las fuerzas magonistas reforzaron la imagen negativa que la población local tenía sobre ellas. Por otra parte, la renuncia de Porfirio Díaz a la presidencia de la República puso en riesgo la posición de los magonistas, dado que las fuerzas democráticas de Madero parecían haberse convertido en el gobierno legítimo de México. En Tijuana, Pryce empezó a pronunciarse a favor de la creación de una República de Baja California, primero independiente, y posteriormente anexada a Estados Unidos. Estos pronunciamientos fueron publicados en el diario San Diego Union y reproducidos por otros periódicos californianos que caracterizaron al movimiento como una invasión estadounidense, desacreditando al PLM y a los magonistas. El distanciamiento de los partidos y simpatizantes socialistas con las fuerzas magonistas y el gran crecimiento de las fuerzas maderistas, aunados a la renuncia de Porfirio Díaz, aisló cada vez más el movimiento magonista.

Los indígenas yumanos también influyeron en el desenlace de los eventos de Tijuana (Samaniego 1996), en donde la tensión dio un giro el 28 de mayo, cuando un grupo de yumanos bajo el comando de Emilio Guerrero llegó, después de varios meses de saqueos en el área de San

Quintín. Su arribo a Tijuana coincidió con la muerte de Francisco Pacheco, un miembro mexicano del ejército anarquista que había recién regresado de San Diego, después de recuperarse de previas heridas, y que fue asesinado en una disputa local con un individuo cuya identidad exacta permanece incierta (Samaniego 1996). El asesino fue absuelto por un consejo militar designado por Carl Ap Rhys Pryce, soldado profesional al comando de las tropas magonistas en Tijuana. Sin embargo, Guerrero y los otros yumanos no quedaron satisfechos, por lo que presionaron a Pryce para ordenar la ejecución del asesino. Al acceder, las fuerzas mexicanas y no-mexicanas se dividieron aún más, intensificando sus antagonismos dentro de este ejército desorganizado y desobediente.

Por si fuera poco, estas divisiones se exacerbaron más cuando Pryce recibió la visita de Dick Ferris, un actor promotor de espectáculos que trató de convencer al primero para que se auto designara Presidente de Baja California. En lugar de eso, Pryce partió a Los Ángeles y renunció a la revolución magonista el 1ro. de junio. Al siguiente día, Ferris proclamó la nueva república y se autonombró presidente, partiendo hacia Los Ángeles en busca de apoyo. Esto condujo a la deserción de 30 soldados mexicanos y 50 italiano de las fuerzas magonistas, en tanto que los directivos del PLM en Los Ángeles enviaron una comisión para restablecer el orden. Mosby, recuperado de sus heridas, se reincorporó al ejército en Tijuana el mismo día de la renuncia de Pryce y fue elegido líder militar de los anarquistas. Uno de los primeros actos de autoridad de Mosby fue prohibir los juegos de azar y el alcohol, en un esfuerzo por restaurar la respetabilidad del PLM. Sin embargo, las acciones de Pryce y Ferris, al igual que las maniobras del estadounidense Louis James tendientes a la creación de una república independiente, habían tenido efectos desastrosos e irreversibles para el movimiento. Una de las anécdotas más tristemente célebres de este último personaje, fue el haber traído de Los Ángeles a Tijuana, una bandera para la futura república independiente; como esta bandera era parecida a la de Estados Unidos, con barras y estrellas, provocó reacciones hostiles de los mexicanos y los indígenas, quienes además de ver incrementados sus desacuerdos con quienes tenían intenciones anexionistas y desertar, casi asesinan a James.

Un poco más de una semana después, los emisarios de Madero, acompañados por Jesús Flores Magón, visitaron a los dirigentes del PLM en Los Ángeles con la intención de hacer que las fuerzas magonistas se unieran a la nueva república. Sin embargo, dada la orientación socialista del PLM, la invitación no tuvo éxito. Las autoridades de Estados Unidos estaban prácticamente hartas de esta rebelión y el 14 de junio arrestaron en Los Ángeles a los líderes magonistas, incluidos Ricardo y Enrique Flores Magón, Pryce y Ferris acusados de violaciones a las leyes de neutralidad de los Estados Unidos. Los Flores Magón y otros líderes del PLM pudieron pagar una fianza; no así Ferris, quien fue encarcelado, para ser liberado unos días después al ser retirados los cargos en su contra. Ricardo Flores Magón corrió con peor suerte. Él fue condenado en Corte Federal en los Estados Unidos y murió en prisión en Leavenworth, Kansas, en 1922.

El conflicto magonista en Baja California empezó a ver su fin, mediante las negociaciones encabezadas por los seguidores de Madero para obtener el armisticio, el cual logró el desmantelamiento de las fuerzas rebeldes en Mexicali, el 17 de junio de 1911. En Tijuana, el proceso fue un poco más difícil, ya que las fuerzas bajo las órdenes de Mosby no estuvieron dispuestas a aceptar los 10 dólares por persona que los maderistas ofrecían en compensación por su disolución. Su contrapropuesta consistía en el pago de 100 dólares por soldado, más un dólar por cada día de servicio y 64 hectáreas de tierra. Sus peticiones fueron rechazadas.

Mientras tanto, el Coronel Celso Vega conformaba un ejército de 800 militares regulares y voluntarios, y los mexicanos en San Diego se organizaban para defender su tierra y varios de ellos se habían unido al ejército en Ensenada. Sin embargo, algunos de ellos fueron detenidos en San Diego, acusados de violar las leyes de neutralidad de Estados Unidos. Dado que las amenazas por parte de las fuerzas magonistas para atacar Ensenada continuaron circulando, Vega tomó la iniciativa de marchar a Tijuana el 17 de junio, donde sus fuerzas, numéricamente superiores, acorralaron al ejército rebelde compuesto por 200 hombres, dos tercios de los cuales eran extranjeros. Sus acciones produjeron la derrota final de las fuerzas del PLM en un encuentro el 22 de junio. Según los espectadores que observaban las acciones bélicas desde el lado estadounidense de la frontera, la batalla entre ambos bandos duró apenas 3 horas, antes de que Mosby y sus soldados se retiraran a través de la frontera hacia California. En Estados Unidos, este jefe rebelde fue puesto en custodia por las autoridades, junto con sus 106 soldados, dando por terminada la rebelión magonista y la existencia del PLM. Los soldados insurrectos fueron liberados unos días después, muy a pesar de la consternación por parte de autoridades mexicanas, que deseaban que se hubiera impuesto un castigo sobre ellos.

Efectos de la invasión magonista a Ensenada

La invasión magonista tuvo varios efectos en Ensenada. Aquéllos que entendían la filosofía radical socialista de los Flores Magón, experimentaron gran consternación y miedo por sus derechos, propiedades y su vida misma. Sin embargo, muchos entendieron, o quizás sea más correcto decir, malentendieron la invasión, como un disfrazado intento de Estados Unidos por apoderarse de Baja California. En la actualidad existen algunas personas que cuentan cómo sus padres y otros familiares varones tuvieron que romper la bandera estadounidense en Tijuana y correr a los gringos de regreso por la frontera. La importancia de la revolución magonista como precursora de la Revolución Mexicana parece haberse desvanecido para muchos, incluso para los más ilustrados. Esta era la intención de la maquinaria propagandística de Porfirio Díaz, quien deseaba asegurarse de que los ensenadenses no se enlistaran en las causas revolucionarias y se unieran a los movimientos de resistencia que los hermanos Flores Magón habían instaurado a lo largo de México. "Para romper estas asociaciones, se encargaron de desprestigiar y casi acusar a este movimiento de intervencionismo norteamericano". (Soto 1996, p. 18).

Soto Blanco sugiere que los periódicos de Estados Unidos, voluntaria o involuntariamente, ayudaron a menospreciar y tergiversar la revolución magonista con artículos en los que se les llamaba "filibusteros" a las fuerzas invasoras, además de que se dio amplia publicidad a individuos con tales inclinaciones que intentaron infiltrarse entre los magonistas. Los seguidores de Porfirio Díaz y posteriormente de Madero, utilizaron las declaraciones publicadas por la prensa de Estados Unidos como proyectiles contra los magonistas, para despertar la animadversión en contra de ellos en Baja California. Sin embargo, la inspiración de los Flores Magón se transformó en un llamado a la Revolución Mexicana, con su eslogan de "tierra y libertad", que posteriormente fue utilizado por Emiliano Zapata. Las fuerzas magonistas continuaron peleando contra el centralismo en varias partes de México antes de integrarse a los ejércitos de Zapata, Villa y Obregón (Soto 1996). Su llamado a la expropiación no sólo de la tierra, sino también de fábricas, infraestructura y otros medios de producción, fructificaron parcialmente en las siguientes décadas.

Las hostilidades que se engendraron en Baja California tuvieron varias consecuencias económicas inmediatas para Ensenada: los negocios fueron suspendidos, los ranchos saqueados e incendiados y el ganado fue robado, vendido o sacrificado. Más de la mitad de la población había partido a los Estados Unidos, para dirigirse principalmente a San Diego. Los rebeldes mexicanos que anteriormente abandonaron a las tropas magonistas continuaron operando como bandidos, robando y saqueando áreas del sur de Ensenada. Por otro lado, la invasión también permitió a los ensenadenses sentirse más mexicanos, dado que habían peleado y padecido para defender a su país.

Cabe señalar que durante esta época, pese a los enconos que cobraron varias vidas, se fortalecieron las tendencias democráticas independientes de los ensenadenses. La combinación en una sola persona los poderes militares y civiles y la designación de las autoridades locales por parte del gobierno central, habían sido por largo tiempo un motivo de desacuerdo de los ensenadenses, quienes habían protestado repetidamente por las actividades del Coronel Vega y argumentaban a favor de la separación de los poderes civil y militar. El movimiento filibustero hizo poco para calmar esas preocupaciones. Mientras Vega se recuperaba de las heridas que había recibido combatiendo en contra de los magonistas, Zárate y otros ensenadenses solicitaron su remoción como jefe político mediante una marcha al frente del edificio gubernamental demandando que un civil local fuera puesto a la cabeza del gobierno. Organizados por destacados miembros de la comunidad empresarial, enviaron cartas al presidente de México en varias ocasiones solicitando la remoción de Vega, hasta lograr su reemplazo. Esto ilustra el persistente deseo de los ensenadenses de tener un gobierno civil en su región. El triunfo de los maderistas y sus tendencias democráticas, sin embargo, eran sólo temporales. México sería sacudido por casi dos décadas más de revolución, durante las cuales los gobernadores militares dominarían Ensenada y Baja California.

Democracia de Ensenada durante la revolución mexicana[3]

Durante el Porfiriato y la primera mitad del Siglo XX, los jefes político-militares en Baja California eran designados por el Presidente de la República y enviados desde el centro del país. Las frecuentes sucesiones presidenciales ocasionadas por los asesinatos políticos, interinatos, renuncias, guerra civil y exilios, hicieron que estas designaciones fueran también frecuentes, lo cual agudizó las fricciones entre las distintas facciones militares ya producidas por la guerra civil. Las personas designadas en estos puestos se vinculaban generalmente a prácticas de corrupción para lograr el enriquecimiento personal a expensas de las necesidades de las poblaciones locales. Era un hecho que las personas enviadas a gobernar Baja California, aceptaban su nombramiento para robar, enriquecerse y regresar a sus lugares de origen. A pesar de la inestabilidad del gobierno central durante la revolución y la falta de control de este región lejano, estas prácticas continuaron e incluso tuvieron mayor impacto en Ensenada y en el Distrito Norte de Baja California. Y en efecto, aunque existe la idea generalizada de que la Revolución Mexicana tuvo poco efecto en esta región del norte, hubo consecuencias que se debieron a la distracción de los poderes centrales de la revolución (Bonifaz de Novelo 1999a). Esto concedió un poder extraordinario a los líderes político-militares y dio pie a que Ensenada continuara su propia trayectoria en el desarrollo de la democracia local bajo el impulso del sector comercial. Con la partida de Porfirio Díaz y el surgimiento de las tendencias democráticas representadas por Madero, la inquietud política de los ensenadenses aumentó y con ello la exigencia de elecciones libres y la abolición de la designación de líderes militares de afuera como su autoridad política.

Al tiempo que México celebraba la salida de Porfirio Díaz, el Club Democrático ensenadense empezó a incrementar sus demandas. Esta organización local solicitó al Secretario de Gobernación la remoción de los miembros del ayuntamiento, quienes habían sido instalados durante la dictadura de Porfirio Díaz. También solicitó que el gobierno federal autorizara nuevas elecciones municipales. Con esto lograron la renuncia del Presidente Municipal Manuel Labastida, quien había ocupado ese cargo por varios períodos por designación de Porfirio Díaz. Así también, los miembros del Club Democrático Ensenadense pidieron repetidamente al presidente y al secretario de gobernación el poder autogobernarse, y poder elegir democráticamente a sus funcionarios públicos en lugar de ser administrado por los jefes militares.

En respuesta, el gobierno federal aprobó nuevas elecciones y sustituyó a Celso Vega por Manuel Gordillo Escudero, como jefe político. Las primeras acciones de Gordillo consistieron en remplazar solamente la mitad de los miembros del ayuntamiento, consecuentemente la mitad de los miembros asociados con el Porfiriato permanecían en sus puestos. El Club Democrático Ensenadense se opuso a esto, persuadiendo a la población para boicotear las elecciones con el fin de restar legitimidad al proceso electoral. Esto hizo ceder al jefe político quien convocó a elecciones generales en enero de 1912. En estas elecciones se postularon por parte del Club Democrático, David Zárate Zazueta, Gabriel Victoria y Arturo Padilla, confrontando a candidatos de otras planillas; una de estas planillas estaba liderada por Manuel Labastida, presidente de la previa alcaldía, mientras que otra de las planillas era encabezada por Eugenio Beraud, quien tenía el apoyo del Jefe Político General Gordillo Escudero. Durante las votaciones, Escudero ordenó a los 800 efectivos militares desplegados en Mexicali que votaran por Beraud, e incluso mandó llenar las boletas de votación de los soldados iletrados. Sin embargo, pese a que el número de soldados sobrepasaban el número de votantes registrados, elles aparentemente apoyaran la prevalecencia del proceso democrático, con lo qual la planilla de Zárate obtuvo el triunfo y asumió el puesto de alcalde municipal.

Al momento de asumir sus responsabilidades, el nuevo ayuntamiento descubrió que sus arcas estaban casi vacías. Volviendo a las prácticas acostumbradas, empezaron a cobrar cuotas a varios negocios, especialmente bares, burdeles y operaciones relacionadas con los juegos de azar. El General Gordillo Escudero respondió dictando reglas que restringieran dichas actividades, para luego empezar a cobrar cuotas más altas a los propietarios por el otorgamiento de permisos, de los cuales se beneficiaba personalmente, privando así a la municipalidad de la oportunidad de obtener fondos. El ayuntamiento respondió denunciando ante la Secretaría de Gobernación ésas y otras actividades del jefe político que les impedía ejercer su poder legal. Los cargos fueron publicados en los diarios nacionales en la Ciudad de México, provocando respuestas de distintas partes del país, en muchas de las cuales se elogiaba la honorabilidad y valor de los miembros del ayuntamiento de Ensenada por sus acciones y por oponerse al abuso de autoridad, incluso de oficiales de mayor rango. Bonifaz (1999, p. 447, paráfrasis) calificó estas acciones como las primeras de este tipo en los anales de México y exhortaban los oficiales electos a seguir el ejemplo puesto por el ayuntamiento municipal de Ensenada. El Presidente Madero se vio obligado a responder al fervor público en apoyo de los ensenadenses y envió a un investigador a examinar la situación. Después del reporte, Gordillo fue llamado a la Ciudad de México a responder legalmente por las acusaciones en su contra, y nunca regresó a Baja California, aunque después fue exonerado de los cargos contra él.

Las dificultades que enfrentaba Ensenada en el ejercicio del poder democrático local, continuaron el siguiente año en las elecciones para alcalde. Zárate y su planilla buscaron la reelección, contendiendo contra Labastida, quien utilizó el popular eslogan de la "no reelección", contando además con el respaldo de los militares. Ante la posibilidad de que el entonces jefe político, Carlos Ptacnik, obligara a los soldados a votar a favor de Labastida, la facción de Zárate escribió a la Secretaría de Gobernación quejándose de la pérdida de control local ocasionado por permitir que aproximadamente 700 soldados votaran cuando en el Distrito solamente existían 600 votantes civiles. Esta situación no fue resuelta antes de las votaciones, lo que provocó irregularidades en el proceso. Una de estas irregularidades ocurrió cuando el jefe político llevó a un pelotón de soldados a una casilla de votación a que emitieran su voto a favor de Labastida, y un seguidor de Zárate se lo impidió. Las elecciones resultaron entonces favorables a este último contendiente, pero fueron anuladas por Ptacnik, quien aplicó una ley que establecía que en caso de indefinición en la elección de la autoridad municipal, habría de asumir estas funciones la alcaldía anterior; Labastida argumentó que dicha autoridad no debía regresar a la planilla reelecta de Zárate y sus seguidores, sino a la alcaldía previa en la cual el mismo Labastida había servido durante la era de Porfirio Díaz. Los argumentos de Zárate y sus seguidores se impusieron y Ptacnik tuvo que designar a Zárate y a los miembros de su alcaldía por el período de un año. Etstos acontecimientos muestran que Ensenada, aunque pequeña, tenía una población altamente politizada (Carrillo 1998, p. 189 paráfrasis). Zárate volvió a ser reelegido en 1913 y 1914.

Los problemas del Club Democrático, sin embargo, no habían terminado. Un poco después, Félix Díaz, sobrino de Porfirio Díaz, inició una rebelión que llevó al asesinato de Madero y al ascenso a la presidencia del General Victoriano Huerta. Esto condujo a una guerra civil a nivel nacional, y en Baja California, a un constante relevo del poder político-militar que estuvo en permanente conflicto con el ayuntamiento de Ensenada. Como lo afirma Taylor (2002b, p. 91) a lo largo de toda la Revolución Mexicana, el ayuntamiento de Ensenada estuvo en disputa con el jefe político, protestando por la restricción a sus prerrogativas y por la monopolización por parte de los lideres militares de los fondos provenientes de impuestos.

Así, Félix Díaz impuso al General Miguel Gómez como nuevo jefe político de Baja California, quien se caracterizó por su arbitrario y cruel ejercicio del poder. No obstante, esta nueva autoridad fue también confrontada por el Consejo Municipal de Ensenada, oponiéndose a su intención de utilizar los fondos municipales para cubrir los sueldos de los soldados; el Consejo le informó a Gómez que era costumbre depositar esos fondos en bancos y casas comerciales en San Diego. Este desafío del Consejo al nuevo Jefe Político enviado por Félix Díaz desató su persecución y en general la persecución de todos los seguidores de Madero en Baja California. Varios de los líderes fueron arrestados acusados de rebelión y enviados a la Ciudad de México para ser procesados. Gómez acusó a otros miembros del ayuntamiento de crímenes y hacia planos para los enviar en el próximo buque rumbo a Mazatlán. Tiempo más tarde, los cambios políticos producidos por la guerra civil en el país, condujeron a la remoción de este Jefe Político, quien huyó a San Diego.

Después de este oscuro episodio, las cosas no mejoraron para Baja California. El siguiente jefe político militar, Coronel Francisco Vázquez superó con creces la corrupción de los líderes enviados anteriormente por el gobierno central. Esta nueva autoridad local se apropió de los impuestos generados por bares y otros negocios relacionados con la industria del vicio, para luego depositarlos en cuentas bancarias personales, en Estados Unidos. Asimismo, se adueñó de 10,000 pesos que había solicitado en préstamo al municipio para el pago de salarios de los militares. Además, Vázquez se apropiaba regularmente de la mayor parte de los fondos federales que eran enviados para los soldados, para construir –con la mano de obra de estos últimos- edificios de su propiedad que después rentaba para obtener ganancias personales. Y por si esto fuera poco, cuando Vázquez llegaba a pagar a los soldados una pequeña porción de lo que les correspondía, los forzaba a consumir en los bares y tiendas de su propiedad. El descontento de sus subordinados ante tales manifestaciones de corrupción por parte de su jefe, no se hizo esperar. Sin embargo, éste fue reprimido con la ejecución sumaria, sin juicio, de trece soldados. El resentimiento en contra de Vázquez por estas ejecuciones, y el rumor entre las tropas sobre los planes de Vázquez de abandonar el área llevándose sus salarios, provocaron que sus propios soldados se sublevaran bajo la dirección de los tenientes Fortunato Tenorio y Arnulfo Cervantes. En esta sublevación, Vázquez y su hermano fueron detenidos, encarcelados y despojados de casi 100,000 pesos correspondientes a los muy atrasados salarios del personal militar.

Los audaces tenientes ordenaron a Zárate -entonces presidente del consejo municipal-, que asumiera la posición de jefe político interino. Pese a que Zárate se rehusaba a aceptar dicho cargo, lo tomó, marcando con ello el regreso de la democracia. Esto sin embargo no duraría mucho tiempo. A la administración de Zarate le siguió la del Coronel Esteban Cantú, quien terminó virtualmente con el ejercicio democrático del poder. Zárate, temiendo por su vida, huyó junto con su familia a California, donde permaneció por cinco años.

El mandato de Esteban Cantú[4]

La guerra civil no logró obscurecer por completo la estratégica importancia de Baja California. De hecho, entre 1913 y 1914 hubo varios intentos de las fuerzas constitucionalistas por tomar el control del Distrito Norte, mismas que fueron repelidas por las tropas del Coronel Esteban Cantú. En esta misma época, el General Francisco Villa también envió a un representante personal, al General Felipe Ángeles, acompañado del Mayor Baltazar Avilés, para reunirse con el Coronel Esteban Cantú y Fortunato Tenorio en Caléxico, California. En esta reunión se acordó la división de responsabilidades, nombrando a Avilés Jefe político, y a Cantú como Comandante Militar en Mexicali.

Así fue como empezó el traspaso de poderes de Ensenada hacia Mexicali y la posterior transferencia de la cabecera del Distrito Norte a ésta última localidad, lo que sentó las bases para la creación de la nueva municipalidad de Mexicali en 1914. El traspaso de poderes hacia Mexicali tuvo como efecto la suspensión del flujo de impuestos de la región de Mexicali hacia Ensenada, a la vez que suscitó una serie de conflictos entre Avilés y Cantú. El arresto de Tenorio, acusado de desobediencia por parte de Avilés, y su posterior traslado a Tijuana, encendió la rebelión de los soldados bajo el mando de Cantú, quienes se lanzaron en persecución del Avilés. Cuando finalmente se encontraron en Tijuana las tropas de ambos, y a punto de enfrentarse ante cientos de espectadores reunidos en el lado estadounidense, sucedió algo inesperado. Los soldados bajo el comando de Avilés se rehusaron a pelear en contra las fuerzas opositoras, y en lugar de la inminente confrontación, las tropas de ambos bandos bajaron sus armas y corrieron a abrazarse unos a otros.

Avilés se dirigió al lado de la frontera de los Estados Unidos con 70,000 pesos tomados de los tesoros de Ensenada y Tijuana. Allá, junto con sus seguidores se dio a la tarea de reclutar mercenarios para atacar Mexicali lo cual al parecer tenía planeado hacer para febrero de 1915.

Aparentemente, para invadir a Baja California contaba con el apoyo de importantes agricultores estadounidenses como Harry Chandler de la Colorado River Land Company, Walter Bowker de la California-México Land and Cattle Company y Charles Guzmán, un agente de bienes raíces de Los Ángeles (Taylor 2002). La preocupación de estos empresarios era la protección de los grandes bienes de la CRLC en Mexicali. Sin embargo, estos individuos y algunos de sus socios fueron arrestados por el gobierno estadounidense, acusados de violación de las leyes de neutralidad de Estados Unidos. En el juicio no se proporcionaron pruebas del financiamiento de estos estadounidenses a las actividades de Avilés, aunque los rumores sobre la anexión de Baja California a los Estados Unidos continuaron circulando en la prensa americana, particularmente en el sur de California.

Ensenada, mientras tanto, permaneció aislada de estos acontecimientos, continuando con su plácida forma de vida. Las fotografías extraídas por Bonifaz de Novelo (1999a) del diario local La Voz de la Frontera sobre la vida en Ensenada, muestran cómo hacia 1910 los profesores locales habían empezado a organizar en el Teatro Centenario, eventos musicales como recitales de piano, proyecciones de películas, eventos literarios y de oratoria. Así también, en el parque se presentaban obras de teatro, con frecuencia de beneficencia, y se montaban ferias. Por su parte, los carnavales con sus desfiles fueron reinstaurados en 1915, y los viajes a los baños termales de San Carlos y las excursiones hacia la Laguna Hanson empezaron a gozar de popularidad. Los principales paseos para los ensenadenses, sin embargo, eran hacia las extensas playas que se despliegan por kilómetros a lo largo de la bahía. De esta manera, la belleza natural del área distraía la atención de los residentes locales de Ensenada, quienes apenas se percataban de que en el resto de México tenía lugar una guerra civil.

Ahora bien, pese a la prevaleciente atmosfera de tranquilidad en Ensenada, una crisis política se avecinaba para esta ciudad. En 1915, después de la partida de Avilés, el Coronel Esteban Cantú asumió el poder como Jefe Político de Baja California, puesto que ocupó durante seis años. Durante su mandato, Cantú eliminó el poder local en Ensenada, colocó a sus amigos y aliados en los puestos clave del gobierno y orilló a los ciudadanos más prominentes de la ciudad, huir en exilio hacia San Diego. El caos en el centro de México evitó que las sucesivas facciones que ocuparon la presidencia voltearan a mirar a Cantú para reemplazarlo, y si lo hacían, Cantú se negaba entregar el poder. Por ejemplo, cuando Francisco Villa amenazó con enviar tropas para removerlo, Cantú lo invitó para que enviara a varios inspectores a verificar la eficiencia de su administración, reconocida incluso por sus propios detractores. Al ver esto Villa decidió confirmarlo como jefe político. Por otra parte, Cantú restó poder y relevancia política a Ensenada, al transferir la cabecera del Distrito Norte con sede en esta ciudad, hacia Mexicali. Esta transferencia llevada a cabo de facto en 1915, y oficialmente aprobada hasta 1922, se basaba en el argumento de que Mexicali era más importante por sus ingresos fiscales, por su situación geográfica estratégica militar, y como puesto de control de las importaciones. Esta transferencia provocó el éxodo de una parte de la población de Ensenada que fue en busca de oportunidades económicas a Mexicali.

Posteriormente, al igual que los líderes anteriores, Cantú decidió someter las estructuras políticas locales a su control, eliminando el poder local de la ciudadanía independiente de Ensenada. Durante las elecciones de 1915, impidió el establecimiento de casillas de votación en el distrito como era lo usual y convocó a la población al Teatro Centenario, haciéndo que aprobaran su nuevo Consejo Municipal. El recientemente nombrado administrador de la oficina postal, Eugenio Braud, fue designado Presidente Municipal por Cantú, repitiendo su práctica de llenar todas los puestos gubernamentales con sus aliados. Huyendo entonces de la tiranía y represalias de Cantú, Zárate y otros políticos locales como Enrique Cota, Juan Uribe, Tomás Ojeda y Alfonso Labastida, huyeron al exilio a San Diego, Caléxico y Los Ángeles, desde donde iniciaron una campaña que consistía en el envío de cartas a los presidentes mexicanos y otros líderes gubernamentales, demandando la designación de civiles locales como oficiales de gobierno, particularmente como jefes políticos. Aunque esta campaña tuvo como resultado el que Carranza y Obregón designara a Labastida y Cota, jefe militar y jefe político respectivamente, no fue possible lograr que Cantú les transfiriera el poder, ya que éste contaba aún con la lealtad de sus tropas. Esta lealtad, así como el apoyo de muchos otros, se derivaba del poder fiscal que Cantú adquirió a través de varias concesiones. Entre ellas estaban las tarifas por servicios como la electricidad, agua, teléfono, servicios telegráficos y derechos de envíos, y principalmente de bares, venta de licor, casinos y burdeles. Asimismo, el poder de Cantú radicaba en su considerable enriquecimiento a través de la recolección de las impopulares tarifas de importación.

Cantú también tomó medidas para mantener su independencia de las facciones que se disputaban el control del centro de México y la presidencia. En un manifiesto del 15 de Octubre de 1915, declaró que no iba a ser limitado por ninguno de los pactos y acuerdos entre las facciones y que permanecería neutral en la encarnizada guerra civil que envolvía el país. Incluso, aunque declaró que se presentaría voluntariamente ante las autoridades del país, siempre y cuando fuera establecido un gobierno constitucional. Cantú se negó a toda solicitud de comparecer en la ciudad de México, argumentando que una grave amenaza de invasión de parte de los Estados Unidos se avecinaba. Y ciertamente, la reforma agraria aprobada por el gobierno central, hacía peligrar a las grandes regiones agrícolas del Delta del Río Colorado controladas por Harry Chandler, quien amenazaba con una invasión a México para mantener su control. El encontrarse tan lejano a la ciudad de México y tan cerca del peligroso vecino del norte le dio a Cantú un amplio margen de independencia y la posibilidad de establecer alianzas oportunistas con distintas facciones, sin tener que someterse a ninguna de ellas.

Incluso cuando las fuerzas de Estados Unidos bajo las órdenes del General Pershing estaban invadiendo a México desde Texas, en busca de Francisco Villa, Cantú mantuvo un bajo perfil y evitó toda retórica que pudiera provocar a los Estados Unidos. En lugar de eso, se dedicó al establecimiento de agencias comerciales en California con agentes autorizados para la certificación de todo tipo de transacciones comerciales entre los Estados Unidos y Baja California, usurpando de esta manera las funciones y los recursos de los consulados mexicanos. Además, el tráfico de drogas, cuyo consumo era tolerado por su administración bajo el pago de impuestos, también se convirtió en una fuente importante de ingresos para Cantú. Por una parte, las leyes de prohibición de los Estados Unidos y México incrementaron el valor del opio, y por otra, el creciente número de trabajadores chinos en los campos agrícolas de Mexicali aumentó la necesidad de importar esta sustancia que se consumía en los fumaderos de opio creados por esta población en los lugares establecidos para juegos de azar en Mexicali, Tijuana y Ensenada. Toda esta actividad generó ingresos cuantiosos para el gobierno y para las cuentas privadas de los oficiales gubernamentales, quienes impusieron impuestos de importación, procesamiento y empaque de este producto. El opio en bruto era adquirido en San Francisco, para ser transportado a Mexicali y Ensenada, en donde se procesaba en los laboratorios locales para ser nuevamente enviado a los

Estados Unidos para su venta. Se tiene conocimiento que durante 1914, el jefe político de Baja California recibió 4,400 dólares mensuales, sólo por permitir esta operación (Gómez 2002). A esto habría que sumarle 500 dólares mensuales como pago de impuestos adicionales por parte de las plantas procesadoras de Mexicali y los fumaderos de opio.

Surgimiento de estructuras político-comerciales[5]

Cantú adquirió una inmensidad de recursos públicos y personales mediante el establecimiento de una estructura administrativa para el Distrito Norte. Esta estructura desarrollaba tres operaciones principales (González 2002, p.56): 1) la instalación de controles aduanales a lo largo de la frontera y el gravamen a la importación de productos; 2) la recaudación de altos impuestos a los inversionistas y capital extranjero y 3) el cobro de rentas y otras concesiones a los negocios extranjeros. Estos recursos le permitieron ampliar la base de empleados y llevar a cabo trabajos y desarrollo de infraestructura pública. Cantú demostró que con los ingresos derivados de todo esto, se podían mantener a los empleados del gobierno local y federal. Cantú también construyó escuelas para los soldados, no sólo para enseñarlos a leer y escribir, sino también para que aprendieran las técnicas agrícolas modernas, incluyendo la construcción de sistemas de irrigación. Cantú destinó tierras para uso gubernamental, para proveer el sustento de policías y soldados mediante actividades agrícolas y la crianza de ganado. Estas haciendas de remonta fueron equipadas con cultivadoras, cortadoras, empacadoras, sembradoras, tractores y balanzas, y eran administradas por los soldados o policías. Con estas haciendas se instituyó la participación del gobierno en la economía local.

Ahora bien, no todas las actividades de Cantú se enfocaron en el bienestar público. González (2002, pp. 43, 57) concluye que el período de Cantú marcó el surgimiento de una nueva estructura político administrativa de la municipalidad ubicada entre el ejercicio del poder público y la inversión privada, lo cual fue una práctica común en los procesos de acumulación de capital, ya que las personas que ostentaban posiciones administrativas en el gobierno las utilizaban para facilitar el establecimiento de sus negocios privados como bares, hoteles, restaurantes y salones de baile; también establecieron mercados y negocios de bienes raíces. En el caso particular de Cantú, éste se involucró junto con algunos socios en la minería, en la adquisición de tierras agrícolas y de agostadero en el Valle de Mexicali, y formó la corporación Casino de Mexicali, Baja

California, con miembros del Ejército Mexicano y altos oficiales de gobierno.

En este contexto de estabilidad, empezaron a emerger pequeños negocios propiedad de mexicanos, incentivados por legislaciones federales y la reducción de impuestos sobre la importación de mercancías de los Estados Unidos, promovidos por este gobernante. Cantú argumentaba que esto tenía un doble propósito: que las ganancias fueran suficientes para mantener las operaciones gubernamentales de la región y que los altos impuestos socavaran el desarrollo de nuevos negocios. En su opinión, al reducir los impuestos, más mexicanos podrían iniciar sus propios negocios, importando los productos que necesitaran para ello, empleando a mexicanos, logrando así el estímulo del crecimiento comercial y la generación de ingresos fiscales.

En 1917, el gobierno federal aprobó la petición de este Jefe Político de reducir en un 50% y hasta un 70% los impuestos de importación para las ciudades de la región. Como era de esperarse, estas acciones favorecieron principalmente a los grandes negocios previamente establecidos en el lado mexicano de la frontera, como los de los Bernsteins, quienes eran socios del gobernador. Estas medidas ayudaron a los negocios locales a tomar ventaja de las oportunidades de crecimiento comercial derivadas de las leyes prohibicionistas que estaban teniendo efecto en los Estados Unidos. Cantú también recibió aprobación para permitir que los establecimientos comerciales introdujeran productos de importación e incluso posponer el pago de sus impuestos por 6 meses, reduciendo con esto los costos de importación, especialmente si algunos de estos impuestos nunca eran cobrados, como sucedía en el caso de los Bernsteins. Por otro lado, las plantas empacadoras de pescado de Ensenada surgieron durante este período, con enlatadoras que se beneficiaban de las demandas creadas por la Primera Guerra Mundial. La Compañía Marítima Empacadora del estadounidense Judah Sears logró la comercialización internacional de un amplio rango de productos derivados del pescado que procesaba. Su alianza con altos funcionarios de gobierno como socios comerciales le permitió evitar el pago por renta del muelle e instalaciones de la planta, así como evadir el pago de impuestos a la municipalidad de Ensenada.

En este contexto, una fuente adicional de recursos que llegó a ser fundamental para Cantú, fue la inmigración de trabajadores chinos. Recordemos que desde finales del Siglo XIX fue revocado el acuerdo que permitía el ingreso de fuerza de trabajo china, argumentando cuestiones de salud, pero que una vez iniciado el siglo XX, ésta llegó a ser muy demandada por parte de la Colorado River Land Company en el valle de Mexicali, para desarrollar su infraestructura agrícola. Es por ello que la principal ruta migratoria de chinos fue a través de las ocultas playas del Mar de Cortés y no por el puerto de Ensenada que se encontraba a la vista de todos. Se estima que por dicha ruta ingresaron ilegalmente 10,000 chinos, lo cual dio a Cantú la posibilidad de lucrar, creando un impuesto que él cobró para permitir la entrada de extranjeros al país. En poco tiempo, los impuestos cobrados por permitir la internación de chinos, se convirtió en la fuente más importante de ingresos públicos del gobierno. Las cuotas de hasta 100 dólares por trabajador importado más otros 100 dólares anuales por persona, generaron ingresos de millones de dólares. Además de este ingreso, los cultivos de algodón para exportación principalmente a manos de los chinos produjeron impuestos de exportación de 2 millones de dólares en 1919.

Por otro lado, preocupado por la inminente aplicación de la Reforma Agraria en México, Cantú actuó en contra de los terratenientes de la región, y en particular en contra de la Compañía Inglesa. Ordenó entonces a tres abogados, llevar a cabo una revisión detallada de actividades de esta compañía en los últimos 15 años. La investigación concluyó que ésta no sólo había fallado en cumplir con varias de las condiciones de su concesión, sino que también había incumplido el pago de impuestos sobre las propiedades bajo su control. En diciembre de 1916, Cantú ordenó un embargo a la compañía y envió un reporte al gobierno central, en el que daba cuenta de las faltas cometidas por ésta. Los detalles de este reporte fueron tan convincentes, que el Presidente Venustiano Carranza rescindió el contrato con la Compañía Inglesa el 17 de abril de 1917.

La caída de Cantú

Con el paso de los años, Cantú siguió sumando detractores, quienes lo denunciaron ante el Presidente Carranza. Sin embargo, ni las comisiones de investigación ni los espías de Carranza encontraron evidencia de que Cantú estuviera coludido en conspiraciones de secesión o que fuera aliado de los Estados Unidos. Por otra parte, estas comisiones y espías encontraron una administración bien organizada, con acceso a enormes ingresos públicos con los que fundó servicios gubernamentales sin apoyo federal, y con los cuales inició la prestación de servicios públicos como drenaje, telégrafos y electricidad, y la construcción de escuelas, caminos, puentes, edificios federales, Palacios Municipales y un centro penitenciario. Además estas comisiones encontraron que Cantú había realizado el envío de 100,000 dólares a la agencia financiera de México con sede en Nueva York. No obstante, entre los aspectos negativos encontraron que sus socios habían aumentado considerablemente sus riquezas a través de sus puestos en el gobierno, y que su administración se caracterizaba por el nepotismo.

En mayo de 1920, Venustiano Carranza fue asesinado, y con ello, se inició el declive de la administración de Cantú. A Carranza le sucedió en la Presidencia de la República, el ex-gobernador de Sonora, Adolfo de la Huerta. Como tal, el nuevo presidente ratificó a Cantú como gobernador, pero le solicitó que se trasladara a la capital, a lo que Cantú se rehusó. Esta actitud interpretada por de la Huerta como desobediencia y la larga fila de quejas en contra del Jefe Político de Baja California, por parte de los oficiales consulares mexicanos en California y de los ensenadenses exiliados en Estados Unidos, condujeron a su reemplazo por Baldomero Almada. Cantú llamó entonces a los ciudadanos a la resistencia en contra del Ejército Federal, pero, en lugar de ello, los mexicalenses huyeron al lado estadounidense de la frontera.

La rebelión de Cantú convenció al Presidente de la Huerta de la importancia de una demostración de fuerza, así que de inmediato envió a Abelardo L. Rodríguez al frente de un contingente de soldados para convencer a Esteban Cantú de abandonar el poder. Al llegar la noticia de que Rodríguez se dirigía a Mexicali con un contingente de 3,000 soldados yaquis, los líderes militares de las distintas ciudades del Distrito Norte se rebelaron en contra de Cantú. De la Huerta envío varias comisiones para negociar con él su partida, cediendo ante algunas de sus demandas para aceptar su dimisión en "forma digna y decorosa". Cantú partió en 1920 hacia su exilió en California, desde donde organizó varios ataques a Baja California con la esperanza de producir una rebelión que permitiría a Baja California independizarse de México, y facilitar así su regreso al poder. Entre los ataque más importantes están los de 1921 en contra de Tecate y Tijuana. Sin embargo, ninguno de estos tuvo éxito, y sí dejaron en la ruina a su orquestador, quien dilapidó su fortuna de 9 millones de dólares depositados en bancos de Estados Unidos, promoviendo infructuosas rebeliones.

Exigencia de Ensenada de gobernadores civiles[6]

Los esfuerzos del sector comercial de Ensenada por ejercer el control sobre su propio poblado, continuaron en 1920, cuando se formó el Comité Pro-Gobernador Nativo. La primera acción de este comité fue la de enviar una comisión a la Ciudad de México, encargada de entrevistarse con el Presidente Interino, Adolfo de la Huerta y con el General Álvaro Obregón (Ministro de Guerra y Marina), a quienes les propusieron a cuatro arraigados residentes de Ensenada para ocupar el puesto de gobernador. De acuerdo a Samaniego (1999, p. 517), el período de gobernadores civiles inició en 1920 y finalizó en noviembre de 1923. Sin embargo, aunque se logró el nombramiento de cuatro gobernadores civiles y eventualmente de un originario de Baja California, Epigmenio Ibarra, sus administraciones no fueron del todo satisfactorias. Los alcaldes municipales de Ensenada continuaron denunciando el saqueo cometido por estos gobernadores, en detrimento de los impuestos colectados de los negocios de Tijuana, entonces parte del municipio de Ensenada. El control de estos impuestos por el gobierno en Mexicali continuó y fue institucionalizado en 1922.

El primero de los cuatro gobernadores civiles que se sucedieron en los siguientes años fue Luis Salazar, quien intentó limpiar la imagen de las ciudades fronterizas como centros de vicio; su periodo, sin embargo, duró apenas seis semanas. Salazar, al igual que sus predecesores, intentó controlar los ingresos producidos por "la industria del vicio", y para garantizar ésto, intentó imponer como nuevo delegado de Ensenada en Tijuana al hermano de su secretario personal, quien acaba de llegar a Baja California. Esto generó el descontento del Alcalde Municipal Othón Blanco, y del recién llegado General Abelardo L. Rodríguez, lo que condujo a la pronta salida de Salazar, reemplazado por Manuel Balarezo, nativo de Baja California Sur. Las credenciales profesionales de Balerezo como ingeniero, fueron algunas de las razones por las que éste fue seleccionado para ser el nuevo gobernador de Baja California. Se tenía la expectativa de que él pudiera reiniciar la explotación de las minas en la región.

En 1920 se llevaron a cabo elecciones al cargo de delegado nacional para representar al Distrito Norte ante el Congreso. Estas elecciones fueron particularmente competidas, resultando electos el ensenadense Richard Romero, del partido liberal independiente, y Gustavo Appel, candidato del partido nacional progresista. Un mes después de estas elecciones, se llevaron a cabo los comicios municipales, resultando reelecto como alcalde municipal David Zárate Zazueta, y también el candidato del Partido Liberal Independiente, en Mexicali. Ambos, Romero y Zarate, entonces cuestionaron al gobernador Balarezo acerca del control fiscal que él ejercía sobre los impuestos a locales. Zárate y sus colaboradores empezaron nuevamente una campaña para realzar la importancia de Ensenada, y solicitar así el retorno de la capital del Distrito Norte hacia allá. El punto en cuestión era, ¿quién se haría cargo de recolectar los impuestos sobre los casinos, bares y otros establecimientos? ¿El gobierno municipal o el gobierno distrital? Zárate intentó también reorganizar la administración de la municipalidad y entró en conflicto con el Gobernador Balerezo, por la designación del ensenadense Tomás Ojeda, como delegado en Tijuana. Estos conflictos condujeron a la remoción de Ojeda y Balerezo en marzo de 1921, y a la designación de Epigmenio Ibarra como el primer gobernador nativo en el Distrito Norte de Baja California.

Desde el inicio, Ibarra declaró sus intenciones de mantener la capital en Mexicali. También se opuso a los esfuerzos de Zárate y el gobierno municipal por recobrar el flujo de los ingresos públicos que según ellos habían sido ilegalmente desviados durante el período de Cantú. La municipalidad argumentó que la recolección de impuestos y el control de las fuerzas policíacas eran su derecho, según se autorizaba en la Ley de Organización de Distritos y Territorios de 1917. Aunque la Sub-Secretaría de Gobernación se pronunció a favor de la municipalidad, el gobernador impidió la recaudación de los impuestos en Tijuana por parte de Ensenada como sede del ayuntamiento. Sin embargo, el gobernador se vio obligado a pasar gran parte de su tiempo en la Ciudad de México solicitando apoyo del gobierno federal para mantener el control fiscal que el distrito había establecido sobre las municipalidades durante el período de Cantú. Y mientras los ensenadenses seguían demandando el restablecimiento de los derechos municipales de Ensenada, la administración pública en el país se dirigía cada vez más hacia su centralización.

Los conflictos entre el gobernador y el municipio escalaron, cuando el primero intentó cobrar una deuda en la que había incurrido la municipalidad durante el período de Cantú. El municipio argumentó que la deuda no era oficialmente de ellos, puesto que el gobierno de Cantú no era constitucional y se rehusaron a pagar. Para recuperar la deuda, el Gobernador Ibarra redujo en 40 % la redistribución de los impuestos que correspondían al municipio. El asunto sobre los derechos de la municipalidad para recibir ingresos provenientes de los ingresos fiscales continuó hasta el término de Ibarra. Aunque hubo nuevas disposiciones en 1922, por parte de la Sub-Secretaría de Gobernación a favor de la municipalidad, éstas fueron revertidas a favor del poder central del distrito. Irónicamente, justo unos días antes de ser reemplazado, Ibarra viajó a Ensenada para informar al ayuntamiento que se condonaba la deuda del municipio que les había estado cobrando; esta disposición, sin embargo, fue desconocida por el siguiente gobernador, José Inocente Lugo. Ibarra no asistió a la toma de poder del nuevo gobernador, sino que abandonó el distrito como insistió el ayuntamiento municipal y se dirigió hacia San Diego.

Los siguientes líderes municipales continuaron realizando todos sus esfuerzos por alcanzar la democracia y el control local Zárate fue reelegido como presidente municipal en 1921, y los siguientes períodos estuvieron a cargo de los comerciantes radicados desde tiempo atrás en Ensenada. Estos son los casos de Ramón Moyrón (1922), Luis Beltrán (1923), Andrés Núñez (1924) y Gustavo Appel (1925). Los registros sobre este período son escasos, ya que debido a los conflictos con el gobernador, las minutas de los alcaldes no habían sido publicadas en el Periódico Oficial del distrito. Los comerciantes de Ensenada dejaron de insistir entonces en la necesidad de designar gobernadores nativos, y en lugar de eso se enfocaron en las actividades políticas del municipio que incluía entonces a la ciudad de Tijuana, justo en la frontera con Estados Unidos, la cual estaba experimentando un rápido desarrollo.

El nuevo gobernador, Inocente Lugo, con el apoyo del gobierno central revirtió la legislación que se había promulgado a favor de los derechos del gobierno municipal sobre los impuestos recaudados. Inocente Lugo se avocó al desarrollo de la región de Mexicali en detrimento de Ensenada, utilizando los ingresos fiscales de Tijuana, asunto que continuaba en conflicto. El nuevo alcalde municipal, Ramón Moyrón, continuó abordando el tema con el gobierno federal, así como también llamó la atención hacia la continua práctica por parte del gobierno del Distrito de permitir y cobrar impuestos provenientes de la industria del vicio, prohibida por el gobierno federal. La principal preocupación de Moyrón y los otros municipios, sin embargo, no era la moralidad y legalidad de ese tipo de negocios, sino la usurpación de funciones que el gobierno del Distrito realizaba, apropiándose de los ingresos fiscales derivados de los impuestos que estos pagaban, y que por ley federal debían otorgarse a la municipalidad. Algo que llegó a molestar particularmente a los ensenadenses, fue la práctica de enviar a la policía del gobernador a cerrar establecimientos que eran acusados de violaciones a las leyes federales, para luego permitir su reapertura mediante el pago de un "impuesto" que, por derecho, debía pagarse a los municipios.

Como resultado de este tipo de prácticas, el gobierno municipal de Ensenada se encontró con tan limitados recursos que le llegó a ser imposible desarrollar proyectos civiles. Los salarios del ayuntamiento se redujeron, al igual que el de las fuerzas policiales en Ensenada y Tijuana. Por su parte, el Gobernador Inocente Lugo dejó de otorgar los servicios públicos que estaban ya previstos en el presupuesto federal. La discrecionalidad con que el gobierno del Distrito otorgaba o retiraba recursos a los municipios, fue afectando gradualmente la habilidad del gobierno local para funcionar a su nivel más básico de responsabilidades. Aunado a lo anterior, Tijuana empezó a solicitar el estatus de municipio, y anticipándose a dicha aprobación, dejó de remitir los ingresos fiscales al gobierno municipal de Ensenada. Cabe señalar que el gobierno central autorizó entonces esta decisión por parte de Tijuana, en "castigo" por las aspiraciones de autonomía de Ensenada.

No obstante, estas aspiraciones de autonomía fueron expresadas también por Tijuana, en las siguientes elecciones, cuando el delegado Catarino Messina declaró la separación de Tijuana tanto de la municipalidad de Ensenada como del gobierno distrital. La posición de Messina de autonomía anarquista, fue apoyada por los comerciantes tijuanenses en creciente prosperidad. El Gobernador Inocente Lugo envió entonces a un batallón del Ejército Mexicano para remover a Messina de Tijuana, dejando a la delegación bajo el control directo del gobierno del Distrito. En este contexto, otros conflictos ocurridos fueron los protagonizados por el gobernador y los seguidores del Diputado Federal Ricardo Covarrubias, los cuales tuvieron como consecuencia una serie de confrontaciones violentas que terminaron con el arresto de éste. Este ambiente de confrontación en la región fronteriza recibió amplia cobertura por parte de la prensa californiana, complicando los esfuerzos del Presidente Obregón para obtener el reconocimiento de su gobierno por parte de los Estados Unidos.

Ante este panorama, era evidente la necesidad de ejercer un control firme sobre la región. Por ello, el General Abelardo L. Rodríguez fue nombrado gobernador para establecer el orden, terminando el corto reinado de los gobernadores civiles y las aspiraciones de Ensenada para funcionar como una municipalidad libre, con todas las atribuciones que le correspondían. El arribo de Rodríguez esfumó toda aspiración por designar gobernadores nativos, ya que este caudillo dominó extraordinariamente las actividades políticas por los siguientes seis años.

Conclusiones

Taylor (2002b, p. 91) notó que en la etapa formativa de Baja California, el ayuntamiento de Ensenada estuvo en constante conflicto con el Jefe Político del Distrito Norte, principalmente por la usurpación de funciones del municipio por parte de este último, y por el control ejercido por éste sobre los impuestos correspondientes al primero. Cantú había mantenido a Ensenada sometida, declarando nulas sus elecciones locales y designando a sus aliados como alcaldes municipales. La reubicación de importantes funciones gubernamentales en Mexicali, tuvo graves consecuencias para Ensenada. La falta de recursos para este poblado llevó a la reducción de los servicios de electricidad y agua. La incautación de tierras abandonadas o no reclamadas en Ensenada, así como el reclamo de las mismas por oficiales de gobierno central se convirtió en un asunto frecuente que ocupaba al gobierno local. Con el cierre de negocios, bares, hoteles y otros establecimientos, la economía de la ciudad se vio estancada, y todos los planes que se habían desarrollado para la atracción del sector turístico fueron abandonados por la falta de fondos. Durante la administración de Cantú se había construido un camino de terracería entre Tijuana y Ensenada, que con frecuencia era difícil de transitar. Pese a ello, para 1924, entre semana llegaba a Ensenada un promedio de 20 automóviles por día, y de 80 en los fines de semana, esto además de los visitantes que empezaron a llegar a través de las líneas navieras. Durante esta época, la reputación de Baja California como destino turístico había sido establecida.

Estas fueron solamente algunas de las consecuencias que tuvo la Revolución Mexicana para Baja California, las cuales se tornaron más complejas por la cercanía de esta región a los Estados Unidos. Esta área fronteriza no podía seguir quedando indefensa a merced de muchos grupos del norte interesados en apoderarse de ella. Como consecuencia, el período revolucionario había tenido importantes implicaciones económicas para esta zona fronteriza, dando amplia libertad a políticos designados, incluida la de explorar otras fuentes de financiamiento. Ejemplo de esto fue el período de Cantú, quien dio cabida a los intereses comerciales estadounidenses, permitiendo la entrada de la CRLC y a miles de trabajadores extranjeros que favorecieron su desarrollo y la explotación de las ricas tierras agrícolas de Baja California. Las políticas fiscales de Cantú fueron tan exitosas que lograron el autofinanciamiento de su gobierno, pagar a los empleados del mismo y construir obra pública. Aún más, el éxito de estas políticas fiscales hizo posible el enriquecimiento personal de muchos políticos.

Notas

1 Material principalmente derivado de Piñera (1987).

2 Material principalmente derivado de Bonifaz (1999) y Samaniego (1999d).

3 Material en esta sección principalmente derivado de Bonifaz (1999a) y Samaniego (1993).

4 Material en esta sección derivada principalmente de Bonifaz (1999b).

5 Material en esta sección derivada principalmente de González (2002).

6 Material en esta sección principalmente derivado de Samaniego (1999a).

Capítulo 5

La prohibición y el auge de los emprendedores político-económicos

El aislamiento físico de Baja California con respecto al resto de México, conjugado con su proximidad a los Estados Unidos, posibilitó el que allí se desarrollaran dinámicas políticas y tipos de economía especial, algunos de los cuales reflejaban el acceso a la economía estadounidense. El más importante de dichos procesos surgió de la confluencia entre empresas del vicio capitaneadas por estadounidenses y la nueva generación de líderes político-militares independientes que surgieron de la revolución mexicana. Estos últimos sacaron máximo partido de su rol de liderazgo militar y de su influencia política para acumular riquezas personales. Los generales y gobernadores militares de las zonas próximas a la frontera, en particular, llegaron a amasar grandes fortunas derivadas de las oportunidades económicas a las que se prestaba la zona. Debido a la distancia entre Baja California y Ciudad de México, así como a la inestabilidad del gobierno central por la agitación revolucionaria, estos gobernantes fronterizos gozaron de poder casi ilimitado en sus regiones, llegando incluso a decretar e imponer edictos contrapuestos a las proclamaciones de los presidentes de México. La inmensa cantidad de recursos que éstos derivaron de los intereses empresariales estadounidenses les permitió, junto con el apoyo de sus aliados políticos, operar con plena impunidad. Dichas empresas, impuestos, cuotas y sobornos fueron menester para la solvencia del gobierno local, posibilitando así a quienes controlaban dichos recursos sobornar e influenciar a prominentes políticos en todo México. Consecuentemente, existía una alta tolerancia oficial hacia actividades que, legalmente, habían sido reiteradamente prohibidas.

Los líderes militares también adquirieron grandes fortunas mediante la confiscación de tierras y la gestión de la exportación de mercancías a los Estados Unidos. Otra de las áreas de enfoque de los generales militares sonorenses fue la promoción de industrias específicas, y en particular del turismo. Esto permitió acumular riquezas que fueron a su vez reinvertidas, creando así una nueva élite económica: la clase capitalista político-militar. El gobierno central de México alentó dicho desarrollo, viéndolo como una forma inofensiva de canalizar ambiciones que, de otro modo, podrían haber generado inestabilidad política. "De esta manera, los revolucionarios entraron al mundo empresarial y se convirtieron en uno de los sectores más dinámicos de la clase dominante". (Gómez 2002, p.21) Esta nueva élite también usó sus conexiones políticas para conseguir subsidios, concesiones y financiamiento público para el desarrollo de infraestructura en servicio de sus propios proyectos. Estos "generales sonorenses" llegaron a ocupar un papel preponderante tanto en las zonas fronterizas como en la presidencia de México. La prohibición estadounidense y el desarrollo de numerosas empresas del vicio en las zonas fronterizas entre México y los Estados Unidos fueron factores importantes de este enriquecimiento personal. Los políticos y mandos militares de Baja California fueron así capaces de amasar grandes fortunas como consecuencia directa de su participación en prácticas relacionadas con los juegos de azar, las carreras de caballos, la prostitución y el alcohol, así como otras actividades relacionadas con el consumo de drogas en las poblaciones fronterizas mexicanas.

La prohibición y el auge del vicio en Baja California[1]

La falta de conexiones de trasporte directo entre Baja California y el resto de México, unido a la falta de barreras naturales a lo largo de gran parte de la frontera con los Estados Unidos, dio pie a una estrecha relación entre este último y la región de Baja California. La falta de métodos de transporte entre Baja California y el resto de México se reflejó en la petición del gobierno mexicano de trasladar sus tropas a Baja California vía Tejas, Arizona y California. Así, el fácil acceso entre Estados Unidos y Baja California llegó a explotarse a medida que el movimiento prohibicionista fue arraigándose en el país del norte, a finales del siglo XIX. En California, algunos empresarios estadounidenses empezaron a abrir establecimientos en las poblaciones fronterizas de México en la década del 1910, proporcionando lugares de ocio dedicados en particular a actividades tales como los juegos de azar, el boxeo, el consumo de alcohol y la prostitución. La aprobación de la Enmienda 17 en el año1919, hizo que la Ley Volstead entrara en vigor en enero del 1920, prohibiendo así la producción y venta de bebidas alcohólicas en todo el territorio estadounidense. Esto coincidió con el fin relativo de los principales conflictos de la revolución mexicana. Un creciente número de empresarios estadounidenses comenzaron entonces a solicitar permisos a las autoridades mexicanas para producir y suministrar bebidas alcohólicas y facilitar otras actividades recreativas (sobre todo juegos de azar y prostitución) en México. Estas actividades constituyeron un importante impulso económico para la región, a pesar de que la legislatura mexicana y el gobierno central del país las prohibieran.

Esta época, que duró hasta el comienzo de la década del 1930 cuando la enmienda de la prohibición fue revocada, dio origen a un aspecto particular de la naturaleza de las relaciones entre Estados Unidos y México y su percepción mutua. México se convirtió en un santuario de lo prohibido, donde los estadounidenses podían hacer lo que en su país era ilegal. En consecuencia, México adquirió una apariencia corrupta e inmoral a juicio de muchos estadounidenses: lo que en su país era ilícito constituía los cimientos de las economías fronterizas mexicanas. Para los mexicanos, las actividades de los Estados Unidos dentro de su propio país eran la viva imagen de la inmoralidad estadounidenses. La mayor parte de las prostitutas de los primeros años eran mujeres estadounidenses que habían cruzado la frontera para ofrecer sus servicios a clientes estadounidenses en México, contribuyendo así a la opinión mexicana de que las mujeres estadounidenses eran de carácter libertino. Los funcionarios mexicanos les cobraban una tasa cuando éstas entraban en México. Los clientes de los bares eran en su mayoría estadounidenses que se comportaban con el abandono característico de la embriaguez y la anonimidad de quien se encuentra en un país extranjero. Los promotores estadounidenses de estos establecimientos hacían a su vez uso de campañas de marketing para atraer clientela estadounidense, pintando el ambiente de las poblaciones fronterizas como uno de libertinaje y contribuyendo así a extender la reputación negativa de la región. En resumen: el traslado de estas actividades prohibidas a México contribuyó a que cada cultura tuviera una percepción negativa de la otra.

Dada la continuada guerra civil en México, el gobierno central no fue capaz de prevenir la práctica de estas actividades en las zonas fronterizas, que junto con las posibilidades de enriquecimiento personal que éstas suponían para los líderes político-militares locales, condujo a un rápido crecimiento de las industrias del vicio en Tijuana, Tecate, Mexicali y Ensenada. En poco tiempo, la mayoría de los establecimientos de las poblaciones fronterizas eran bares, casas de juego y hoteles que a la vez doblaban como lugares donde se ejercía la prostitución. A su vez, la mayor parte de la población eran estadounidenses de carácter cuestionable, ladrones, jugadores y prostitutas. Los principales sectores de empleo para la población local, y la única fuente de riqueza, implicaban vicios como el apostar, la prostitución y el consumo de alcohol. Sin embargo, muchos de los empleados de estos establecimientos también eran estadounidenses, lo cual limitaba las oportunidades disponibles para los mexicanos.

La importancia de las actividades ilícitas de los hedonistas estadounidenses creció rápidamente, llegándose a alcanzar la cifra de 65,000 visitantes en Tijuana a fecha del 4 de julio del 1920. La fama de las poblaciones fronterizas aumentó rápidamente a medida que las celebridades hollywoodienses comenzaron a frecuentar estos establecimientos; algunos incluso convirtiéndose en propietarios de nuevos centros enfocados a un público rico y famoso. Este ambiente también resultó atrayente para la participación de Mafiosos, con Al Capone y otros personajes haciendo a la vez de clientes asiduos y promotores de centros de ocio. El estadounidenses Carl Withington fue uno de los principales promotores de estas empresas. Éste comenzó a pagar al gobernador militar Esteban Cantú la suma de 8,000 pesos mensuales (unos 4,000 dólares) en 1915 por el derecho exclusivo de operar un centro de juego y prostitución en Mexicali, el conocido "El Tecolote". Cantú se convirtió también en dueño de un 20% del Hipódromo de Tijuana, oculto bajo las actividades de sus cuñados.

Los líderes políticos y gobernadores militares de Baja California consentían estas actividades no sólo por la riqueza personal que les suponían, sino también porque generaban fondos para el tesoro público justo en un momento en el que el país se encontraba en crisis fiscal por la Revolución Mexicana. La región fronteriza carecía de apoyo financiero del gobierno federal. Los impuestos locales gravados sobre las actividades del vicio supusieron la principal fuente de ingresos gubernamentales durante las décadas de 1910 y 1920, posibilitando así la inversión en obras públicas y cubriendo el salario de los empleados del gobierno, "[S]in los casinos, los gobiernos local y federal perderían miles de pesos que recolectaban como impuestos, necesarios para mantener en buen estado las finanzas públicas" (Gómez 2002, p. 86). El Gobernador Militar Esteban Cantú (y posteriormente Abelardo L. Rodríguez) tenían relación abierta con los principales empresarios estadounidenses que habían establecido centros de juego y de prostitución, además de producido e introducido contrabando de alcohol y opio. Dichos individuos pagaban impuestos oficiales, sobornos y regalos no sólo para recibir permiso para sus actividades, sino también para obtener ayuda del gobierno derrotando a la competencia. Estos pagos permitieron a los gobernadores militares llegar a amasar fortunas personales de millones de dólares.

El relativo aislamiento de Cantú del caos revolucionario y de los centros de poder de México le brindó una independencia que le permitió prosperar personalmente a base de sobornos y permisos cobrados a todo tipo de operaciones estadounidenses, además de la tasa personal impuesta a cada trabajador chino. Dichos impuestos sobre los trabajadores chinos y los intereses empresariales estadounidenses propiciaron ingresos que permitieron a Cantú pagar tanto a empleados del gobierno como a soldados. Sólo en Ensenada, ya en el 1914 se generaba un pago mensual de 4,400 dólares para el General Francisco Vázquez, simpatizante de Presidente Victoriano Huerta, y Cantú cobraba 300 dólares mensuales a los establecimientos licoreros de la región. La importancia de estas operaciones creció rápidamente, proporcionando a las arcas del gobierno en 1920 cinco veces más ingresos que los impuestos de su producción agrícola. La creciente presión federal para cerrar dichas operaciones sólo realzaba su valor en el mercado negro. En 1920, Cantú recibió un pago de 100,000 dólares para permitir la reapertura de "El Tecolote". Por su parte, los chinos ofrecieron pagar hasta 10,000 dólares mensuales a cambio de la oportunidad de operar su casino en Mexicali. Desobedeciendo toda prohibición federal, Cantú declaró que la práctica de fumar opio estaba tan extendida entre la población china que resultaba imposible de erradicar o de regular para su limitado cuerpo de policía. La alternativa más sencilla consistía en cobrar por la importación y procesado de dicha sustancia. Cantú confiscaba el opio de quienes no pagaban este impuesto para después redistribuirlo entre los que sí corrían al día en su pago.

Las inmensas fortunas personales que los funcionarios mexicanos recaudaban de las actividades relacionadas con el vicio hacía casi imposible para el gobierno central eliminar dichas actividades y a los líderes político-militares como Cantú. A pesar de sus excesos, su actitud desafiante y su negativa a aceptar a los funcionarios designados por el presidente, o de dar parte a la Ciudad de México como se le requería por su posición, Cantú permaneció en su cargo. Mientras el presidente Adolfo de la Huerta prohibía los vicios, haciendo que las autoridades locales cerraran casas de apuestas, tabernas y centros de prostitución, éstas mismas volvían a autorizar su reapertura pocos días después. Las campañas morales servían de poco frente a los millones de dólares de ganancias, legales e ilícitas, que se recaudaban de su operación. La inefectividad de los argumentos morales se debía a la transcendencia de estas actividades en el financiamiento público. Además de las ventajas fiscales, la continuada operación de estos vicios era tan importante para la economía general que prohibir enteramente su funcionamiento hubiera convertido las poblaciones fronterizas en verdaderas ciudades fantasma. Estas actividades eran tan importantes para la economía que el ayuntamiento municipal de Ensenada estaba dispuesto a autorizar la operación de centros de apuestas por sólo 80 pesos al mes. Sin embargo, los gobernadores no estaban satisfechos con dejar que dichas actividades operaran sin generarles auténticas fortunas. En el 1923, los principales centros de apuestas de Tijuana pagaban 20,000 dólares mensuales por operar y la mayor parte de dicha cantidad iba directamente a los bolsillos del gobernador militar.

El general del vicio: Abelardo Rodríguez[2]

Abelardo Rodríguez Luján (normalmente conocido como el General Abelardo L. Rodríguez), cuyo mandato como gobernador militar de Baja California duró desde octubre del 1923 hasta noviembre del 1929, ejemplificaba la nueva clase de empresarios-políticos que surgió de la dinámica de la revolución mexicana. Éste había ostentado cargos militares en la región desde la destitución de Cantú y, en el momento de su nombramiento como gobernador, era el líder supremo de la región, integrando el poder militar y civil en una misma persona. Obregón y Calles enviaron a Rodríguez a consolidar el poder central en la zona de la frontera norte y a defenderla contra la amenaza a la presidencia que suponía Adolfo de la Huerta, quien pretendía asumir la presidencia. El nombramiento de Rodríguez también tenía la intención de subordinar a la población de pensamiento independentista del Distrito Norte. Durante su gobierno, participó en extensivos proyectos empresariales, asociándose con capitalistas tanto regionales como extranjeros. Estos cambios en el eje de poder afectaron el desarrollo de la ciudad y del municipio de Ensenada, así como el del Distrito Norte en general.

Al cabo de 2 meses de asumir su cargo, Rodríguez pudo enviar 50,000 dólares como apoyo a la campaña presidencial (y militar) de su amigo el General Calles. Para cuando llevaba un año en el cargo, ya había enviado 500,000 dólares al gobierno central. Procedente de una familia pobre, Rodríguez llegó a amasar una fortuna de 12 millones de dólares ingresados en bancos estadounidenses durante los 6 años que gobernó Baja California. Antes de llegar a la presidencia de México en la década del 1930, su fortuna se calculaba en unos 100 millones de pesos (algunos 50 millones de dólares). Para aquel entonces era dueño de casinos, plantas productoras de licor, gran número de propiedades, industrias e instituciones financieras.

La verdadera fuente de la fortuna personal de Abelardo L. Rodríguez ha sido tema de gran especulación, ya que surgió de un grupo social muy desfavorecido, llegando a convertirse en uno de los hombres más ricos y presidente de México. Gómez (2002, p.184) señala que Rodríguez tuvo la prudencia de ocultar la evidencia de sus actividades menos honestas. Sin embargo, el contexto de la frontera no sólo hizo posible, sino inevitable, que recibiera sumas de dinero de los permisos operativos de casas de apuestas, centros de distribución de alcohol, establecimientos donde se ejercía la prostitución y el contrabando de opio. Si bien algunas de estas actividades se ocultaban, otras permanecían a la vista pública. Algunas de dichas actividades ocultas han salido a la luz gracias a meticulosas investigaciones históricas, como las llevadas a cabo por Gómez (2002).

Que Rodríguez se aprovechó de su posición oficial para obtener dinero sucio se establece por varias fuentes. Invirtió grandes cantidades de dinero en negocios legítimos a la vez que recibía su modesto salario militar de 18 pesos al día. Además de actividades sospechosas tales como sociedades en empresas que incluían hoteles casino, también invirtió en negocios inmobiliarios, viñedos, industrias alimentarias (plantas de empaque de pescado, en particular), minería, una fábrica de producción de aviones y una planta productora de vino y licores. Su profundo involucramiento en actividades ilícitas queda reflejada en su participación, a largo plazo, en la protección de los principales empresarios estadounidenses que hicieron verdaderas fortunas operando bares, casinos y burdeles. Además, los familiares y amigos de Rodríguez igualmente aprovecharon la oportunidad de operar casinos, llegando también a amasar grandes fortunas personales. "La posibilidad de que Rodríguez utilizara esta vía de enriquecimiento queda fundamentada" (Gómez 2002, p. 185). Rodríguez claramente participó en la práctica, extendida entre muchos funcionarios del gobierno, de recibir comisiones por facilitar la importación de grandes cantidades de alcohol con destino a los Estados Unidos, dónde regía la prohibición en aquel entonces.

Otro de los principales modos en los que Rodríguez y sus compañeros se enriquecieron fue a través de su compra del terreno que llegaría a convertirse en el casino e hipódromo de Agua Caliente. "Se fortalece la certeza de que Rodríguez aumentó de modo cuantioso su fortuna gracias al famoso complejo turístico construido por la Compañía Mexicana del Agua Caliente en Tijuana, en la que invirtió encubierto gracias a la intervención de un testaferro" (Gómez 2002, p. 186). Rodríguez alquiló esta propiedad de unos 500 acres (198 hectáreas), durante un periodo de 75 años y por la suma de 50 pesos anuales, a un grupo de empresarios estadounidenses que había propuesto el desarrollo de un complejo turístico. Durante y tras su cargo como gobernador, Rodríguez protegió a sus socios, así como sus intereses comunes, denegando permisos operativos a la competencia. También consiguió obtener la exoneración tributaria de la importación de las más de 100 toneladas de materiales empleados en la construcción del resort y de los miles de artículos usados para amueblar las habitaciones del hotel. Así mismo, empleó fondos públicos para construir una represa, cuyas aguas inicialmente abastecían únicamente al complejo turístico.

Gómez (2002) aporta información que indica que Rodríguez también se enriqueció mediante la protección del contrabando de drogas. Algunos de sus colaboradores más cercanos en el gobierno eran conocidos traficantes de narcóticos. Rodríguez apoyó abiertamente a Otto Möller durante su elección como presidente municipal de Mexicali, a pesar de que se sabía públicamente que Möller estaba involucrado en el tráfico de opio junto con los chinos. Su inspector general de policía en Mexicali estuvo reiteradamente implicado en el tráfico de drogas. Gómez (2002) "reúne documentos que señalan de manera indirecta la inclusión de Rodríguez en actividades relacionadas con el contrabando de licor y el tráfico de drogas" (p. 27), pero concluye que "su enriquecimiento rápido parece más relacionado con los juegos de azar y con la protección del tráfico de drogas " (p. 102).

Un periódico local abrió una investigación sobre el involucramiento de Rodríguez en el contrabando de drogas, denunciando que personas próximas al gobernador gestionaban operaciones con narcóticos directamente. Sus historias críticas llevaron a estos dos reporteros a recibir una visita del personal del gobernador militar, quienes los arrastraron desde sus casas a un cabaret local donde Rodríguez los esperaba. Allí, ambos fueron golpeados, uno de ellos hasta quedar en estado inconsciente. Finalmente fueron llevados al hospital municipal para recibir tratamiento de sus lesiones, donde fueron retenidos bajo una orden de detención. Mientras tanto, el gobernador visitaba un burdel local donde se dedicaba a perseguir a una prostituta, pistola en mano. Los reporteros lograron escapar a Caléxico cruzando la frontera. Rodríguez cerró uno de los periódicos y forzó al otro a cerrar a base de presionar a sus clientes anunciantes. Informes sobre estos incidentes llegaron a oídos del presidente de México en varias ocasiones, aparentemente sin consecuencia alguna para Rodríguez. Las veces que Rodríguez actuaba en contra de las operaciones de tráfico de drogas, era generalmente contra los consumidores, principalmente arrestando a estadounidenses.

Empresas legítimas

Sin embargo, Rodríguez también estableció empresas legítimas y contribuyó al desarrollo de la infraestructura de Baja California. Cuando Rodríguez tomó el mando del gobierno del Distrito Norte en el 1923, la mayor parte de los empleados federales y regionales residían en Estados Unidos. Rodríguez prohibió dicha práctica, poniendo a disposición de éstos, préstamos para la construcción de viviendas en el lado mexicano de la frontera. Su impulso a la economía regional fue canalizado a través de la fundación del Banco Agrícola Peninsular, con objeto de financiar el crecimiento económico, y su inversión en el desarrollo de un gran número de nuevas industrias. Entre las plantas industriales que se establecieron durante el mandato de Rodríguez se incluyen despepitadoras de algodón, así como fábricas para la producción de sustancias derivadas de la semilla de algodón, como borra, harina, aceite y jabón. Rodríguez también propulsó el desarrollo rápido de sistemas escolares, reflejado en la construcción de 22 escuelas nuevas que, combinadas con los recursos anteriores, respondían a las necesidades educativas del 97% de la población. Además, Rodríguez contribuyó al desarrollo laboral, estableciendo un salario mínimo y un número máximo de días de trabajo obligatorios. También limitó las actividades de los trabajadores extranjeros y estimuló el desarrollo de cooperativas avanzadas que aumentaran el poder de los trabajadores, para que éstos ganaran mayor control sobre capital e infraestructura.

Agricultura y ganadería

Rodríguez vio la oportunidad de desarrollar el potencial agrícola de la región. También supo reconocer que la falta de sistemas de riego era uno de los mayores obstáculos para la expansión agrícola y comisionó estudios para determinar la posibilidad de trasladar agua a las regiones del sur de la ciudad de Ensenada. Sin embargo, el elevado costo disuadió su intención de invertir en la zona de San Quintín. Así mismo, adquirió propiedades para fines agrícolas, entre las que se encontraban algunas que habían sido expropiadas como propiedades federales, pero tuvo poco éxito en esos proyectos. A pesar de todo, la agricultura y la ganadería continuaron siendo una de las principales actividades económicas de la región.

La producción agrícola de alimentos en la zona de Ensenada recaía principalmente sobre pequeñas granjas. Varias granjas de la región estaban orientadas al servicio de las necesidades locales, a menudo a nivel de viviendas o comunidades, en lugar de al nivel de una economía regional o de la exportación internacional. Un importante obstáculo para la expansión, además de la disponibilidad de agua, era la falta de carreteras que permitieran el transporte eficiente de los productos a través de la región para acercarlos a mercados y puertos. Otro factor adicional significativo era la falta de mano de obra: hasta los ranchos de ganado eran pocos en número y sus empleados ganaban bastante más que en otras partes del país debido a la falta de jornaleros en la región. La mayoría sólo contaba con un puñado de empleados; la Ventura Land Ensenada Company era la excepción, llegando a emplear hasta 100 trabajadores de forma temporal.

Los primeros pasos de la reforma agrícola finalmente dieron lugar a una serie de avances en la región de Ensenada, tanto para mexicanos como para extranjeros, aunque los extranjeros predominaban en las actividades agrícolas de la región. Samaniego (1999b, p. 562, paráfrasis) expone que en el área de principal actividad agrícola, los productores eran de origen ruso, japonés y chino, y eran arrendatarios de estadounidenses o mexicanos. El decreto del 2 de agosto del 1923 del Presidente Obregón beneficiaba a algunos mexicanos, pero estaba lejos de efectuar un cambio sustancial en la estructura de la tenencia de la tierra. Por lo general, los agricultores japoneses, chinos y rusos gestionaban sus operaciones como empresas familiares, sin emplear a mexicanos o personas de otras nacionalidades como trabajadores. Sin embargo, por lo menos una de las comunidades extranjeras sí desarrolló una empresa agrícola más expansiva. El asentamiento ruso en el Valle de Guadalupe expandió su producción de trigo durante los años 1920 y 1930, adquiriendo finalmente el molino local como parte de una compañía llamada Compañía Harinera de Ensenada. Esta capacidad les permitió también ampliar la extensión de sus campos de trigo en sus áreas alquiladas, llegando a labrar extensos terrenos en la zona de Ensenada. Además, sus recursos permitieron a los rusos establecer una gasolinera en la zona, llevándolos a jugar un papel dominante en este negocio emergente.

Industrias pesqueras

Cuando Rodríguez llegó a Baja California, la industria pesquera se encontraba principalmente en manos de empresas estadounidenses y japonesas, con procesos y ventas mayoritariamente enfocadas hacia fuera de México. Rodríguez aprovechó esta oportunidad para explotar y controlar la industria pesquera, creando las industrias de empaque de pescado que se concentran en la zona de El Sauzal, en las afueras hacia el norte de Ensenada. Los extensos recursos marinos que habían sido en gran parte controlados por empresas extranjeras pasaron a entrar bajo el control del gobernador. Rodríguez hizo una serie de recomendaciones al gobierno federal, solicitando que autorizaran su control sobre la industria pesquera, cancelando toda concesión anterior y dejando todo aspecto de vigilancia, tributación y desarrollo en sus manos. Samaniego (1999b, p. 555) hace hincapié en que Rodríguez propuso el control total sobre la pesca, sin la intervención del gobierno federal. La intención del gobernador era la de obtener el control local de un recurso nacional para su enriquecimiento personal, pero el presidente Calles rechazó su petición. Aun así, Rodríguez prosiguió con sus planes, usando fondos federales para comprar embarcaciones que le permitirían ejercer un mejor control sobre actividades pesqueras clandestinas y no autorizadas.

Una de las plantas de empaque de pescado establecidas en El Sauzal no había pagado sus impuestos durante años y fue incautada por el gobierno. La planta contaba con unas instalaciones bien desarrolladas cuando pasó a manos de Rodríguez en el 1927. A pesar de haber sido legalmente constituida, con el hermano de Rodríguez y otros inversores, como la Nacional de Productos Marinos, fue el capital de Rodríguez el que hizo dicha operación posible, y la empresa permaneció bajo su control.

En este contexto, se restringieron las actividades de extranjeros, aunque éstas no fueron completamente eliminadas, ya que las contribuciones técnicas y los mercados de Estados Unidos y Japón siguieron siendo vitales. Además, el capital necesario para el desarrollo de las industrias pesqueras provenía de casinos e inversores extranjeros.

Estos avances económicos legítimos, en gran parte enfocados hacia mercados externos, dieron fruto en años posteriores tras el fin de su gobierno, y se exponen en el siguiente capítulo. Samaniego (1999b, p. 557, paráfrasis) enfatizó la importancia del capital extranjero, observando que el desarrollo de las actividades económicas del municipio de Ensenada exigía de gran capital que, debido al débil mercado interno, no era generado para el beneficio de la burguesía local.

Los japoneses en la economía de Ensenada[3]

Los japoneses fueron uno de los grupos de inmigrantes más importantes en Baja California. México y Japón firmaron un contrato bilateral en 1888 y Baja California pronto se convirtió en un atractivo destino para los inmigrantes japoneses. En Mexicali, éstos complementaban el trabajo de los chinos, especializándose en la construcción de canales y sistemas de riego. Los inmigrantes japoneses supusieron un gran estímulo para la agricultura, pesca e industrias de empaque de pescado de Ensenada, así como para las actividades comerciales y profesionales de la zona posteriormente.

En el 1908, Jirohichi Kikuchi llegó a la bahía de Ensenada para extraer abulón de Punta Banda desde el puerto de San Diego con su flota de barcos (Estes 1999). En 1912, Masaharu Kondo estableció plantas para el procesado de mariscos en la península de la Baja California bajo una concesión otorgada para la explotación de recursos marinos. En 1924, el gobierno mexicano otorgó una segunda concesión a Kondo para la explotación de pescado y algas en el Pacífico y en el Golfo de California durante un periodo de 15 años, con la obligación de establecer tres plantas enlatadoras de pescado. Dicho contrato fue declarado nulo en el 1925, pero recibió una subsiguiente concesión para la explotación de langosta y abulón durante un periodo de 15 años (Ota 1984). En el 1928, Kondo construyó una planta empacadora en la parte sur de la península (Bahía Tortugas o Bahía San Bartolomé) donde llegó a contratar a 50 mexicanos; sin embargo, al año siguiente, y debido a la Gran Depresión, su compañía sufrió graves pérdidas económicas y se declaró en bancarrota (Estes 1977). Más adelante, otra concesión fue concedida a Shin Shibata, quien estableció su compañía en Long Beach, California, desde donde se dedicaba a la explotación del abulón a lo largo de la costa oeste de la península de la Baja California. Éste también suministraba productos marinos a plantas mexicanas procesadoras de alimentos, como la Compañía de Productos Marinos (posteriormente Pesquera del Pacífico, propiedad de Abelardo Rodríguez) y la Pesquera de Bahía de Tortugas (Ota 1984; Nishikawa 2004).

El aumento de las actividades pesqueras hizo necesaria la importación de equipamiento y técnicos japoneses, seguidos a su vez por mano de obra contratada, profesionales, inmigrantes patrocinados y los familiares de los mismos (Ota 1985). En 1917, un tratado entre México y Japón permitió la entrada de médicos, farmacéuticos, dentistas y veterinarios japoneses. La mayor parte de la inmigración japonesa hacía uso del sistema de patrocinio (*yobiyose*) ofrecido por un japonés legalmente residente en México, que les garantizaba apoyo económico. Otros llegaron como empleados de entidades comerciales dirigidas por ciudadanos o sociedades japonesas. Los japoneses, por lo general, inmigraban a Baja California para establecer sus propias empresas agrícolas o comerciales, o para trabajar en la pesca. Los japoneses también fundaron empresas en Ensenada, entre las que se incluían lavanderías, estudios de fotografía, sastrerías y tiendas de ultramarinos (Nishikawa, 2003).

Una revisión de un tratado con Japón en 1924 permitía a los japoneses la importación libre de impuestos de barcos, redes e instrumentos para la pesca. Entre los años 1920 y 1940, 300 inmigrantes japoneses participaron en actividades pesqueras en el puerto de Ensenada, empleando también a mexicanos en sus barcos. Los pescadores japoneses se especializaban en la captura de la sardina, caballa, atún, langosta y abulón; esto introdujo a Baja California técnicas de conservación de productos marinos que contribuyeron al crecimiento económico de la península (Nishikawa 2002).

Los pescadores y buceadores japoneses fueron una pieza clave en el desarrollo comercial y la expansión de las industrias pesqueras de Ensenada y Baja California. Cuando Kondo y Shibata abandonaron sus respectivas concesiones y fábricas en México, Rodríguez contrató a los pescadores y buceadores japoneses. Los japoneses siguieron trayendo nuevas tecnologías pesqueras, así como invirtiendo en barcos, redes y demás equipamiento pesquero; también eran los principales copartícipes en la Compañía Nacional de Productos Marinos de Rodríguez y en la Industrial de Ensenada, gestionada por Taksonosuke Takasaki.

Durante las primeras décadas del siglo XX, Baja California fue un lugar de gran atractivo para los japoneses por las posibilidades que ofrecía en cuanto a la agricultura, a pesar de que las tierras de los alrededores de Mexicali, así como de Rosarito y Maneadero, en el municipio de Ensenada, requirieran del laborioso trabajo de los inmigrantes. Los japoneses de Mexicali nivelaron miles de hectáreas para cultivar algodón en las tierras de la compañía Colorado River Land Company (CRLC). Así mismo, éstos instalaron bombas, abrieron canales de riego y fueron los pioneros del posterior emporio del algodón, trabajando como sus administradores. Parte del capital que financiaba dichas entidades provenía de la compañía estadounidense Compañía Industrial Jabonera del Pacífico, que contribuyó con dos terceras partes de la inversión de 300,000 dólares en 1934. Ese mismo año, los inmigrantes japoneses administraron 8,100 hectáreas de terreno y cosecharon 10,000 pacas con un valor de 450,000 dólares.

Los primeros agricultores japoneses en Ensenada probablemente fueron Tomokichi Nakawatase y Namisaburo Matsui, cuya llegada a Maneadero está registrada a fecha del 1918 (Ota 1985). En la década de los veintes ya había 13 familias japonesas en Maneadero, cultivando una serie de vegetales -tomates, espárragos, calabacín, chiles y chiles pasilla-que exportaban a los Estados Unidos (Ota 1985, p. 82). Shiu Fujimura y Benito Naito iniciaron el cultivo y procesado de chiles en la región, instalaron la primera planta secadora de chiles e impulsaron la exportación de vegetales que hoy son prácticas comunes en el municipio de Ensenada (Nishikawa 2002).

Su éxito desató resentimiento contra los japoneses y para el 1936 la discriminación contra los mismos se expresaba abiertamente, cuando un representante de la Oficina de Inmigración de Tijuana recomendó que se restringiera la inmigración japonesa. Su argumento se basaba en que, al tomar control de la agricultura, estaban creando problemas más complicados que los de los chinos (Velázquez 2002, p. 107). Los japoneses extendían el poder de su capital por todo México, invirtiéndolo en granjas, tiendas y empresas, dando lugar a envidias. El éxito de los inmigrantes japoneses en el sector de la agricultura en Mexicali se vio afectado por la reforma agraria, que tomó las tierras regidas bajo el sistema del latifundio, inclusive las de la CRLC, para dividirlas en tierras comunales (ejidos) asignadas a grupos de campesinos mexicanos. La reforma territorial de los años treinta afectó a los granjeros japoneses de todo México, privándolos de sus tierras y obligándolos a emigrar a las ciudades para dedicarse al comercio u otras actividades. Para los agricultores de Maneadero, el movimiento agrario forzó su búsqueda de nuevos lugares al sur del municipio, o como hizo la mayoría, su asentamiento en Ensenada, encontrando su subsistencia en otras actividades como la pesca (Nishikawa 2002).

Liderazgo empresarial y político de Ensenada[4]

La llegada de Abelardo Rodríguez al poder como gobernador militar, significó el fin de la necesidad de nombrar gobernadores locales. En su subida al poder, Rodríguez dominó las actividades políticas locales con un enfoque centralizado. Así, éste propuso al presidente Obregón que sería una anomalía dejar que los municipios eligieran a sus líderes cuando ya se había nombrado un gobernador. Igualmente sugirió que, ya que los líderes de los municipios seguían en conflicto con las autoridades del distrito, éstos fueran abolidos y reemplazados por ayuntamientos nombrados por los mismos gobernadores, quienes podrían entonces implementar sus planes con menores problemas y de forma más fácil.

Las dificultades de los líderes locales a los que Rodríguez se refería y sus tendencias independientes se hicieron bien aparentes en el periodo entre 1923 y 1927. Zárate fue candidato a diputado en las elecciones del 1924. Su plataforma puso gran énfasis en la distribución de tierras a mexicanos y en la fundación de un banco para financiar el desarrollo agrícola; en el desarrollo de sistemas de riego, carreteras y líneas de transporte permanentes; en los derechos de los trabajadores, inclusive de los trabajadores extranjeros; en la ampliación de los derechos de importación y de exportación; en el desarrollo de escuelas de educación secundaria; y en programas que cubrieran las necesidades de las autoridades locales, así como las de la cámara de comercio y las de las cooperativas de trabajadores. Enrique Ballesteros, con el apoyo público del personal del General Rodríguez, fue el ganador aparente, pero el parlamento mexicano lo expulsó por su asociación con la rebelión de de la Huerta. Zárate, el siguiente candidato más votado, se dirigió a Ciudad de México para ser nombrado diputado. Allí expresó públicamente su indignación por el soborno de 10,000 pesos que se le pidió que pagara y, antes de irse, denunció los fraudes electorales que habían tenido lugar en Mexicali durante las elecciones anteriores, impugnando al gobernador Rodríguez. En consecuencia, Rodríguez se aseguró de su eliminación, siendo conocedor de sus tendencias independientes, y dispuso el nombramiento de uno de sus subordinados, José María Tapia, como diputado.

Las elecciones municipales del 1925 se disputaron acaloradamente en Ensenada y el ganador, Gustavo Appel, trató de mantener independencia del gobernador. Corrían entonces tiempos combativos, con una facturación inexplicable en el ayuntamiento (Samaniego 1999b). El municipio se quedó sin recursos, incapaz de cubrir los salarios de sus empleados municipales.

Appel intentó aumentar los ingresos del municipio pero Zárate y la cámara de comercio se opusieron a su propuesta de subir los impuestos. Su plan presupuestario también fue rechazado por la Secretaría de Gobernación, sobre quien recaía la responsabilidad de aprobar presupuestos en municipios territoriales. Las elecciones del 1926 fueron ganadas, aparentemente, por Mario Robles Linares, vinculado al Gobernador Rodríguez. Robles Linares se haría cargo de lo que sería el último ayuntamiento municipal electo de esa era. Rodríguez tenía que implementar los planes postrevolucionarios de centralización de poder y de recursos del gobierno federal, eliminando la posibilidad de que los poderes locales pudieran interferir con los planes del gobierno federal. Este plan del presidente Calles, por el que los representantes locales y estatales serían seleccionados por el gobierno central, vendría a dominar la política mexicana durante las siguientes 7 décadas.

Así, los ayuntamientos municipales fueron reemplazados por concejos municipales nombrados por el gobernador, subyugando las funciones del ayuntamiento, previamente independiente y democráticamente elegido, a las de ejecutivo supremo del Distrito Norte. Abelardo Rodríguez nombró presidente municipal a un nativo local llamado David Goldbaum Valenzuela, un residente que llevaba largo tiempo en la zona y con muchos intereses empresariales, como cabeza del recién formado Consejo Político Municipal en el 1927. Otros de los nombrados fueron Luis del Río, un agente aduanero, y Claudio Palacios, un líder sindical. Los ciudadanos nativos con intereses empresariales que llevaban tiempo residiendo en la región de Ensenada seguían constituyendo la mayoría entre los representantes y delegados del gobierno a nivel municipal. Aunque los gobernadores nombrados seguían siendo gente proveniente del interior del país, al gobierno local se le permitía seguir operando con poca interferencia de las esferas superiores. El control local por parte de los intereses empresariales continuó hasta el 1930, cuando Zárate, sustituyendo a Goldbaum por problemas de salud, siguió solicitando el nombramiento de líderes locales para el Territorio Norte.

Con el declive de la importancia política de Ensenada, se dio mayor relevancia a la vida económica de la zona, pero ésta se vio también afectada por la persistente depresión económica mundial. Bonifaz (1996, p. 17) señala que la cámara de comercio era el grupo cardinal de la vida de Ensenada. La Cámara de Comercio era la organización comercial más importante de la ciudad de Ensenada e incorporaba a los principales empresarios de la región. Los miembros de la cámara estaban involucrados en casi todas las actividades de la zona, incluyendo sus atracciones turísticas. La Sociedad Masónica Mutualista Chee Kung Tong, cuyos miembros tenían amplias relaciones comerciales en la región, representaba a los comerciantes chinos. José Maloc y otros inmigrantes chinos dirigían el casino chino local, además de varios burdeles y salones de opio. Maloc, líder de los notorios *tongs* (organizaciones criminales), estableció una de las casas de prostitución más conocidas en colaboración con la mexicana Cecilia Soto y su marido. Pero tenían mucha competencia en "*El Bajío*," la zona roja, donde varios burdeles prosperaron, presuntamente sólo con clientes estadounidenses.

La agricultura, el comercio y el turismo fueron el principal foco de fomento de la cámara de comercio, registrada técnicamente como la Cámara Nacional de Comercio, Industrial, Agrícola y Minera de Ensenada. Enfocada hacia la expansión del turismo y del comercio, una de las preocupaciones persistentes y centrales de la cámara local era la de la construcción de una carretera entre Tijuana y Ensenada. El camino de tierra era difícil de seguir y a menudo incluso intransitable. Aunque la propuesta para su pavimentación incluía un presupuesto de 4 millones de pesos (2 millones de dólares en esa época) y la construcción ya se había iniciado durante el gobierno de Rodríguez, la carretera no se terminó hasta el 1937. Durante este periodo (entre principios de los años 1920 y los años 1930) los presidentes de la cámara, tendían por lo general a ser hombres que habían servido también como alcaldes o diputados, manteniendo así la integración de líderes políticos y económicos en Ensenada.

Relaciones empresariales y laborales[5]

El puerto de Ensenada era la principal puerta de entrada de alcohol de importación a la región, así como el puerto de entrada del alcohol de contrabando destinado a la costa oeste de los Estados Unidos. De hecho, varios establecimientos regionales e internacionales disponían de almacenes allí. Aunque algunos de estos establecimientos pertenecían a mexicanos, también había intereses estadounidenses y británicos detrás de muchas de estas empresas. Ensenada se convirtió en un centro para el contrabando de alcohol con destino a los Estados Unidos, no sólo a través de la frontera sur de California, sino incluso hasta por el puerto de San Francisco. Las embarcaciones favoritas para transportar pequeños cargamentos de alcohol hacia ese país provenían de excedentes militares estadounidenses— torpederos de la armada de la Primera Guerra Mundial, busca minas y cazas submarinos. "Todo el mundo estaba involucrado en el contrabando o mintiendo al respecto" es una de las opiniones compartidas por los veteranos que vivieron esos tiempos.

Las empresas de la prohibición y otras necesidades, llevaron al crecimiento de Ensenada como puerto. La descarga de buques de carga era una de las principales fuentes de empleo legítimo del puerto. Pero las instalaciones del puerto eran primitivas y las embarcaciones habían de ser ancladas a 500 metros de distancia del muelle. El cargamento se descargaba sobre lanchas que eran guiadas al muelle por un remolcador, donde las mercancías se cargaban a caballo.

En el contexto de esta incómoda operación de carga, empezaron a surgir problemas de mano de obra en el 1925. Un funcionario aduanero, Gabriel Legaspy, y su socio, Julio Romero, controlaban las operaciones de descarga de los buques. Los dueños de las embarcaciones locales trataban de ganar dinero descargando barcos, pero sus intentos se veían frustrados por Legaspy. García Gómez organizó un sindicato de trabajadores locales pero fue inmediatamente obstaculizado por acusaciones, por parte de Legaspy, de mala manipulación del cargamento. Claudio Palacios, que formó la Unión de Jornaleros Lancheros y Estibadores del Pacifico, reemplazó a García Gómez como líder. Este grupo estaba afiliado a una de las principales organizaciones laborales nacionales, la Confederación Regional Obrera Mexicana. Legaspy intentó romper al sindicato contratando a los dueños de varias embarcaciones, resultando esto en la redacción de una carta al presidente de México para denunciar el intento de Legaspy de mantener un monopolio. Los simpatizantes de Legaspy formaron a su vez un sindicato opuesto, llamado Unión de Marineros y Jornaleros de Ensenada. Sin embargo, tuvieron poco éxito y no consiguieron detener los esfuerzos de la primera unión, que continuó operando, posteriormente bajo el nombre de Unión de Jornaleros y

Estibadores del Pacífico. Su éxito, posiblemente, se deba en parte a la relación entre el líder de la unión, Claudio Palacios y el gobernador Rodríguez. Las buenas conexiones comerciales locales de Claudio Palacios se hacen evidentes en su membresía en el ayuntamiento municipal del 1927, junto a Luis del Río, dueño de agencias aduaneras y con importantes actividades comerciales en el puerto. Este éxito temprano de los esfuerzos de sindicación en Ensenada, en conflicto directo con los empleados que sustentaban cargos federales, ilustra el alcance del poder de los intereses empresariales locales. Así mismo, el poderío de estos sindicatos fue posible por la falta de mano de obra de la región, lo que aumentó la importancia del trabajo organizado.

Los conflictos entre el sindicato y Legaspy continuaron. Los funcionarios aduaneros acusaban a los sindicalistas de perder y dañar mercancías, a la vez que los sindicalistas de la unión acusaban a los funcionarios de apropiarse de fondos y bienes ilegítimos. Cada parte acusaba a la otra de generar condiciones que conllevaban a demoras en la descarga de buques. Dichas dificultades podían ser fácilmente generadas por cada uno de los bandos, ya que Legaspy era el dueño del único remolcador de la bahía. La disputa se llevó a nivel nacional con el concejo municipal y la Cámara de Comercio poniéndose de parte delsindicato. Los líderes de éste, tanto como los de las empresas, unieron sus fuerzas contra el poder de los empleados federales y sus acciones arbitrarias. Samaniego (1999b, p. 580, paráfrasis) destaca que las exigencias de los trabajadores no estaban relacionadas con los salarios, ni con las condiciones de explotación; los problemas se debían al monopolio ejercido por Legaspy. Los tres miembros del concejo municipal, así como las agencias aduaneras, atacaron a Legaspy, poniendo de manifiesto que no era un problema exclusivo del sindicato, sino de varios sectores de la comunidad portuaria.

De esta índole eran las alianzas producidas por la ciudad de Ensenada. Las viejas familias de la ciudad se casaban entre sí, manteniendo estrechos lazos entre la población y uniendo los intereses políticos y económicos del puerto. Hasta los oponentes políticos eran, por lo general, amigos que mantenían una relación cordial. Una entrevista con Luis Goldbaum Banuet (reproducido en Samaniego 1999e, p. 602, paráfrasis) habla de esta estrecha vinculación en las relaciones de la ciudad: "En estos tiempos [1926] las familias de Ensenada eran una familia perfecta. Era inusual que alguien no le conociera a uno; todos se veían como iguales, no había clases sociales porque Ensenada era un emporio, todos tenían dinero".

Esfuerzos para "mexicanizar" Ensenada[6]

En diciembre del 1930, el presidente mexicano Pascual Ortiz Rubio proclamó territorios separados las divisiones políticas de los Distritos Norte y Sur de Baja California, creando el Territorio Norte de Baja California. El gobierno también comenzó un proceso de "mexicanización" de los territorios remotos y de construcción de carreteras para enlazarlos con el resto del país. La función explícita de ambos era evitar la incautación o sucesión que tan a menudo los amenazaba en Baja California. El desarrollo de infraestructura, la colonización por mexicanos y el impulso del turismo fueron algunas de las formas específicas en que estas metas políticas habrían de lograrse (Taylor 2002). Muchos bajacalifornianos, que ya se sentían muy mexicanos, veían los esfuerzos de mexicanización como algo innecesario. En Ensenada, sin embargo, los esfuerzos a nivel local complementaron la implementación de este proceso de mexicanización.

La mexicanización – y el carácter revolucionario de Ensenada – quedaron reflejados en el cambio del nombre de la plaza cívica del Parque Porfirio Díaz (inicialmente Plaza Rangel) a Parque Revolución durante la década del 1920 (Cortés 1993, p. 26-27). Los líderes públicos y políticos siguieron reuniéndose en el parque para distintas actividades. Un artículo del periódico *El Diario de Ensenada,* de julio del 1949, ilustra la importancia de este centro cívico (Cortés 1993, p. 27), donde un informe del gobernador del Territorio Norte, el Lic. Alfonso García González, fue entregado en respuesta a la invitación del Comité Cívico y Social del Puerto. Evaristo Bonifaz respondió, reiterando las necesidades de Ensenada y señalando que no se había hecho nada por ésta, mientras que varias obras públicas habían sido realizadas en Tijuana, Mexicali y las zonas agrícolas (Cortes 1993, p. 27). Poco después de la publicación de estos artículos, llegaron noticias del delegado del gobierno, Ernesto Zenteno, indicando que el parque sería modificado para facilitar su uso por el pueblo de Ensenada. Entre las modificaciones se incluía la tala de árboles para brindar espacios abiertos en el centro del mismo donde se pudiera reunir la gente. Pero entre las novedades también se comunicaba que la delegación del gobierno local recibiría a un experto estadounidense que estaba a cargo del parque de National City en California (traducción por Tatsuya Murakami, *El Diario de Ensenada*, 18 de octubre del 1949, citado en Cortés 1993, p. 27-28). Uno se pregunta la razón por la que se trajo a un estadounidense a Ensenada como consultor sobre la remodelación del parque; no es más que un reflejo de que incluso durante el proceso de mexicanización de Ensenada, los Estados Unidos a menudo se tenían bien en cuenta. El ingeniero estadounidense MacFarland remodeló la fachada del quiosco y cambió el pavimento por losas de piedra (Cortés 1993, p. 28).

Uno de los aspectos de la mexicanización de la nación fue la apropiación del estilo arquitectónico neocolonial, que fue fomentado por el gobierno mexicano durante la década del 1920 para simbolizar la revolucionaria transformación social y para poner de manifiesto una identidad nacional en las construcciones gubernamentales (Calderón y Aguilar 1999, p. 129). Entre los materiales de construcción destacaba el uso del cemento como símbolo de durabilidad y firmeza. El Secretario de Educación Pública, José Vasconcelos, aplicó estos enfoques a la construcción de escuelas y hospitales. En Ensenada, el estilo neocolonial fue aplicado a la escuela La Corregidora (ubicada en Ruiz y 6ª) en 1922, y posteriormente a otras estructuras, incluyendo algunos edificios cívicos (como por ejemplo la Sociedad Recreativa Mutualista de Obregón y 4ª). Entre las construcciones de esta era también destacó otro nuevo estilo, el colonial español, que incorporaba la tradición española y mediterránea. El ejemplo más prominente del estilo colonial español de Ensenada fue el Hotel Riviera, que hoy es el Centro Cultural de Ensenada.

El vicio y la imagen pública de Ensenada: el Hotel Riviera[7]

Ensenada no pudo aprovechar el acceso masivo de turistas estadounidense que se vio en las ciudades fronterizas de Tijuana y Mexicali. En consecuencia, el sector turístico no fue tan dominante como en otras ciudades fronterizas, aunque Ensenada también llegó a atraer visitantes. La mayor parte de ellos llegaban en barco, ya que la carretera de tierra era peligrosa y de baja calidad, con tramos impenetrables durante la estación lluviosa. Las peticiones locales solicitando la construcción de una carretera mejor nunca fueron atendidas, dejando a Ensenada aislada de la indeseable dinámica de las demás ciudades fronterizas. Ensenada era, en muchos aspectos, un destino mucho más llamativo que las ciudades del interior, y su desarrollo a manos de compañías estadounidenses y británicas durante el siglo XIX le daba una clase y apariencia que no existían en otros lugares de la península. Las playas eran la atracción central y el clima de los valles que la rodeaban le daba un agradable encanto. Las playas y la ciudad también atrajeron el interés de nuevos inversores a la zona. La culminación de este desarrollo quedó reflejada en la construcción del Hotel Riviera, que coincidió con la crisis económica del 1929 que condujo a la Gran Depresión, conllevando a una gran disminución de la industria del vicio.

La construcción del Hotel Riviera fue emprendida por intereses estadounidenses, pero llegó a convertirse en el centro de la vida social y cultural de Ensenada. Los motivos que llevaron a la construcción de este gran hotel fueron las ganancias que se esperaba adquirir por la prohibición del alcohol y de los juegos de azar en los Estados Unidos. Una compañía estadounidense, la Compañía Mexicana de Rosarito, a través de su subsidiaria, la Compañía de Mejoras de Ensenada, adquirió, en el 1928, los derechos de un resort parcialmente construido en la playa de Ensenada. La aprobación del proyecto por parte del gobierno mexicano iba ligada a ciertas condiciones: apostar sólo después de las 20:00 horas, construcción de un embarcadero y una oficina de correos, y un impuesto del 25% sobre los ingresos netos. El hotel se construyó en el sorprendente plazo de 2 años, casi enteramente con materiales importados y en el popular estilo "California", con arcos y baldosa. Aunque las materias primas básicas provenían de Estados Unidos, el hotel fue elaboradamente decorado con objetos exquisitos y materiales traídos de todas partes del mundo. Las paredes del hotel estaban engalanadas con murales del prominente muralista mexicano Alfredo Ramos Martínez. El costo total se estimó en unos 2 millones de dólares.

El 30 de octubre del 1930, se inauguró el Hotel Playa de Ensenada con una celebración por todo lo alto. Inmediatamente se convirtió en el mejor hotel de toda la región. Tanto estrellas de cine como personalidades importantes de Estados Unidos y México llegaban al hotel, atrayendo así gran atención sobre Ensenada. Pero el grandioso proyecto nunca pareció arrancar del todo. Antes de un año, sus empleados habían demandado al hotel por falta de pago de salarios. La Gran Depresión del 1929 había forzado a muchos estadounidenses a solicitar ayuda en el banco de alimentos. Aunque los ricos y famosos de Hollywood y California seguían visitando, no lo hacían en cantidades suficientes para cubrir los costos operativos del hotel. Las repercusiones de la depresión económica mundial del 1929 se vieron exacerbadas por el fin de la prohibición del alcohol en Estados Unidos en el 1933 y por el fin de la prohibición de los juegos de azar en México en el 1935. Así, quedaron eliminadas las principales fuentes que atraían clientela estadounidense al hotel, que cerró sus puertas en el 1938. A su cierre, se presentó un gran número de demandas contra el hotel por deudas pendientes. El consiguiente periodo de nacionalización de propiedades extranjeras en México, unido a la Segunda Guerra Mundial, llevaron al famoso hotel a la penumbra; casi totalmente olvidado en los Estados Unidos, sus salones y habitaciones vacías se llenaban de arena de playa. Durante la guerra, el hotel fue ocupado brevemente como centro de mando de las fuerzas militares mexicanas del Pacífico. El edificio fue restaurado a finales de la década del 1940 y presenció algunos de los más destacados acontecimientos sociales de Ensenada durante los años cincuenta. Sin embargo, volvió a caer en la desgracia cuando un conflicto entre sus propietarios estadounidenses resultó en el abandono de la propiedad y en su posterior expropiación por bancos mexicanos.

El hotel no volvió a ser restaurado hasta los años ochenta, esta vez como Centro Social, Cívico y Cultural de Ensenada. En mayo del 2000, fue designado Patrimonio Histórico de Baja California por las Naciones Unidas. La ironía es que el edificio considerado como la principal estructura histórica de Ensenada fue construido por estadounidenses para estadounidenses. Su declive se debió igualmente a factores en los Estados Unidos—la depresión económica y el fin de la prohibición. Este Patrimonio Histórico de Baja California es un artefacto estadounidense.

Conclusiones

La era de la prohibición, en la década del 1920, ilustró algunas de las más notables características de la región de Baja California: su dependencia de la economía estadounidense y su susceptibilidad a los booms y recaídas ésta. Tal relación condujo a la conocida cita: "Cuando Estados Unidos estornuda, México se resfría." La era de la prohibición dio lugar a un enorme crecimiento de recursos para la región, y aunque los empresarios estadounidenses que los manejaban ingresaron la mayor parte de las ganancias, los impuestos, las tasas y los sobornos produjeron la suficiente riqueza adicional para hacer que el gobierno federal de la región permaneciera financieramente independiente del gobierno central. Las riquezas que el alcohol, los juegos de azar, la prostitución y el contrabando trajeron a la región, hicieron millonario al gobernador militar Abelardo Rodríguez, permitiéndole así adquirir una serie de empresas en la región. Dichas empresas establecieron algunas de las principales nuevas industrias, en particular la pesca, que alcanzó su mayor auge en la siguiente década.

Samaniego (1999b, p. 592) observa que a pesar del autoritarismo de Rodríguez, éste no impuso a individuos de fuera de la población, sino que se aprovechó de las circunstancias y se convirtió en uno de los padrinos de la burguesía local. Aunque Rodríguez eliminó muchos de los patrones de conducta del pasado, no eliminó el carácter liberal de la población, ni sus persistentes deseos de ser gobernados por un habitante de la region (paráfrasis de Samaniego 1999b, p. 594). Los planes de modernización y capitalización del gobierno central tomaron en cuenta las diferencias regionales y las tendencias liberales de Baja California y otros estados fronterizos norteños. La imposición por parte del poder central en Baja California fue menor que en otras regiones. En el caso de Ensenada, la libertad con la que actuaba Rodríguez le permitió usar sus recursos para estimular el crecimiento económico regional El análisis de Samaniego (1999b, p. 593, paráfrasis) muestra que las actividades empresariales del gobernador Rodríguez, quedaban perfectamente integradas dentro de la definición de revolucionario-capitalista. Samaniego (1999b, p. 593, paráfrasis) señala que el estado no luchó contra la burguesía, al contrario, la fomentó y la apoyó para contribuir al crecimiento de la economía de Ensenada. Al enfocar sus actividades desde el ángulo de la exportación, consiguió subir los salarios de la región, constituyendo así lo que algunos economistas mexicanos han venido a denominar como "capitalismo humano." El capital extranjero fue bien recibido tanto por los ensenadenses como por las estructuras centrales de poder, un componente esencial en el desarrollo de la región. Los ensenadenses ya estaban muy acostumbrados a tratar con extranjeros, siendo muchos de ellos mismos inmigrantes o descendientes de inmigrantes recientes. Esta realidad social hizo posible el contacto continuo con inversores extranjeros y contribuyó al desarrollo dinámico de Ensenada y de la región.

Notas

1 Material de esta sección principalmente obtenido de Samaniego (1993).

2 Material de esta sección principalmente obtenido de Gómez (2002) y Samaniego 1999b).

3 Esta sección desarrollada a partir de las investigaciones de Tatsuya Murakami y Kiyoko Nishikawa Aceves. Las fuentes primarias incluyen Ota (1982), Estes (1977, 1999), y Nishikawa (1998, 2002, 2003).

4 Material de esta sección obtenido de Samaniego (1993).

5 Material principalmente obtenido de Samaniego (1999b).

6 Materiales de esta sección tomados de un trabajo de investigación de Tatsuya Murakami. Las fuentes principales son Calderón y Aguilar (1999) y Cortés (1993).

7 Materiales de esta sección principalmente tomados de Bonifaz de Novelo (1992).

CAPÍTULO 6

LA GRAN DEPRESIÓN Y LA SEGUNDA GUERRA MUNDIAL EN BAJA CALIFORNIA

La gestión del General Abelardo L. Rodríguez en los años veinte dio gran impulso al desarrollo de la economía en Baja California. En este período se estableció la independencia económica de las funciones del gobierno local del gobierno federal, lo cual fomentó el desarrollo de una economía regional a través de la creación de numerosas áreas de empleo. Además, el otorgamiento de créditos agrícolas para el desarrollo de fincas y la fundación del Banco Agrícola Peninsular contribuyeron a aumentar la colonización del Valle de Mexicali por ciudadanos mexicanos. También se fortaleció la mano de obra mexicana, debido al recorte de actividades que podían ser realizadas por trabajadores extranjeros y al establecimiento tanto de salarios mínimos como del tope obligatorio de días laborales. Los trabajadores también recibieron apoyo a través de la creación de cooperativas, lo cual incrementó sus posibilidades de obtener capital y control sobre éstas. Pero quizá el legado más perdurable de Rodríguez a la economía de Ensenada fue la adquisición y ampliación de las plantas de procesamiento de pescado, las cuales llegaron a dominar el desarrollo económico de la década de 1930.

En esa década, el movimiento de reforma agraria promovido por el Presidente Cárdenas impulsó importantes transformaciones que atrajeron a algunos colonos del interior de la república a adquirir tierras agrícolas en Baja California. Como medida alternativa, los inmigrantes chinos y los nuevos inmigrantes japoneses que fueron desplazados de tales tierras, hicieron uso de su capital y asociaciones para ampliar su posición en la economía mediante el desarrollo de una gran gama de negocios. Esto trajo como resultado el papel clave que tuvieron los japoneses en la expansión y modernización de las empresas pesqueras, particularmente aquellas que eran propiedad de Rodríguez.

La década de 1930 fue la era del establecimiento del corporativismo del estado en México; el Partido Nacional Revolucionario (PNR) se convirtió en el partido hegemónico, con el presidente mexicano como gobernante supremo tanto del partido como del estado. Este sistema de relaciones verticales le dio al presidente un extraordinario poder de designación, e incluso el control sobre los poderes legislativo y judicial. Mientras el Presidente Cárdenas consolidaba este sistema, las prácticas democráticas de Ensenada fueron puestas en espera. El estatus de la región como territorio limitaba sus derechos políticos, colocándolos incluso por debajo de los de otros municipios de distintos estados del país. Esta centralización del sistema federal significaba también la eliminación de las elecciones locales, concediéndole así un mayor control local a la Cámara de Comercio, la cual amplió sus funciones para actuar como un gobierno local de facto.

Dadas estas circunstancias, fueron principalmente algunos factores externos los que en última instancia estimularon el crecimiento de Ensenada y Baja California. Ejemplo de esto es el inmenso efecto que tuvo la Segunda Guerra Mundial sobre la población y economía regional, impulsando el desarrollo del territorio de Baja California al tal grado, que éste logró reunir las credenciales necesarias para ser considerado Estado. Las preocupaciones surgidas durante la guerra y el planteamiento de una estrategia defensiva, estimularon el desarrollo de la infraestructura regional, ejemplificado en la conclusión de los trabajos de la línea férrea que conectaría a Baja California con Sonora y en la construcción de la carretera transpeninsular. Los efectos de la Segunda Guerra Mundial atrajeron a algunos mexicanos desde el interior del país hacia las zonas fronterizas con la esperanza de participar en el programa de braceros de Estados Unidos, a través del cual se pretendía que los trabajadores agrícolas mexicanos cubrieran las necesidades laborales ocasionadas por el reclutamiento militar obligatorio de aquel país. Los sucesos militares en California también tuvieron impacto en las zonas fronterizas, ya que el personal militar estacionado en esa zona forzó la reapertura de las industrias del vicio en México, particularmente en las actividades relacionadas con la prostitución.

La gran depresión y la transformación económica[1]

En contraste con el estímulo en el flujo de visitantes y de capital hacia la región propiciados por la Prohibición, otras áreas de crecimiento económico permanecieron rezagadas. Así, un alto número de industrias de la región entraron en decadencia antes del final de esta era. Para enfrentar la grave crisis económica que sufrió Ensenada en 1927, se solicitó al gobierno federal, con éxito, la reducción de un 25% en los impuestos de la industria y el comercio, con el fin de estimular la economía. La Gran Depresión de los Estados Unidos, iniciada en1929, tuvo un mayor impacto en las zonas fronterizas, ya que redujo la actividad de los estadounidenses en la región, dejando en evidencia la dependencia de las economías fronterizas de la situación en los Estados Unidos. Baja California y otros estados fronterizos estaban recibiendo a un gran número de mexicanos y méxico-americanos que había sido objeto de repatriación forzosa. Una cantidad calculada entre 300,000 y medio millón de repatriados provenían de California, por lo que algunos se establecieron en Baja California. Las regiones agrícolas de Ensenada, particularmente Maneadero y Ejido Chapultepec, fungieron como zonas receptoras de los expulsados. Algunas de estas personas habían sido trabajadores agrícolas que a su regreso trajeron consigo una serie de habilidades adquiridas durante su trabajo en los Estados Unidos, mismas que al ser aplicadas revitalizaron la industria en Baja California.

Uno de los efectos de la Depresión fue la disminución de la imagen "sucia" de Baja California y del resto de los estados fronterizos mexicanos. El fin de la era de la Prohibición en los Estados Unidos, que a su vez redujo la demanda de servicios y productos mexicanos, dio pie al debilitamiento de las industrias del vicio. Esto también representó el logro tardío del gobierno nacional de México en la prohibición de tales vicios. El decreto lanzado por el Presidente Lázaro Cárdenas prohibiendo los juegos de apuestas en 1935 dio fin a la era del entretenimiento fronterizo, lo cual comprometió aún más la situación económica de Baja California. Por otro lado, con el fin de crear una imagen alterna a la de "sucia" que adquirió la zona a causa de su especialización en los negocios del vicio, en Baja California se propusieron a enfatizar otro aspecto de su perfil turístico: la belleza natural de la región.

La zona libre

Debido a que la situación económica de la frontera empeoró en la década de los 1930, las organizaciones empresariales de las áreas del norte de México solicitaron al gobierno nacional algunas formas de desahogo económico. En respuesta, en agosto de 1933, las ciudades de Mexicali, Tijuana y Ensenada fueron las primeras beneficiadas del experimento de la "zona libre". La Ley de Perímetros Libres decretada por el Presidente Rodríguez fue diseñada para promover el desarrollo económico de la frontera y permitía a Tijuana y Ensenada la importación de mercancía libre de gravamen proveniente de Estados Unidos. El propósito de la apertura de las zonas libres era el de estimular el desarrollo industrial, particularmente la tecnificación agrícola, así como el de promover a las ciudades de Tijuana y Ensenada como entidades comerciales.

Sin embargo, las disposiciones de la zona libre no empezaron a surtir efecto en la economía de Ensenada sino hasta1936. El retraso en su implementación se debió a la falta de un cercado que demarcara los límites de la zona libre tarifaria, cuya construcción previamente estipulada se concretó después en manos de los militares. Para cumplir este objetivo, los residentes locales colectaron la mitad de los fondos necesarios para adquirir los materiales y la otra mitad fue proporcionada por el gobierno. Si bien es cierto que algunos negocios locales, como el molino de trigo, sufrieron a causa de los privilegios de la zona libre, también es verdad que ésta supuso evidentes ventajas, ya que su implementación ayudó a resolver serios problemas económicos y dio lugar a un sólido progreso en toda la región (Bonifaz,1982b, p. 260).

Durante la presidencia de Cárdenas, se promulgó su Plan Pro-Territorios Federales, conforme al cual, a partir de 1935, el estatus de la zona se extendía a las áreas de Mexicali y Tecate, y al resto de Baja California en 1939. La apertura de estas zonas tenía el propósito de activar las economías fronterizas y realzar el atractivo de las estas áreas como destinos de migración mexicana. La exención del pago de impuestos de esta región permitió la importación de materias primas, gracias a lo cual se produjo un clima económico distintivo de Baja California y del resto de las áreas fronterizas. Taylor (2000, p. 65, paráfrasis) señala que el principal logro de las zonas francas consiste en aumentar el número y diversidad de establecimientos comerciales en general, en esa región. Frente a estos cambios, los agricultores locales se vieron mayormente afectados por la competencia de productos alimenticios provenientes de los Estados Unidos; sin embargo, en términos generales se puede afirmar que con excepción de este sector productivo, todos los demás parecieron resultar beneficiados.

La evidente vinculación de las economías mexicana y estadounidense volvió a manifestarse cuando, a causa de la Gran Depresión estadounidense, un alto número de negocios mexicanos se enfrentaron al fracaso, especialmente aquellos que dependían de las exportaciones hacia los Estados Unidos. En consecuencia, el Presidente Cárdenas alentó acciones específicas por parte del gobierno federal que tenían como objetivo estimular el desarrollo económico de las verdaderamente aisladas áreas fronterizas. Parte de estas acciones fue la reestructuración de la banca el gobierno mexicano para facilitar créditos que serían utilizados a favor del impulso de la industria interna y, en el Valle de Mexicali, principalmente para el desarrollo de la industria agrícola.

El plan de Cárdenas para la integración nacional de Baja California, descrito en el Plan de Territorios Federales, fue iniciado en 1940, hacia el final de su gestión, y continuó siendo implementado en la siguiente década. El propósito de dicho plan fue la apertura de las áreas fronterizas a través de la construcción de caminos y vías férreas, así como la habilitación del acceso a la economía de Estados Unidos conforme a las ya establecidas zonas libres de impuestos. Entre los planes más importantes para Baja California se encontraban la construcción de una carretera que condujera desde Ensenada hasta San Felipe por el Golfo de California y la vía férrea que conectara a Mexicali con Puerto Peñasco. La pieza central de este proyecto fue la construcción de la vía Sonora-Baja California, aunque ésa no se concluyó sino hasta 1947. Además de lo anterior, el Presidente Cárdenas promovió la formación y empoderamiento de los sindicatos, los cuales tuvieron un gran impacto sobre el desarrollo regional. Frente a todos esos avances, podría quizás afirmarse que el efecto inmediato más significativo en la región lo constituyó el movimiento de reforma agraria.

Asalto a las tierras: El movimiento de reforma agraria

Otro aspecto importante del plan de desarrollo implementado por Cárdenas fue el impulso al poblamiento de la región de Baja California por inmigrantes de otras partes de México. Una de las estrategias principales fue la de ofrecer tierras para la agricultura, lo cual pudo ser posible gracias al fin del control de los terrenos en Mexicali a manos de la Colorado River Land Company (CRLC). Con la redistribución de esas tierras, se atrajo a un sustancial número de inmigrantes, lo cual se reflejó en el crecimiento poblacional en Baja California de 48,000 habitantes en 1930, a 79,000 en 1940.

Las primeras acciones en la distribución del uso de tierras mexicanas por parte de los nacionales fueron parte del movimiento agrario independiente conocido como "Asalto a las Tierras", una ocupación a las tierras en manos de la CRLC ocurrida en enero de 1937. Los líderes de los primeros ocupantes, quienes fueron desalojados y arrestados en el transcurso de los siguientes días, fueron enviados a la Ciudad de México para una consulta con el Presidente Cárdenas y en consecuencia, se armó posteriormente una comisión cuyo propósito era el de atender las solicitudes de tierra. En los siguientes meses, 100,000 hectáreas de tierra fueron distribuidas, lo cual constituía un logro tardío del llamado por la tierra que inspiró a la Revolución Mexicana. Desafortunadamente, el despojo a las tierras de la CRLC significó a su vez que los arrendatarios mexicanos que se encontraban cultivando esas parcelas también perdieran sus bienes. No obstante, un gran número de ellos fueron relocalizados en los nuevos ejidos (tierras de propiedad comunal) que se habían desarrollado en otras partes de ese valle.

El proceso mediante el cual se realizó la distribución de tierras había causado un verdadero impacto en la economía, particularmente en el sector comercial, el cual se vio estimulado por el incremento en la demanda de mercancías. Dicha distribución continuó por casi una década más, atrayendo a decenas de miles de nuevos inmigrantes a la región. Así, en 1946, el gobierno mexicano adquirió los bienes que quedaban en manos de la CRLC. Estas tierras fueron adjudicadas mediante la gestión de la Compañía Mexicana de Terrenos del Río Colorado, agencia gubernamental federal encargada de la venta de parcelas a agricultores mexicanos, quienes se vieron en condiciones de adquirirlas gracias a los créditos y préstamos que recibieron por parte del Banco Nacional de Crédito Rural.

Los mexicanos que habían participado en el Asalto a las Tierras y tomaron posesión de las tierras agrícolas del Valle de Mexicali, recibieron beneficios adicionales producto del gran progreso que se había logrado anteriormente a manos de los trabajadores chinos y japoneses. Además de los canales de riego, los bordos, una presa y caminos, se contaba con un amplio desarrollo de los campos generado durante los treinta años de actividad agrícola previa. No obstante, la explotación efectiva de los campos requería de entrenamiento y del desarrollo de infraestructura. Con base en esa necesidad, el gobernador y Teniente Rodolfo Sánchez Taboada, quien asumiera el cargo en 1937, participó activamente en el desarrollo de infraestructura en los siguientes 7 años, lo cual facilitó la explotación efectiva de las tierras agrícolas. El nuevo gobernador creó brigadas culturales que orientaron a los agricultores en los trabajos necesarios bajo las peculiares condiciones del valle. Esta capacitación intelectual fue vital en el éxito de su adaptación a las condiciones extremas de la región de Mexicali y en el ajuste de las actividades agrícolas al ambiente local.

Una particularidad de estas brigadas culturales la constituían los profesores que fueron contratados para impartir clases en las nuevas escuelas de los ejidos. Éstos se convirtieron en líderes comunitarios en cada uno de esos ejidos, ya que además de sus trabajos matutinos en los que atendían a los miles de jóvenes que habían llegado con sus padres, también organizaban clases nocturnas en las que se orientaba a los agricultores con respecto a la región y a sus responsabilidades como ejidatarios.

Ciertamente, el progreso de todos los estados fronterizos durante la gestión del Presidente Cárdenas tuvo implicaciones de largo alcance, con programas que cumplieron con el espíritu de la Revolución Mexicana al otorgar la tierra proveniente de los grandes terratenientes, particularmente la que se encontraba en manos de extranjeros, a agricultores mexicanos. Gracias a los programas de repatriación implementados por Cárdenas, un alto porcentaje de los miles de mexicanos y méxico-americanos que durante la Depresión fueron expulsados hacia el lado mexicano de la frontera, por parte del gobierno de los Estados Unidos, lograron incorporarse a ejidos, incluyendo a los de los municipios de Tijuana y Ensenada. La era de Cárdenas causó un impacto profundo y duradero en la economía mexicana, debido a la nacionalización de varios recursos, entre los que se encontraban los pozos petroleros y las vías ferroviarias, así como a la remoción del control de recursos vitales que se encontraban en manos de intereses extranjeros. Sin duda alguna, el desarrollo agrícola iniciado por reforma agraria tuvo importantes repercusiones en la economía regional en los 1940.

No obstante, las implicaciones de esta reforma fueron diferentes en Ensenada. De los numerosos ejidos que se estaban desarrollando, fueron pocos los que evolucionaron exitosamente. La falta de acceso al agua era una gran limitante, lo mismo que el hecho de que los habitantes de la región no estaba acostumbrados a los patrones de trabajo que implicaba la organización ejidal. En las áreas aledañas a la ciudad, la reforma en la tenencia de la tierra benefició principalmente a las personas poderosas que lograron acaparar grandes extensiones de tierra a través de otros miembros de su familia. Esto fue facilitado dado que en 1932, el General Alberado L. Rodríguez había sido designado presidente de México por el autócrata Plutarco Elías Calles, después de que el presidente en funciones, Pascual Ortiz Rubio, dimitiera a causa del descontento causado por el constante control ejercido por el ex Presidente Calles.

A causa de esta anomalía constitucional, Abelardo L. Rodríguez aceptó el cargo de presidente interino de México. Rodríguez introdujo entonces una legislación a favor de la propiedad privada a través de la Ley del Patrimonio Ejidal Familiar, mediante la cual se autorizaba la posesión de enormes ranchos ganaderos y el uso de tierras nacionales en beneficio de unos cuantos individuos. Algunos ganaderos de la región de Ensenada, incluyendo a los del rancho Ventura Ensenada Land Company y al estadounidense Charles Carr lograron, con la participación del ejército mexicano, desalojar y encarcelar a los demandantes de tierra que habían invadido sus propiedades. Con base en estos hechos, Rodríguez en efecto anuló los contratos de algunas de las más importantes compañías estadounidenses, sin embargo, lejos de redistribuir las tierras entre los más humildes, éstas pasaron a manos de la familia Rodríguez y de sus socios políticos y comerciales. Los cambios político-económicos que habían sacudido a México, tuvieron una vez más muy distintas implicaciones en el área de Ensenada: en lugar de otorgar las tierras entre campesinos y población más humilde, la "reforma" permitió una mayor concentración de riqueza entre los más acaudalados. Samaniego (1999c, p. 680, paráfrasis) senala que sin lugar a dudas, hubo transformaciones importantes durante este período, pero el sistema capitalista permaneció intacto. Frente a ese evolución de eventos, se puede afirmar que la mayoría de los planes de desarrollo formulados en el centro del país nunca fueron eficientemente implementados en la región de Ensenada.

Desarrollo de la fuerza laboral

Cárdenas también intervino a favor de los intereses de los trabajadores y facilitó el establecimiento de la Confederación de Trabajadores Mexicanos (CTM), un sindicato central de trabajadores. Sus objetivos, sin embargo, fueron más bien percibidos como un esfuerzo de desestabilizar a los sindicatos de trabajadores existentes, particularmente a la Confederación Regional de Obreros Mexicanos (CROM), cuyos líderes se habían negado inicialmente a integrarse al estado corporativista.

En la década de los 1930, los trabajadores mexicanos se organizaron e interpusieron algunas demandas contra los negocios que contrataron a extranjeros en lugar de mexicanos, o que habían violado las regulaciones de horarios y pago de salarios establecidos por la Ley Federal del Trabajo. La Ley General de Sociedades Cooperativas de 1938, facilitó el desarrollo de las cooperativas de trabajadores cuyos propósitos eran la producción de mercancías y la adquisición de productos básicos para ser distribuidos entre sus miembros. En 1934, se formó la Liga Nacionalista Mexicana del Territorio Norte con el fin de posicionar a los trabajadores mexicanos como empresarios; con esta idea, abrieron un almacén que surtía a una pequeña cadena de negocios localizada en los asentamientos de la región. De manera explícita, sin embargo, su principal objetivo era la remoción de los trabajadores extranjeros, especialmente los chinos, de las actividades comerciales.

Empoderamiento de la fuerza laboral y movimientos de exclusión[2]

El Registro Público de la Propiedad y Comercio a principios de la década de 1930, mostraba que la comunidad china había establecido más negocios que los mexicanos en Ensenada. La implementación temprana de los movimientos nacionalistas de reforma agraria por parte de Cantú, que obligó a los agricultores chinos a salir del Valle de Mexicali, condujo a estos inmigrantes a dar un giro a su actividad productiva hacia la creación de pequeños comercios. Para 1930, las numerosas granjas de chinos que proliferaron en 1920, habían desaparecido. Una alta cantidad de los que llegaron a la región de Mexicali se reubicaron en Ensenada, donde la comunidad china llevaba largo tiempo de haberse establecido en el sector comercial. Su desplazamiento de la agricultura y readaptación en la nueva actividad productiva, llevó a los chinos a convertirse en los más poderosos empresarios de la región.

Aunque algunos chinos pasaron a formar parte del sector comercial más importante del norte de México, la mayoría de ellos eran propietarios de pequeños negocios que se colocaron a la vanguardia de una nueva clase socioeconómica de las regiones fronterizas.

También fueron capaces de utilizar sus conexiones con China y con la comunidad china de Estados Unidos para lograr la importación de grandes cantidades de mercancías lo que les permitía competir con importantes compañías estadounidenses; así, llegaron a tener los negocios más importantes de la región. Los mayoristas chinos propiciaron la expansión de los pequeños comercios chinos al extenderles créditos para abrir sus propias tiendas y negocios, los cuales se establecieron en áreas donde no tuvieran que enfrentar la competencia de las grandes compañías mexicanas y estadounidenses. Otra estrategia que les permitió fortalecer su poder económico y reducir su dependencia de la economía externa, fue la de importar o producir los productos necesarios para su propio consumo.

Los negocios chinos que se establecieron en Mexicali, Tijuana y Ensenada se diversificaron en distintas áreas, por ejemplo, en las tiendas de menudeo donde se vendían ropa, calzado, misceláneos y herramientas; en el área de servicios donde desarrollaron establecimientos para los juegos de apuestas, bares, hoteles, restaurantes, carpintería y mecánica; así como en pequeñas fábricas en las que se producían calzado, monturas, ropa, cigarros y panaderías. Estos negocios incrementaron sus recursos económicos y los potencializaron a través del poder de sus asociaciones, lo cual les permitió construir hoteles, hospitales, teatros y escuelas, así como establecer agencias de importación y bancos y de construir en Mexicali la que en ese tiempo fue considerada como una de las plantas procesadoras de algodón más grandes del mundo. En estas empresas se emplearon exclusivamente trabajadores chinos, hasta que la legislación laboral impuso una cuota obligatoria en la contratación de trabajadores mexicanos. Los chinos encontraron la manera de evadir estas restricciones, creando sociedades limitadas en las cuales los "empleados" llegaron a ser copropietarios. Cuando la opresión en contra de los establecimientos comerciales chinos alcanzó niveles peligrosos, éstos incurrieron en la modalidad del vendedor ambulante que acercaba la mercancía directamente al consumidor.

Pese a que Ensenada no formó parte del sentir nacionalista anti-chino que se mostró más álgidamente en los 1920 y los 1930, la población del lugar empezó a lanzar ataques tardíos sobre la comunidad una década después, de 1934 a 1935. En estos años, el Gobernador Olachea respondió favorablemente a los mensajes racistas emitidos por los sindicatos mexicanos; por consiguiente, se dispararon ataques en contra de los negocios chinos en Ensenada. Los boicots se dirigieron en contra de los vendedores mayoristas chinos, Yun Kui y Asociados y Chan y Asociados, los cuales proveían a veinticinco negocios chinos y asiáticos del área, tales como panaderías, molinos, restaurantes, lavanderías, barberías; así como proveedores de agua, madera y productos alimenticios. Los Guardias Verdes que se habían organizado en Sonora para impedir la entrada de clientela a los negocios chinos, también se instituyeron en Ensenada. Siguiendo su estrategia, los ensenadenses bloquearon a los establecimientos chinos, asaltando tanto a propietarios como a clientes, determinados a forzar el quiebre de estos negocios. Con este fin, una turba de treinta personas arremetió en contra de los mayoristas chinos, forzándolos, bajo amenazas de muerte, a firmar contratos en los que se comprometían a la liquidación de sus negocios dentro de los siguientes tres meses. Por consiguiente, todos los negocios chinos de Ensenada permanecieron cerrados por varias semanas a principios de 1934, intimidados por el riesgo de recibir daños físicos, hasta que el gobierno de la China Nacionalista logró una intervención a su favor. Por aquel entonces, Baja California ostentaba el estatus de territorio nacional, no de estado, por lo cual estaba supeditada a gobiernos designados por la federación y a procesos gubernamentales nacionales. Así, para responder a las presiones ejercidas por parte del gobierno chino y asociaciones chinas, las autoridades federales ordenaron al territorio dar fin a las hostilidades en contra de la comunidad china de Ensenada. Sin embargo, lejos de ello, las agresiones persistieron, ahora en la aplicación de obscuras leyes sanitarias decretadas por oficiales de Ensenada y en la imposición de tarifas arbitrariamente altas a los negocios chinos. Una vez más, el gobierno federal se vio en la necesidad de intervenir para obligar al gobierno local al cese de esas restricciones opresoras.

En 1934, la Cámara de Comercio de Ensenada sucumbió nuevamente al sentimiento anti-asiático y discriminatorio que permeaba el área. La competitividad de los negociantes chinos se debía en parte a que mantenían sus tiendas abiertas desde muy temprano en la mañana hasta muy entrada la tarde. La cámara de comercio intentó sin éxito que la Delegación dictara leyes obligando a los negocios chinos a limitarse a un horario de trabajo más restringido. En esa ocasión, los derechos comerciales se impusieron a los sentimientos nacionalistas. En otro intento por eliminar a los negocios chinos, los dueños de los comercios locales mexicanos hicieron uso de la propaganda dirigida a fomentar sentimientos nacionalistas y xenofóbicos, y solicitaron a la cámara de comercio la expulsión de los miembros de origen chino. En respuesta, se convocó a una sesión extraordinaria en la que el presidente de la cámara, Zárate, celebró una audiencia pública sobre el asunto. Manuel Careaga, también miembro de la cámara denunció esta moción como ilegal, inmoral y caprichosa, expresión que llegó a ser el sentimiento de la mayoría en esa cámara. Si bien la minoría vencida en esta audiencia eventualmente renunció a la cámara para seguir con su prejuiciosa campaña, el racismo local no fue capaz de oprimir a la comunidad comercial china. Este resultado habla del carácter de la comunidad local, en la que los principios de libertad de operación capitalista fueron más importantes que los sentimientos nacionalistas o racistas.

Política y negocios en la Ensenada de los 1930[3]

Ensenada, igual que el resto de México, fue impactada por los cambios surgidos a nivel nacional durante la década de los 1930 –la reforma agraria, la nacionalización y la repatriación de mexicanos de Estados Unidos fueron factores significativos. Aunque quizás el cambio a largo plazo de mayor importancia fue el establecimiento del Partido Nacional Revolucionario (PNR), que llegó a ser la estructura vertical integradora del sistema político del país. Este partido político de reciente creación empezó a remplazar el poder de los líderes locales autócratas –los caudillos- con un sistema a través del cual el presidente de México designaba a los oficiales locales (ver Capítulo 7). La imposición de directrices desde niveles superiores afectó a Ensenada, donde la Cámara de Comercio había mantenido el control de la Delegación hasta que el Gobernador Agustín Olachea fue depuesto de su cargo en 1935. A partir de la llegada del General Gildardo Magaña Cerda a la gubernatura, los subsecuentes delegados de la era cardenista fueron seleccionados por el PNR. Estos cambios, sin embargo, ocurrieron principalmente en el área de Mexicali.

La salida del General Rodríguez de la gubernatura fue seguida por un desfile de gobernadores, algunos de los cuales estuvieron en el cargo por sólo unos meses. En consecuencia, los primeros años de la década de 1930 se vieron afectados por una inestabilidad que llevó al estancamiento del desarrollo de la región. Los posteriores líderes continuaron el patrón anterior establecido por militares recién llegados de otras partes del país, algunos de los cuales, por fortuna, ignoraron a Ensenada en sus intentos de apropiarse de fondos públicos para enriquecimiento personal. Desafortunadamente, este no fue el caso durante la breve gestión del Gobernador Arturo Bernal Navarrete en 1930, escandalosa a causa de saqueo que tanto él como sus asistentes llevaron a cabo, prácticamente vaciando las arcas gubernamentales. En consecuencia, los trabajadores del gobierno del territorio y del municipio se quedaron sin salario, los servicios públicos fueron suspendidos y el crédito bancario del gobierno, cancelado.

La llegada de Carlos Trejo y Lerdo de Tejada como Jefe Político en 1930 chocó inmediatamente con los intereses comerciales de Ensenada.

En principio, en la formación del comité local del PNR no se involucró al sector comercio, a causa de lo cual se produjeron conflictos con las estructuras de poder de Ensenada que perduraron la mayor parte de la década de 1930 (Samaniego 1993). La agenda del gobierno incluía el plan de "mexicanización" del Gobernador Lerdo de Tejada; éste contemplaba una serie de objetivos entre los cuales estuvo el fallido intento de hacer uso exclusivo de moneda mexicana. Otros aspectos del proceso de mexicanización se relacionaron con el reemplazo de los letreros públicos en calles, parques y otras instalaciones que estaban rotulados en inglés, por otros en español. Su sentimiento social nacionalista y el disgusto por un exceso de características estadounidenses circundantes, así como la tradicional colaboración entre los Estados Unidos y los habitantes de Baja California, motivaron en gran medida sus esfuerzos por generar cambio. El gobernador estaba particularmente preocupado por la dependencia de Baja California con el sur de California y el control del comercio de Ensenada a manos de un pequeño grupo de estadounidenses a quienes hacía responsable de la explotación de la región. De la misma manera, era particularmente crítico del desempeño del jefe de la Cámara de Comercio, David Zárate, a quien acusaba abiertamente de estar coludido con la mafia estadounidense.

No obstante los desacuerdos entre ellos, el Gobernador Lerdo de Tejada ratificó a Zárate para que éste continuara como delegado del gobierno. Esto fue resultado de la imposibilidad de Lerdo de Tejada para encontrar a una persona calificada que estuviera de acuerdo en reemplazar a Zárate, quien contaba con una gran popularidad en la región. El gobernador se encontró en un gran conflicto con la clase media y con los intereses comerciales; sus únicos aliados eran los del sector laboral, donde los sindicatos de la CROM operaban independientemente del partido gubernamental (PNR). Pero incluso los líderes de la CROM se pusieron del lado de los intereses comerciales en la petición hecha a Tejada para que éste redujera un 25% de los impuestos. Esta amplia oposición por parte de trabajadores, profesores, burócratas, diputados y, por supuesto, el comercio, llevó a la remoción de Lerdo de Tejada, enfrentado con los intereses comerciales como sus principales adversarios.

El Gobernador Lerdo de Tejada fue reemplazado por Agustín Olachea Avilés, quien sirvió en el cargo por cerca de cuatro años comprendidos de noviembre de 1931 a septiembre de 1935. Su administración se caracterizó por la cooperación entre el PNR y la Cámara de Comercio, cuyos miembros fungieron como delegados de gobierno, siendo Antonio Ortiz Ortega quien ocupó la posición de delegado de 1932 a 1935. La falta de elecciones dejó a la Cámara de Comercio como principal responsable del desarrollo del consenso y actividades locales. Sin un ayuntamiento municipal ni la participación efectiva del gobierno territorial en los asuntos locales, la cámara permaneció relativamente autónoma. La deficiencia de los concejales asignados dejó en manos de la Cámara de Comercio la responsabilidad del desarrollo y mantenimiento local, por ello y con el objetivo de dar mantenimiento a los caminos del municipio, solicitaron infructuosamente al gobierno el 2% de los impuestos de exportación e importación.

Por aquel entonces, la actividad turística de la zona había disminuido debido al fin de la era de la Prohibición estadounidense y al inicio de la Gran Depresión. Así, con el propósito de revitalizar esta actividad, la Cámara de Comercio se enfocó en la atracción de turistas. Una de las principales preocupaciones era la construcción de una carretera pavimentada de Tijuana hasta Ensenada, puesto que el camino de terracería era difícil y a veces intransitable. Este proyecto de construcción calculado en 4 millones de pesos, había sido iniciado durante la gestión de Rodríguez y suspendido por años a consecuencia de la falta de recursos. Para atraer a los turistas, la cámara había adquirido un terreno en Tijuana, en donde colocaría anuncios y letreros dirigiendo a la gente hacia el camino a Ensenada. Además, la cámara había solicitado reiteradamente al gobierno federal que eliminara la tarifa migratoria que se cobraba a los turistas que se dirigían a Ensenada (y no a Tijuana), aunque no tuvo éxito hasta 1935. Su campaña publicitaria incluyó 25,000 folletos impresos que fueron distribuidos en la Exposición Internacional de San Diego en 1935.

Ensenada logró mantener las actividades de su gobierno local a un nivel más bien autónomo. Samaniego (1993) afirma que desde mediados de 1932 hasta 1936 fue evidente que los antiguos residentes de Ensenada permanecieron a la cabeza de la delegación, y que todos ellos eran miembros de la Cámara de Comercio local. Es decir, que pese a que el traslado de los centros de poder de Ensenada a Mexicali redujo la importancia del puerto, confiriéndole un estatus secundario, este traslado no trajo consigo la imposición de jefes foráneos sobre la ciudad porteña, con excepción de Othón P. Blanco. Samaniego (1993, p. 62) hace hincapié en que sólo residentes y nativos estuvieron al frente, primero, del municipio y, posteriormente, de la delegación del gobierno de Ensenada;

esto contrastaba con lo sucedido en Tijuana, Mexicali y Tecate, donde en reiteradas ocasiones, se impusieron a personas que llegaban de otras partes del país, acompañando a los gobernadores designados por el Presidente de la República. Samaniego (1993) sugiere que estas actividades tempranas son congruentes con los "interesantes" procesos políticos que a ocurrirían en Baja California y México en la década de los 1990.

Trabajo, negocios y política

El Presidente Cárdenas designó al General Gabriel Gavira Castro como gobernador de Baja California en 1936 y en esta ocasión eligió como representante de Ensenada a un local, Juan Julio Dunn Legaspy, con quien se rompió la reciente tradición de nombrar únicamente a miembros de la Cámara de Comercio. Sin embargo, aunque no pertenecía a ese organismo, Dunn Legaspy tuvo la habilidad de ejercer gran influencia resultado de su gestión como Delegado de Gobierno y de su lealtad con los gobernadores designados. Durante sus ocho años de servicio iniciado en 1936, logró un avance sustancial en la infraestructura local, dado que recabó los fondos para la construcción de escuelas y una planta de agua para la ciudad y concluyó la construcción del Hospital Civil. Además de lo anterior, inició el desarrollo de ejidos, lo que le dio un papel central en la reforma agraria.

La gestión de Gavira como gobernador no duró mucho tiempo a causa de los conflictos laborales que éste heredó, surgidos en la región entre 1932 y 1933, y producto de las contiendas entre trabajadores de los sindicatos locales de trabajadores (CROM) y de las aspiraciones centralistas del PNR. La CROM se desligó del PNR, en un intento por mantenerse independiente de las nuevas estructuras. El PNR formó entonces un nuevo sindicato, la Unión de Marineros y Alijadores de Mar y Tierra, en un esfuerzo por restarle importancia a la CROM. Ésta, sin embargo, logró mantener el reconocimiento de la Secretaría de Hacienda y Crédito Público como sindicato legal en el puerto de Ensenada. No obstante, el PNR y el nuevo sindicato continuaron en su empeño por remover a la CROM de sus actividades portuarias, generando ataques en contra de éstos y de los locales de quienes recibían apoyo. A pesar del acuerdo consensuado de compartir trabajo e integrar a los sindicatos, logrado por mediación del gobernador en marzo de 1933, el PNR persistió en sus intentos por eliminar al sindicato de la CROM, ejecutando el plan de centralización lanzado por Calles. Los líderes de la CROM llevaron su caso a una instancia federal y continuaron su lucha contra el sindicato más pequeño, que recibía apoyo del presupuesto gubernamental controlado por el PNR. La CROM se las arregló para sobrevivir y continuó representando a los trabajadores en Ensenada, lo cual constituía un desafío directo a la centralización de poderes que estaban siendo impuestos en México. Así, a lo largo de la década de 1930, la CROM logró alcanzar importantes acuerdos de parte de los trabajadores locales y sus organizaciones. El gobierno federal no pudo imponer su control sobre este sector laboral ni sobre el manejo que éste le daba a los recursos económicos producidos por el puerto.

Siguiendo con sus acciones, los miembros de la CROM de Tijuana presionaron para lograr la dimisión del Gobernador Gavira; de la misma manera, continuaron expresando su deseo localista por un gobernador nativo del estado. Gavira por su parte, respondió desdeñosamente a los esfuerzos de dicha organización por establecer un movimiento pro-estatal en Baja California, lo que acrecentó la oposición a su presencia. Las protestas públicas organizadas por la CROM durante una visita del Secretario de Comunicación y Obras Públicas, dieron muestra de la incapacidad de Gavira, lo cual condujo a su destitución y reemplazo en agosto del mismo año (1936) por Rafael Navarro Cortina, quien se dio a la tarea de tranquilizar a los miembros de la CROM. La afiliación a la CROM se vio estimulada por haber logrado la destitución de Gavira, lo cual fue considerado como un triunfo. La CROM propuso entonces al Presidente Cárdenas que les hiciera entrega de su nominación para gobernador y que permitiera que los propios sindicatos designaran autoridades gubernamentales subordinadas con derechos para remover al gobernador designado por el presidente.

Hechos como los descritos, muestran en parte que la resistencia a la imposición del estado corporativo era un sentir generalizado en Baja California, no solamente por parte de las organizaciones laborales independientes, sino también por parte del sector empresarial y de los rancheros que se oponían al movimiento agrario. El creciente poder del estado corporativo desplazó a los negocios e intereses comerciales locales de Ensenada, igual que sucedió a lo largo de México. Sin embargo, el sistema de estado corporativista y la imposición del PNR como el único partido político con acceso a las estructuras de poder, no era compatible con las estructuras y personalidades de Baja California, especialmente las de Ensenada, que continuó expresando oposición directa al corporativismo y a la imposición del poder federal a nivel regional. El PNR denunció a los miembros de la Cámara de Comercio como enemigos de la revolución, afirmando que ignoraban las necesidades de los campesinos. No obstante, estas críticas no surtieron efecto, a causa de que en esta región, virtualmente no existía una comunidad agrícola, dado que los ranchos eran administrados como empresas familiares. Los escasos ranchos que contrataban a jornaleros pagaban un salario varias veces mayor que el que se pagaba a trabajadores con obligaciones similares en otras partes de México. Ensenada, pues, no contaba con una clase proletaria, sino con una burguesía.

Mientras estuvo a cargo de la presidencia, Cárdenas apoyó y toleró varias huelgas que pretendían lograr una integración entre los sindicatos y el PNR. Cárdenas logró desacreditar y expulsar al líder de la CROM, Luis Napoleón Morones, junto con el ex Presidente Calles. También durante su gestión, se produjo una escisión dentro de la CROM que condujo a la formación de tres organizaciones. "No obstante, los CROMistas bajacalifornianos, y en este caso los de Ensenada, permanecieron firmes en su lucha en contra de la organización del sector laboral del PNR. ¿Cómo y por qué mantuvieron esa abierta confrontación con la CTM? Básicamente porque los trabajadores del puerto se habían opuesto a los intentos del Partido Nacional Revolucionario por controlar las actividades existentes, particularmente las de carga y descarga, que tenían una importancia especial en Ensenada, tanto por los salarios que se obtenían, como por su relación a la economía del puerto" (Samaniego 1999c, p. 649, retraducido de inglés sin consultar con el texto original).

En este contexto, tanto la Cámara de Comercio como el delegado del PNR, Legaspy, apoyaron la posición de la CROM: representantes del sector laboral, comercio y gobierno local unidos contra de la intervención federal gubernamental. La Cámara de Comercio y las agencias de importación locales incluso apoyaron a la CROM con la renta de un tren que los ayudara en sus trabajos de descarga de barcos. Las condiciones de los contratos especificaban algunas limitaciones (prohibiciones sobre el subalquiler del tren) en donde se indicaba que su uso tenía el propósito expreso de ayudar a la CROM a resistir las incursiones del poder federal y su sindicato. Esto significó una confrontación directa cuando el sindicato de la CROM se rehusó a permitir que el sindicato del Partido Nacional Revolucionario, la CTM (Confederación de Trabajadores Mexicanos) hiciera uso de dicho tren, señalando las estipulaciones en su contrato de renta. En los subsiguientes litigios, la CROM mantuvo el control de las actividades portuarias, y los trabajadores de la CTM recibieron órdenes de integrarse al sindicato más numeroso de la CROM, a lo cual se negaron; en lugar de ello, levantaron una demanda por salarios caídos. Los pleitos con la CTM siguieron por varios años, hasta que fueron llevados a instancias de la Suprema Corte, donde la demanda fue resuelta a favor de la CROM. La CROM pudo resistir la injerencia del sindicato intruso no sólo por su propia presencia histórica, sino también gracias al apoyo del sector comercial, representado por la Cámara de Comercio.

Con la designación en 1937 del Teniente Coronel Rodolfo Sánchez Taboada, quien fungió como gobernador por 7 años, la continuidad política regresó a la región. Su liderazgo fue crucial para el establecimiento de la reforma agraria y la adaptación de los nuevos trabajadores a la región. Sánchez Taboada fue una pieza clave en el apoyo e implementación del Movimiento de Reforma Agraria de Cárdenas, dado que atrajo a nuevos habitantes a la región, personas con aspiraciones, visión y frecuentemente con habilidades técnicas, especialmente presentes en los mexicanos repatriados de los Estados Unidos. Su dinamismo e ideas contribuyeron al desarrollo de la comunidad y de la región.

Los bajacalifornianos realizaron esfuerzos continuos para mantener la autonomía local, resistiendo la imposición del corporativismo y su sistema unipartidista, y manifestando su inconformidad con éste durante la campaña presidencial de 1940. El PNR había sido renombrado Partido de la Revolución Mexicana (PRM) y su candidato oficial, Manuel Ávila Camacho, se enfrentó a un grupo disidente, el Partido Revolucionario de Unificación Nacional. Este partido estaba liderado por un cacique millonario de Monterrey, general Juan Andrew Almazán. Sus simpatizantes en Baja California incluían al sindicato del PRM, la CTM, especialmente a aquellos miembros del PRM que habían irrumpido la convención regional del PRM en Mexicali. Los líderes de este partido fueron acusados de permitir a los seguidores de Almazán apoderarse del control de la campaña y de destruir su propaganda. En consecuencia, se produjo un estallido de violencia entre los seguidores de ambos grupos y funcionarios electorales acusaron al PRM de cometer fraude y de llevar a cabo escandalosas irregularidades en torno a las elecciones. Ni bien se había completado el primer gobierno transicional del sistema corporativo implementado por Cárdenas para integrar partido y estado, cuando Baja California estaba ya manifestando su resistencia a éste, aun cuando fuera sólo por parte de algunos líderes del PRM.

Expansión de la industria pesquera

Los pescadores extranjeros fueron los primeros en explotar extensivamente los recursos marinos de Baja California. A la pesca de ballenas en los 1850 por parte de estadounidenses, rusos e ingleses, le siguió la cosecha de abulón por parte de los chinos en los 1860. Posteriormente, a inicios del Siglo XX, a la pesca y empaque se integraron los japoneses y alemanes. Los mexicanos empezaron a desarrollar la industria pesquera por los 1920. Cuando Abelardo L. Rodríguez llegó a Baja California en 1923, esta industria se encontraba principalmente en manos de compañías estadounidenses y japonesas, aunque los procesos de operación y ventas se realizaban principalmente fuera de México. Rodríguez aprovechó esta oportunidad de explotar y controlar la industria pesquera, creando la industria empacadora de pescado en el poblado El Sauzal, localizado en las afueras hacia el norte de Ensenada. En 1933, durante su gestión como presidente, sentó las bases para las regulaciones federales de la industria pesquera en México. Rodríguez era además propietario de algunas plantas procesadoras de pescado, de una flota atunera y de la Pesquera del Pacífico, la cual era la mayor planta empacadora de pescado en México de ese tiempo. El comercio de Ensenada empezó a crecer, particularmente con el establecimiento de la Industrial de Ensenada de Luis Salazar en 1933, la cual estaba orientada al mercado internacional. En ese tiempo, también se lograron avances significativos en la industria mexicana de mariscos especialmente los relacionados con la exportación de sardina y macarela enlatada (Prieto 1999, Samaniego 1999a). La visita del Secretario Nacional de Economía en 1936, Efraín Buenrostro, tuvo el efecto de proveer mecanismos que facilitaron el establecimiento de industrias relacionadas con la pesca. Rodríguez estableció excepcionales relaciones con el sector laboral, construyendo casas habitación para los trabajadores de la planta y destinando el 50% de las utilidades de la planta para su distribución entre los empleados (Bonifaz de Hernández 1982b, p. 260).

Abelardo L. Rodríguez no fue el único político que tuvo participación en la industria pesquera. El ex Gobernador Luis Salazar también había establecido una planta empacadora de pescado, para lo cual se alió con un grupo de pescadores que se oponían a la continua presencia de extranjeros en aguas mexicanas. La situación llegó a ser complicada para los mexicanos a causa de la prolongada práctica de tener una casa aduanera en la marina de San Diego, bajo el razonamiento de que era más fácil realizar el conteo de pescado extraído en aquel lugar, que en las aguas de Baja California, lo cual en gran parte se debía a la falta de barcos mexicanos que patrullaran su extensa costa. Salazar y su cooperativa lograron un decreto presidencial que le otorgaba a esta cooperativa derechos pesqueros en la península de Baja California. No obstante, los derechos pesqueros de la región permanecieron en manos extranjeras, a consecuencia de que las oficinas aduanales del gobierno federal mexicano les negaban los permisos de pesca necesarios.

En 1933, con el apoyo del Presidente General Calles, fue constituida la Sociedad Cooperativa Mixta de Pescadores, bajo la administración de Luis Salazar como secretario general. En el transcurso de los siguientes días y meses, Salazar formó dos compañías, la Sociedad Pesquera y la Industrial de Ensenada. Aunque las compañías de Salazar inicialmente contrataron a trabajadores mexicanos, eventualmente los sustituyeron por pescadores japoneses más eficientes. De esa manera, los ex gobernadores, Rodríguez y Salazar, quienes se habían conocido por lo menos desde su alianza para remover a Cantú en 1920, llegaron a dominar la industria pesquera de Baja California como miembros de la burguesía revolucionaria. Sin embargo, también otras compañías pesqueras se habían organizado en Ensenada, la mayoría con sustanciales, si no es que dominantes, inversiones y propiedades estadounidenses. La industria pesquera por lo general contaba con vínculos directos entre las principales compañías, y entre los directores de las compañías y los líderes de las cooperativas pesqueras.

Así, Ensenada se convirtió en uno de los centros comerciales pesqueros más importantes de México, debido a sus recursos naturales y a su proximidad tanto con los Estados Unidos como con los mercados asiáticos. Gracias a la riqueza de recursos marinos, una excelente flota y una abundante disponibilidad de mano de obra y acceso al mercado, Ensenada desarrolló un mayor número de plantas procesadoras de productos marinos que ninguna otra ciudad mexicana. La legislación federal establecía ciertas ventajas para los pescadores pertenecientes a cooperativas, que incluían derechos exclusivos sobre algunas especies y exención de determinados impuestos. En consecuencia, las cooperativas llegaron a ser propietarias de la mayor parte de la flota pesquera y plantas empacadoras. La mayoría de los trabajadores de esas plantas eran sindicalizados, lo cual contribuyó también al empoderamiento local. No obstante todas esas condiciones, que llevaron al sector laboral mexicano a gozar de un gran poder, la fuerza más significativa de la industria pesquera de Ensenada en los 1930 siguió siendo la de los japoneses.

La segunda guerra mundial[4]

Después de la Gran Depresión de los Estados Unidos, la cual tuvo importantes efectos en México, la recuperación de la economía regional se vio estimulada por eventos internacionales que rebasaron la región fronteriza, y afectaron especialmente a Baja California en la década de los 1940. Posteriormente, el estallido de la Segunda Guerra Mundial transformó a Baja California, especialmente a las poblaciones de Tijuana y Ensenada. Baja California llegó a ser un área de importancia estratégica por varias razones. Las capacidades industriales y de investigación que respaldaban a los esfuerzos de guerra de los Estados Unidos en California, priorizaron la protección a esa área de importancia estratégica, lo cual implicaba a Baja California por la frontera compartida. Baja California constituía en sí misma una preocupación en cuestiones de defensa, dado que las grandes extensiones en despoblado la hacían objetivo fácil para la infiltración por fuerzas japonesas. La población japonesa de Ensenada también levantó suspicacias en cuestiones de seguridad, por lo cual fue removida, como discute más adelante. Entre otro tipo de implicaciones, se encontraban las comerciales. La Segunda Guerra Mundial estimuló el desarrollo masivo de las instalaciones navales en San Diego y generó gran cantidad de empleados en las bases militares de esta ciudad, quienes empezaron a tomar ventaja de los servicios de la frontera, especialmente los ofrecidos en bares y casas de prostitución en Tijuana. Los intentos iniciados años antes por parte del municipio para controlar los negocios de la industria del vicio, fueron temporalmente suspendidos para dar respuesta a esta nueva ola de clientes, el personal militar estadounidense.

La siguiente "invasión americana"

Tras el ataque japonés a Pearl Harbor, la defensa estratégica tanto de Estados Unidos como de México se enfocó en la península de Baja California y en sus miles de kilómetros costeros. Como parte de las acciones emprendidas, el Presidente Ávila Camacho creó la Región Militar del Pacífico y envió al ex Presidente y General Cárdenas a tomar control sobre su base en Ensenada. Sus primeras encomiendas fueron las de contender, no a la amenaza japonesa, sino a las columnas de tropas que deseaban entrar a Baja California en busca de elementos japoneses. Esto obedecía a la constante preocupación del comandante durante la guerra por los reiterados esfuerzos de parte de los militares de Estados Unidos para emplazar tropas en la región de Baja California. Los estadounidenses veían altamente factible la posibilidad de un de un ataque militar por parte de los japoneses, especialmente debido a que el mayor asentamiento de éstos en México se encontraba en Ensenada; esa inminente amenaza se vio fortalecida, además, por los continuos reportes en la prensa sobre la presencia de submarinos en las costas y sobre desembarques de japoneses en tierras mexicanas. Cárdenas, sin embargo, negó reiteradamente la presencia de agentes o fuerzas del Ejército Imperial Japonés en la región

Ante estas posibilidades, el Teniente General John Lesesne De Witt, comandante de la defensa del oeste de Estados Unidos, solicitó permiso para que una expedición militar estadounidense se internara a la península en busca de espías japoneses y fuerzas invasoras. En las siguientes negociaciones, se autorizó la entrada de la columna de militares, a condición de que todos los vehículos portaran banderas mexicanas en lugar de los estadounidenses, y que la columna estuviera acompañada por miembros del Ejército Mexicano. Así, el ejército estadounidense entró a la península y se concentró en una serie de actividades de reconocimiento. Pronto, los elementos del contingente estadounidense "desaparecieron" y se ocuparon en otras tareas de vigilancia. A consecuencia de esta falta, cuando el General Cárdenas llegó a Ensenada para tomar control de la región, dio por terminada la autorización y ordeó disparar contra cualquier fuerza estadounidense que cruzara la frontera. Cárdenas envió entonces a un grupo de cincuenta militares en busca de los militares estadounidenses, quienes se rehusaban a salir. Después de cinco semanas, las fuerzas de Estados Unidos fueron persuadidas de abandonar el territorio mexicano y, amonestados por exceder las autorizaciones que les habían sido concedidas, fueron escoltados hacia la salida del país. No obstante lo anterior, al gobierno de los Estados Unidos se le otorgó, una vez más, autorización para llevar a cabo vigilancia aérea en las regiones de Baja California y Sonora.

En diciembre de 1942, una segunda expedición militar de los Estados Unidos bajo el comando del General Isaac White llegó a la frontera de ese país con Tijuana. El jefe en cargo llegó a Ensenada a solicitar permiso del General Cárdenas para entrar a Baja California en busca de espías japoneses y otros elementos militares avanzados del ejército japonés. La preocupación se agravó por reportes sobre avistamientos de submarinos japoneses en las cosas de la península y de hallazgos de armamento japonés en la zona. El permiso para la entrada de las tropas estadounidenses fue inicialmente denegado por temor a una invasión por parte de ese país, por lo cual el comandante en Tijuana instruyó al General Miguel Orrico de los Llanos para que estacionara sus tropas al paso de la frontera. Los Generales White y Cárdenas, así como otros militares se reunieron en Agua Caliente, un ex casino de Tijuana, para discutir la situación. El resultado fue que la columna no obtuvo el permiso para entrar a Baja California. Sin embargo, con el respaldo del Presidente Ávila Camacho, la entrada de un pequeño contingente técnico fue autorizada. Acompañados de personal militar mexicano, atravesaron la península, construyendo campos aéreos, instalando una red de radares y sistemas de comunicación y seleccionando lugares para la artillería así como espacios para el resguardo de naves marinas. Las fuerzas de Estados Unidos construyeron tres pistas de aterrizaje en el área de Ensenada, así como instalaciones para radar, utilizando equipo y asesores estadounidenses, y trabajadores mexicanos.

Las circunstancias prevalecientes orillaron al racionamiento de alimentos y gasolina en los Estados Unidos lo cual también repercutió de manera dramática en Baja California, particularmente sobre los residentes de Tijuana, quienes dependían de los alimentos provenientes de Estados Unidos. Para hacer efectiva esa medida entre toda población, los residentes de Tijuana también recibieron por parte de los Estados Unidos, cupones de alimentos para la obtención de despensas básicas.

Irónicamente, junto con estas limitaciones llegó un gran impulso para la economía de Tijuana, dadas las decenas de miles de miembros del personal militar estadounidense que viajaban a la ciudad para obtener servicios de prostitución. Esta práctica preocupaba a sus autoridades militares, quienes amenazaron a los primeros con cerrar la frontera por temor a que un serio brote de enfermedades venéreas pudiera afectar la disposición de los militares. Velázquez (2002, p. 151 paráfrasis) reporta que para calmar sus temores, se llevaron a cabo inspecciones sanitarias en los burdeles conforme las regulaciones de las autoridades locales, acompañados por los inspectores militares, el presidente de la Cámara de Comercio de San Diego y el cónsul de Estados Unidos en Tijuana, quienes regresaron con una buena impresión sobre las condiciones sanitarias prevalecientes en la ciudad. Sin embargo, la rápida proliferación de lugares de prostitución en la ciudad dificultaba que las autoridades locales pudieran continuar con dicha vigilancia.

Otro efecto de la guerra fue el mejoramiento de la infraestructura municipal de Ensenada como parte de su preparación defensiva. El tramo carretero hacia el sur de Ensenada se completó hasta San Quintín, se expandió la naval de Ensenada y se contemplaron planes para el mejoramiento del puerto. Las líneas ferroviarias Sonora-Baja California iniciadas bajo la gestión del Presidente Cárdenas finalmente fueron completadas y se mejoraron los casi 1,600 kilómetros de camino de Tijuana a San José del Cabo, al final de la península.

Reubicación de los japoneses durante la segunda guerra mundial[5]

México rompió relaciones diplomáticas con Japón el 8 de diciembre de 1941, a consecuencia del ataque japonés sobre los Estados Unidos, y en 1942 declaró la guerra en contra de Alemania, Italia y Japón. Los ciudadanos de esos tres países que residían en el área costera, en las proximidades a la frontera con los Estados Unidos, o incluso cerca de zonas en donde se consideraba que su presencia pudiera representar un riesgo militar, fueron trasladados a la capital mexicana u otros lugares del interior. Baja California contaba con el número más alto de japoneses en comparación con cualquier otro estado de México, alcanzando su punto máximo de 764 en 1930 (Ota 1982), de los cuales la mayoría habían llegado al país entre 1926 y 1937 (Velázquez 2002), siendo Ensenada su destino principal. La reubicación de los japoneses asentados en Baja California era particularmente importante dada su proximidad con los Estados Unidos y la residencia en esa zona de nueve japoneses inmigrantes de la "lista negra" de Estados Unidos. A los japoneses se les concedieron oficialmente desde 24 horas hasta algunos días para abandonar sus hogares y partir hacia la ciudad de México, Guadalajara y otros lugares cercanos al centro de México. Sin embargo, la participación de los japoneses en las compañías propiedad del General Rodríguez era de tal importancia que éste se propuso, con éxito, ayudarlos a obtener salvoconductos que les permitieran permanecer en Ensenada por otros seis meses.

Más aún, al concluir la guerra, el General Rodríguez, lo mismo que los propietarios de otras empresas pesqueras en Ensenada, se aseguraron de que los buzos y pescadores japoneses pudieran reincorporarse de inmediato a sus compañías para reactivar las actividades pesqueras en la región (Nishikawa 2002). De la misma manera, la Compañía Industrial de Ensenada, Empacadora Mar Pacífico, Empacadora Baja California y otras, pidieron a la Secretaría del Interior el retorno de los japoneses a Baja California con el fin de que facilitaran la producción, dado que ésta había declinado al punto en que era incapaz de satisfacer las necesidades de la demanda. Mientras tanto, la mayor parte de la población japonesa que previamente había habitado Ensenada, se estableció en nuevas localidades, y nunca regresó a este lugar (Nishikawa, 2004).

De la totalidad de asentamientos japoneses en México, se considera que los que se encontraban en Ensenada eran los más prósperos. Esto se debía principalmente a su involucramiento en la industria pesquera. El poder económico de la comunidad japonesa se refleja en la permanencia de las organizaciones japonesas de la ciudad hasta el presente. El aporte que hicieron los japoneses con sus habilidades y ética de trabajo en Baja California, se manifiestan en la actualidad en los negocios y compañías relacionados con la comercialización de alimentos provenientes del mar, restaurantes y tiendas de menudeo de diversos tipos.

La "invasión" mexicana: El programa de braceros

La Segunda Guerra Mundial estimuló el desarrollo económico de la región y atrajo una inmigración masiva hacia las áreas fronterizas. En consecuencia, Baja California se convirtió en la región de más alto crecimiento de México. La demanda de mano de obra en los Estados Unidos durante la guerra atrajo la inmigración masiva de mexicanos desde el centro de México hacia las zonas fronterizas, desde donde esperaban cruzar la frontera al norte, aprovechando las oportunidades de empleo sobre todo en las zonas agrícolas. El programa "bracero" fue entonces establecido como arreglo entre los Estados Unidos y el gobierno de México, y consistía en permitir la entrada temporal a los trabajadores agrícolas para su empleo en tareas del campo. La necesidad de mano de obra agrícola era resultado de la reducción masiva en Estados Unidos de fuerza de trabajo ocasionada por el reclutamiento en las fuerzas armadas. El tratado garantizaba una serie de derechos para los trabajadores mexicanos, lo que provocó mayor emigración hacia el país del norte de miles de mexicanos en busca de trabajo. Sin embargo, la violación a las condiciones del tratado por parte de los agricultores estadounidenses se convirtió en una práctica común, ya que éstos contrataban a una gran cantidad de trabajadores agrícolas mexicanos fuera de los centros de reclutamiento establecidos por el gobierno mexicano. Debido a estas violaciones, el gobierno mexicano canceló el tratado; no obstante, el fenómeno migratorio continuó, dados los miles de trabajadores mexicanos que continuaron cruzando la frontera en busca de empleo.

Así, el programa de braceros estimuló la economía de la frontera, gracias a que la gran cantidad de trabajadores en busca de acceso a los Estados Unidos creó una demanda de bienes y servicios. A su vez, la presencia militar en California también siguió impactando la región, particularmente a la ciudad de Tijuana. La población de Baja California se duplicó alcanzando un número de 227,000 habitantes, llegando a triplicarse y cuadruplicarse en las ciudades fronterizas durante la década de los 1940. El aumento en la población fronteriza y del estado era evidencia de una dramática transformación en la región durante la era de la Segunda Guerra Mundial.

Conclusiones

Los acontecimientos en Baja California desde 1930 hasta la Segunda Guerra Mundial ilustran de nuevo el impacto de las fuerzas económicas externas sobre la península. La Gran Depresión y en final de la Prohibición en los Estados Unidos pusieron en evidencia la dependencia de Baja California sobre la economía foránea. La influencia de la agricultura extranjera también jugó un papel importante en los procesos internos de la región. La lenta expulsión de extranjeros durante las décadas de 1930 y 1940 permitió atraer a miles de mexicanos hacia las regiones fronterizas, en donde hicieron uso de un sistema agrícola altamente desarrollado y dieron origen a un asentamiento poblacional en la frontera de México, tan urgentemente necesitada de seguridad. Sin embargo, los desarrollos económicos en Baja California solamente pueden ser explicados en referencia a "el otro lado", por las influencias de los Estados Unidos. Velázquez (2002 p. 93 paráfrasis) señala que durante el período de 1915 a 1952 los mecanismos administrativos creados intentaron controlar el crecimiento económico de la región y sujetarlo a la política del gobierno central, pero eso no fue posible porque la zona fronteriza de Baja California tenía su propia dinámica de crecimiento.

El desarrollo de las economías de las diferentes áreas de la región ilustra que éstas no siguieron el típico ciclo de crecimiento que va de una agricultura pre capitalista basada en el uso intensivo de fuerza de trabajo, para evolucionar en la mecanización e intensificación de esta actividad. En lugar de esto, el desarrollo de la economía de Tijuana se basó en los servicios vinculados a la industria del vicio, y en el caso de Mexicali, puede afirmarse que no existió una agricultura pre-capitalista, en tanto que no hubo una clase campesina subordinada a la hacienda, como sucedió en el resto de México. De hecho, la economía agrícola de esta región fue resultado de los intereses capitalistas de Estados Unidos que practicaban la renta de la tierra a trabajadores inmigrantes chinos, quienes desarrollaron una agricultura basada en la producción de algodón y otros cultivos. En realidad, la presencia de mexicanos en el Valle de Mexicali es resultado de una población inmigrante que "asaltó" y reclamó las tierras de ese lugar, llegando a ser, inmediatamente, una clase con control sobre el uso de las tierras.

La expulsión de los chinos del trabajo agrícola causó impactos a nivel regional, dado que su actividad productiva se transfirió a la creación tanto de pequeños negocios como de actividades de venta de mayoreo, que llegaron a ser los más importantes del área. Así, los chinos, tanto como los japoneses fueron elementos centrales en el desarrollo regional; estos últimos jugando un papel vital en elevar la industria pesquera de Ensenada a un estatus internacional. La mano de obra que se desarrolló satisfizo las necesidades de las comunidades comerciales orientadas al mercado internacional. Velázquez (2002, p. 130 paráfrasis) afirma que la organización laboral en Baja California respondió a las diversas necesidades que tendían a favorecer el desarrollo de una economía capitalista satelital de los Estados Unidos.

La importancia de la influencia externa sobre el progreso de la región bajacaliforniana, volvió a ser evidente durante la Segunda Guerra Mundial, dado que sus efectos de diversa indole se extendieron más allá del fin de ésta, imprimiendo fuerzas externas político-económicas, provenientes principalmente de los Estados Unidos. Por un lado, la guerra levantó una vez más el espectro de una ocupación estadounidense en la península y por otro lado, significó un cambio fundamental en las dinámicas de población en la región fronteriza, dados los millones de mexicanos que eventualmente cruzaron la frontera hacia Estados Unidos en busca de trabajo. En consecuencia, Tijuana triplicó su población con inmigrantes provenientes del centro de México durante la década de los 1940. Aunque la inmigración tuvo un mayor impacto sobre Tijuana, Ensenada también enfrentó algunos de sus efectos. Estas migraciones, combinadas con mayores índices de reproducción entre los migrantes mexicanos, eventualmente contribuyeron al cambio poblacional en los estados fronterizos, lo que los condujo a tener una población principalmente de origen mexicano. De la misma manera, las dinámicas de inmigración de mexicanos hacia los Estados Unidos, crearon un patrón permanente de cruce ilegal hacia el norte, en busca de empleo. El crecimiento causado por el desplazamiento de la población hacia las zonas fronterizas y por el progreso local, llevó a la región a alcanzar los números y el potencial económico que aceleró su arribo a la siguiente fase y llevó a Baja California a adquirir el estatus de Estado.

Notas

1 Material principalmente derivado de Piñera (1987) y Bonifaz de Hernández (1987).

2 La información sobre los chinos está basada en Velázquez (2001).

3 Información en esta sección se deriva de Bonifaz de Hernández (1982b) y Samaniego (1999 b y c).

4 Información sobre la Segunda Guerra Mundial se derivó de Bonifaz de Hernández (1987b).

5 Esta sección ha sido escrita con la ayuda del material proporcionado por Kiyoko Nishikawa Aceves y Tatsuya Murakami.

Capítulo 7

Baja California como Estado y la imposición de estructuras corporativas estatales

Baja California tuvo que esperar hasta reunir los criterios poblacionales y económicos necesarios para su reconocimiento como Estado y para ejercer la democracia local. La primera fase del prolongado proceso se concretó en 1952, cuando Baja California fue reconocido como el Estado 29 de México. Aunque este logro representaba un triunfo democrático, los intentos por alcanzar una verdadera democracia tendrían que seguir enfrentando grandes retos. Baja California, al igual que el resto de México, se enfrentó a un sistema político profundamente arraigado, una estructura política de estado corporativista en la que el poder federal y el partido político reinante, Partido Revolucionario Institucional (PRI), provenían de las mismas estructuras y liderazgo. La antigua práctica de los *caudillos,* los jefes políticos regionales, se transformó en práctica del gobierno federal. Así, el presidente de México regía como el poder supremo, subordinando a los poderes legislativo y judicial a sus autoritarias prerrogativas. Esto continuó las prácticas que Baja California había experimentado como territorio, en la que los titulares de los cargos en las estructuras políticas locales (delegaciones territoriales y municipales) eran, en esencia, designados por el presidente. En la era post-estatal de Baja California, la estructura política concedía al presidente la selección de los candidatos a gobernador, senadores federales, y los diputados para el partido político hegemónico PRI. Este proceso antidemocrático fue replicado dentro del estado, donde el gobernador seleccionaba a los candidatos para el congreso del estado, las alcaldías municipales y a sus respectivos regidores. Estas imposiciones provocaron la continua resistencia de Ensenada y Baja California, a la que incluso se sumaron los miembros de las estructuras del PRI en Baja California, aunque no siempre con los resultados esperados.

Así, los ciudadanos de Baja California iniciaron una fuerte oposición a este proceso en las elecciones de 1959, al apoyar a un candidato de un partido alternativo, Rosas Magallón del Partido Acción Nacional (PAN). Varios historiadores, autoridades políticas y ciudadanos de Baja California coinciden en que Rosas Magallón ganó las elecciones, pero fue privado de la victoria por medio de un fraude electoral masivo, incluyendo el uso del ejército para recoger y destruir las urnas. La violencia ejercida en contra de los candidatos del PAN y sus simpatizantes, posterior a su protesta por el fraude electoral, indicó que el Estado no toleraría la democracia, ni siquiera en este rincón tan lejano y, a menudo, olvidado de la república. La represión masiva del PAN minó su resistencia por algunos años, aunque ésta aumentó a medida que las prácticas del sistema corporativista del Estado intensificaban su arbitrariedad y corrupción. La incompetencia extrema y la corrupción de los gobiernos estatales del PRI coincidieron con descensos catastróficos en la economía en la década de 1980, socavando aún más el apoyo a ese partido por parte del sector empresarial. Conforme la mala gestión del PRI iba afectando a cada vez más sectores de la sociedad, se gestaban en Baja California las condiciones para una revolución democrática; así, se ejerció tal presión sobre el gobierno que éste se vio forzado a permitir algunos cambios políticos. El escenario para una revolución política fue establecido por una serie de factores, tales como el aumento de la organización e integración de grupos empresariales y de trabajo, el fuerte poder económico y político de las estructuras sindicales locales, así como los lazos transversales organizativos y de clase dentro de la comunidad de la Ensenada.

El logro de la estadidad en Baja California[1]

El carácter autónomo y de auto-determinación de la población de Baja California se puso de manifiesto en su afán de lograr la condición de Estado, una tendencia regional presente desde el Siglo XIX, que aumentó en las décadas previas a que el Estado alcanzara ese estatus en 1952 (Taylor 2000). En este sentido, Taylor rechaza el consenso de otros escritores, quienes sostienen que esta concesión fue principalmente resultado de una acción federal, descalificando los arraigados antecedentes en la región hacia el autogobierno y las medidas adoptadas por la población para lograr la estadidad décadas antes de que ésta fuera adjudicada. Taylor (2000, p. 48, paráfrasis) enfatiza que las tendencias hacia la autonomía y la auto-dependencia existían entre la población de la entidad, y datan de muchas décadas atrás.

El primer movimiento pro-Estado, gestado en 1917, propuso, sin éxito, la formación de un solo estado que abarcara toda la península de Baja California. El Comité Pro-Estado se formó en 1929 bajo la dirección de Miguel Santacruz y tenía como miembros a una amplia gama de profesionales y personas de diversas ocupaciones. Este movimiento pro-estado fue en parte inspirado por la eliminación del poder local resultado de la supresión de los municipios impuesta por Rodríguez. Aunque este movimiento fue respaldado por el Secretario de Gobernación, Carlos Riva Palacios, suya petición no fue atendido por del gobierno federal. El estancamiento económico vivido durante los años de la depresión también contribuyó al surgimiento de otros movimientos a favor de la estadidad, incluyendo el organizado por quien habría de ser el gobernador, Braulio Maldonado Sandez y otros que formaron el Comité Pro-Estado Libre y Soberano de Baja California. Sin embargo, el Territorio del Norte carecía de la población necesaria para que se le fuera otorgada la condición de Estado, por lo que en 1936 este grupo presentó una petición para que los territorios del norte y del sur fueran reconocidos como un solo estado. La petición fue rechazada de nuevo basándose en el plan a largo plazo de formar dos estados en lugar de sólo uno en la península. También se argumentaba que su desarrollo económico era insuficiente para apoyar a un gobierno local. En 1936, se formó otro grupo pro-estatidad, la Asociación Cívica Pro-Baja California, y posteriormente, durante el movimiento agrario en los últimos años de la presidencia de Cárdenas, surgió el Comité Pro-Estado, lo cual aumentó la agitación relacionada con esta actividad. Incluso durante los años de la guerra, los movimientos pro-estado continuaron con la propuesta presentada al Congreso en 1943 por el diputado territorial Juan Carrasco Cuellar, quien sostuvo que el Territorio del Norte estaba cerca de alcanzar la población requerida. De nuevo en 1948, durante la administración del gobernador Alfonso García González, el Consejo Territorial del Comité Pro Estado continuó impulsando la campaña pro-estado, señalando al gobierno federal que el potencial económico de Territorio del Norte era tal, que superaba al de otros cinco estados combinados. En esos momentos, la unidad de los ciudadanos locales a favor de la estadidad del territorio era incontenible.

Por consiguiente, era menester que el plan de Cárdenas para poblar y desarrollar las zonas fronterizas entrara en efecto a la brevedad posible, de manera que el Territorio Norte de Baja California alcanzara la población y contara con los recursos necesarios para lograr su estatidad. Finalmente, la Segunda Guerra Mundial proporcionó el impulso para que la región reuniera las condiciones necesarias, gracias a lo cual, durante la década de 1940, la población de Baja California aumentó casi tres veces llegando 227,000 habitantes, triplicando y a veces cuadruplicando la población de las ciudades fronterizas. La dramática transformación de la región durante la época de la Segunda Guerra Mundial también se expresó en el desarrollo de la agricultura y la industria; además, produjo la base tributaria local que era un requisito para lograr su condición de estado. El crecimiento económico futuro, otro de los requisitos, también fue asegurado por los acontecimientos.

De acuerdo a Taylor (2000, p. 81) la Segunda Guerra Mundial sentó las bases para el surgimiento de una zona económica binacional que vinculaba a la frontera del norte de Baja California con la economía del sur de California. Taylor (2000, p. 81 paráfrasis) señala que aunque el gobierno mexicano había realizado históricos esfuerzos tendientes a reforzar los vínculos entre sus regiones fronterizas y el resto de la República, fue la guerra, más que la creación de las zonas libres, la que permitió a los mexicanos fronterizos ver que su futuro económico se orientaba sobre todo hacia el norte, al otro lado de la frontera, una condición que ha prevalecido hasta el presente.

En 1950, Baja California realizó la exportación de productos por un valor de 325 millones de pesos y distribuyó productos agrícolas hacia el interior del país con un valor superior a los 200 millones de pesos (Taylor 2002, p.166). El logro de los requisitos para adquirir la condición de Estado, al igual que un gran número de características de la región de Baja California, fue una consecuencia directa de las influencias de factores externas, principalmente de los Estados Unidos. Sin la dinámica producida por la Segunda Guerra Mundial, (ejemplificada en la triplicación de la población del estado durante la década de 1940 en contraste con un crecimiento del 60% en la década de 1930), a Baja California podría haberle tomado varias décadas más alcanzar la población necesaria y el crecimiento económico que le estaba siendo exigido para el logro de sus objetivos. Finalmente, con el Presidente Miguel Alemán Valdés se materializaron los aspiraciones de los bajacalifornianos, y la condición de

Estado largamente deseada se hizo realidad cuando, en 1951, dicho presidente envió al Congreso la legislación necesaria para la estadidad. Así, en enero de 1952, Baja California logró convertirse en el Estado número 29 de México. El gobernador provisional, Alfonso García González, quien había servido como gobernador territorial desde 1947, asumió el control de los procesos de desarrollo y transición para el gobierno del estado, incluyendo la celebración de elecciones de diputados para el Congreso nacional.

La elección de delegados para la Convención Constitucional de marzo de 1953, ilustró la inclusión de Baja California al corporativismo de estado; los siete elegidos eran representantes del Partido Revolucionario Institucional y las funciones a su cargo estaban sujetas a lineamientos establecidos en la constitución federal. Los delegados, sin embargo, aprovecharon la posibilidad de hacer adaptaciones a dichos lineamientos, y se enfocaron en las garantías de los derechos civiles. Otra acción importante fue la derogación de los poderes extraordinarios del ejecutivo, que de no haberse llevado a cabo, habría permitido que los futuros gobernadores pudieran seguir imponiendo legislaciones. Adicionalmente, se hizo hincapié en los derechos del municipio libre. La nueva constitución también resistió al Estado corporativo, estableciendo que los candidatos a la gubernatura debían cumplir con una residencia mínima de dos años en caso de haber nacido en el estado, o cinco años en el caso de nativos de otro estado. Esto limitaría las estructuras partido-estado del PRI en la imposición de candidatos externos. En esa misma convención, la constitución otorgó a las mujeres el derecho al voto.

A pesar de la importancia de los logros por parte de los líderes políticos, la población en general parecía indiferente a la publicación de la nueva Constitución y a la ceremonia de clausura pública celebrada por la Convención Constitucional. A decir de la prensa local, tal indiferencia era consecuencia de los largos años de inactividad política, impuesta desde la década de 1920 a raíz de la supresión de las funciones democráticas del municipio por parte del gobernador Rodríguez. La apatía se disipó y se transformó en gran entusiasmo durante las elecciones para la gubernatura y el Congreso del Estado que vinieron a continuación, durante las cuales también hubo cierta controversia y contención, dado que durante esas elecciones las mujeres en México ejercían por primera vez el derecho al voto, enfrentando el desacuerdo de algunos sectores de la sociedad.

El ganador de la contienda a la gubernatura, Braulio Maldonado Sandez, así como todos los diputados electos, eran candidatos del PRI. Algunas de las reacciones a los resultados de las elecciones dieron muestra de las futuras actitudes de los bajacalifornianos, quienes interpusieron quejas sobre la falta de honradez en el proceso electoral, así como por la coerción y la represión en la votación. Las elecciones de las diputaciones estatales también sentaron precedentes en las elecciones extraordinarias nacionales de senadores y diputados para puestos federales, como lo muestra la elección de Aurora Jiménez de Palacios, quien entró en 1954 como la primera mujer en la historia de México en servir como diputada federal. No obstante, los esfuerzos encaminados hacia la democracia estatal se verían frustrados en la mayor parte de las tres décadas siguientes, dado que las estructuras de estado corporativo estaban conformadas para imponer gobernadores indeseables en la región.

Las estructuras corporativas estatales de México[2]

El control de acceso a las posiciones gubernamentales locales por parte de las altas esferas del PRI ha sido una característica tradicional del gobierno en México. Así, la selección de candidatos del PRI para cargos públicos, ha estado en manos de representantes de las más altas jerarquías del partido, quienes por lo general son funcionarios electos del gobierno estatal y federal. Debido a esto, con frecuencia los candidatos no lograban despertar el interés del electorado a nivel local, ya que en Baja California existía la práctica histórica de seleccionar a los líderes para los puestos locales de entre conocidos personales ajenos al estado. En general, los líderes del PRI a nivel estatal jugaban un papel importante en la selección de las planillas de candidatos del concejo que serían elegidos junto con el alcalde municipal; en consecuencia, el cuerpo legislativo se sentía más comprometido con los funcionarios locales del PRI que con el electorado. El fraude electoral generalizado ayudó a asegurar que los candidatos del PRI fueran elegidos, y la apatía de los votantes socavó cualquier oposición efectiva.

Baja California se incorporó a la nación con su nuevo estatus durante la era de Cárdenas, período en el que las estructuras de estado corporativista se habían consolidado y estaban en pleno funcionamiento, enfrentando tan sólo una leve resistencia por parte de algunos actores políticos en México, quienes fueron generalmente sometidos y etiquetados como traidores y sublevados. Estas estructuras de control autocrático altamente centralizadas de la vida política por parte del presidente no eran nuevas para los ciudadanos de Baja California, quienes habían vivido la mayor parte de su existencia política subordinados a estructuras políticas impuestas por el gobierno federal. Esto se ejemplifica en la práctica constante del Presidente de la República de nombrar al gobernador territorial quien, a su vez, seleccionaba a los representantes locales para las posiciones municipales, estatales y federales.

Los acontecimientos políticos de 1929 que sentaron las bases del PRI (originalmente el Partido Nacional Revolucionario) crearon un sistema altamente autocrático que en esencia, sólo transformó la dominación política a la que los caudillos regionales habían sometido a la región, insertándola en la estructura suprema nacional. El poder autocrático y carismático absoluto de dichos jefes evolucionó en una especie de culto al presidente como el benefactor de las masas, intérprete de la revolución y conciliador de los diversos intereses inherentes en el país. En dicha estructura, el presidente se encuentra a la cabeza del partido político, siendo éste el único medio de acceso al poder; el presidente también está al frente del Estado, del cual es líder indiscutible en todas las ramas y niveles de gobierno (véase López 2001, citando a Blum 1996); es protector e intérprete de los principios revolucionarios y es en parte responsable de la generación de planes para su implementación. También controla la selección del sucesor presidencial, así como a los candidatos para los órganos legislativos nacionales y los gobernadores de los estados.

Estas funciones se ejercían a través de la labor del presidente como el jefe del partido político dominante, el PRI. Esta capacidad sin límites para seleccionar a los candidatos a puestos de elección se conoce como *"el dedazo"* (nombramiento incuestionable por parte del presidente). En lugar de un sistema de balance institucional entre los sectores del gobierno (ejecutivo, legislativo y judicial), se creó uno en el que el presidente era el moderador entre los distintos sectores e intereses de grupo de la sociedad, mediante pactos y alianzas que fortalecían las estructuras estado-corporativistas. Este sistema incluía el control del liderazgo sindical, el financiamiento y control indirecto de los "partidos de oposición", así como el control de las principales estructuras económicas y financieras a través del poder discrecional del presidente.

Este sistema, el *"presidencialismo"*, no se fundamentó estrictamente en la Constitución, sino en prácticas y entendimientos no escritos e informales. Los gobiernos locales, que en teoría tenían garantizados ciertos poderes por la Constitución estaban, en la práctica, subordinados a los poderes del presidente. Del mismo modo, se esperaba que los partidos políticos locales, responsables en teoría de la selección de sus candidatos, aprobaran y apoyaran al candidato señalado por el presidente. Los conflictos dentro del partido se resolvían mediante el poder del presidente para designar a los candidatos que él encontrara más aceptables. López (2001, p. 45) enfatizó que la clave del éxito de estas prácticas derivaba de la hegemonía de un solo partido y la selección de los representantes públicos provenientes del mismo partido del presidente. Mientras que los poderes meta-constitucionales del presidente facultaban algunos de los excesos del presidencialismo, el sistema dependía de la obediencia de los líderes y representantes políticos de nivel inferior, que a su vez estaban subordinados a la voluntad de las autoridades políticas dentro del partido y el estado. López (2001) sugiere que dicho presidencialismo dependía de la obstrucción de los representantes de los poderes legislativos, mismos se limitaban a rubricar las iniciativas del presidente. La práctica establecía que los diputados y senadores nacionales apoyarían al presidente en cualquier decisión que él tomara. Tal fue el caso de un gran número de legisladores que se pusieron de pie y aplaudieron mientras el Presidente Salinas de Gortari anunciaba su decisión de devaluar el peso.

A su vez, los medios de comunicación influían frecuentemente en cómo la población en general percibía a las estructuras políticas dominadas por el PRI. El control ejercido por el gobierno sobre la prensa, directa o indirectamente, ha sido una característica del sistema mexicano que ha prevalecido por largos años. Rodríguez y Ward (1994, p.74) afirman que "la mayoría de las principales cadenas de periódicos siguen dependiendo en gran medida del gobierno federal para su supervivencia. . . La prensa sigue siendo muy sesgada en sus informes". Los gobiernos controlados por el PRI utilizaban fondos sustanciales del gobierno para realizar "anuncios de servicio público" en los periódicos que les eran incondicionales, y el PRI financiaba a dichos periódicos a través de la práctica de pagar por múltiples suscripciones. Los reporteros también recibían pagos por realizar coberturas favorables y por suprimir información desfavorable; cuando esto fallaba, el PRI recurría al hostigamiento, amenazas, intimidación y asesinato de periodistas y editores. Esto dio origen a una prensa que expresaba su apoyo incondicional al PRI y a sus funcionarios en puestos de gobierno. En el caso de periodistas que se manifestaron abiertamente como opositores del sistema político corrupto, los gobernadores de Baja California respondieron con la supresión de la libertad de prensa.

Los gobernadores, quienes en su momento habían sido candidatos a la gubernatura elegidos por el presidente, fungieron como elementos clave en la imposición de esta disciplina valiéndose del mismo sistema, esta vez ejecutado a nivel local. Es decir, los gobernadores de los estados ejercían poderes similares a los de un "presidencialismo regional". En consecuencia, dentro del estado, el gobernador generalmente seleccionaba a los candidatos a cargos estatales en la legislatura, así como a los alcaldes municipales y regidores, y nombraban al jefe del PRI dentro del estado. Estos sistemas funcionaban para la transferencia del poder de una planilla de candidatos del PRI a la siguiente. De acuerdo a López (2001, p. 46) la democracia fue reemplazada por normas e instituciones informales que servían para garantizar la obediencia de los diversos actores políticos. Los poderes de los que gozaban el presidente y los gobernadores para determinar presupuestos, asignar fondos, otorgar nombramientos para cargos en todos los niveles de gobierno y designar candidaturas dentro del PRI, les permitieron recompensar generosamente a los obedientes y sancionar a los inconformes. El deseo de los titulares de cargos políticos de ascender en su carrera política los colocaba en una posición de subordinación y apoyo al ejecutivo. El ejercer un cargo público dependía de ser seleccionado como candidato por el ejecutivo, más que de la voluntad popular o de las elecciones, que a menudo eran manipuladas por medios fraudulentos para producir victorias para el PRI. Este sistema se vio fracturado por primera vez a nivel estatal y nacional por el PAN en la década de 1980.

Gobernadores de Baja California: Imposición de las estructuras corporativistas de estado[3]

La conversión de Baja California en Estado no fue garantía de prácticas ni procesos democráticos. En lugar de eso, Baja California se enfrentó a un arraigado y bien desarrollado presidencialismo, en el que el presidente de México continuaba asignando posiciones políticas locales a los funcionarios del PRI. Si bien este sistema a veces producía candidatos que contaban con el apoyo local, lo cierto es que éste también generaba cada vez más resistencia por parte de la ciudadanía, incluidos antiguos miembros del PRI. Estos individuos a menudo jugaban un papel importante en la conducción de la reforma democrática. Morales (2002, p 175, paráfrasis) afirma que partir de la estatidad de B.C. en 1952 los ciudadanos lucharon por ampliar los canales democráticos de su propio estado, con el objetivo de convertir estos derechos en realidad, logrando influir acontecimientos políticos que despues desarrollaron en la nación.

El primer gobernador electo: Braulio Maldonado Sandez

El primero en ser seleccionado por el presidente de México como el candidato del PRI a gobernador de Baja California, casi parecía una respuesta a las décadas de reclamos de Ensenada por un gobernador local. Braulio Maldonado Sandez era un arraigado residente, originario de Baja California; como estudiante había sido uno de los primeros organizadores de los movimientos a favor de la estadidad en la década de 1930. Braulio Maldonado Sandez ganó la gubernatura en las elecciones de 1953, asumiendo el cargo en diciembre de ese año. La planilla de los candidatos del PRI también ganó todos los escaños en las elecciones municipales de ese mes.

El periodo de Maldonado Sandez en el cargo se caracterizó inicialmente por la tolerancia política hacia las tendencias democráticas y, a lo largo de su mandato, por el apoyo a los movimientos de izquierda. Maldonado Sandez fundamentó sus plataformas en interpretaciones de las encomiendas de la Revolución Mexicana, resistiendo con esto las actitudes anticomunistas prevalecientes en la élite mexicana de esa época. Incluso al Partido Comunista Mexicano, entonces sin registro, se le permitió operar sin persecución en Baja California, mientras que en otras partes de México eran enérgicamente perseguidos. Más tarde, corría incluso el rumor de que Maldonado Sandez hizo donaciones al partido comunista y de que su hija fue detenida por participar como guerrillera en el movimiento armado de dicho partido. Las convicciones personales de Maldonado le llevaron actuar a favor de la gente más humilde, particularmente, de los trabajadores agrícolas, a quienes apoyó táctica y abiertamente en sus invasiones de tierras, en contraste con lo que sucedía en otros estados, donde dichas invasiones de los trabajadores agrícolas estaban siendo repelidas activamente. Esta postura de Maldonado empañó sus relaciones con el presidente de México y con la comunidad empresarial de Baja California. Al frente de esta oposición se encontraba el PAN, el cual se había expresado continuamente en contra de Maldonado y sus acciones durante su gubernatura, lo cual hizo que dicho partido se posicionara y lograra apoyo como principal partido de oposición.

El periodo del Gobernador Maldonado Sandez se caracterizó también por la corrupción y su participación directa en la prostitución, en los juegos de apuestas y en el apoyo al contrabando de drogas. La corrupción se extendía a todos los niveles de la Oficina del Fiscal General del Estado y la policía actuaba con total impunidad. Los hermanos de Maldonado y otros funcionarios del PRI se convirtieron en cómplices de personas que utilizaban menores en actividades de prostitución y sus colaboradores asesinaban como herramienta de intimidación. Debido a un legítimo temor por su vida dados algunos intentos de asesinato fallidos en su contra, el gobernador organizó un grupo de guardaespaldas privados traídos de otras partes de México; Maldonado Sandez no estaba dispuesto a confiar en la gente del lugar después de haber hecho tantos enemigos. Sus guardaespaldas, conocidos como los *"chemistas"*, brindaron protección a él y a su familia contra otros intentos de asesinato; sin embargo, también se convirtieron en una fuente de terror personal del gobernador, ya que confrontaban y en ocasiones asesinaban a aquellos que se le oponían.

Maldonado Sandez tenía relaciones particularmente malas con la prensa. Tanto la prensa local oficial como la de la oposición, cubría los excesos del gobernador y la corrupción de su administración con gran regularidad. El comportamiento de sus colaboradores, especialmente los *chemistas,* fueron presagio de actos de brutalidad que irían a ocurrir en contra de reporteros y editores de periódicos de Baja California en las décadas siguientes. Los *chemistas* arrestaron a redactores y editores de periódicos, y asesinaron a los periodistas Manuel Acosta Meza y Fernando Márquez Sánchez en 1956; estos renombrados asesinos permanecieron poco tiempo en la cárcel. Por su parte, Maldonado Sandez actuó en varias ocasiones en violación de la ley federal, como sucedió cuando ordenó el encarcelamiento de un diputado que contaba con fuero constitucional, para que éste no pudiera manifestar su oposición a los comentarios del gobernador en una reunión pública.

Aunque Maldonado Sandez apoyaba a menudo los derechos de los pobres, ellos también experimentaban la violencia de sus medidas cuando se interponían en los proyectos del primero. Así, colonos en la más abyecta pobreza, quienes vivían en condiciones deplorables en la llamada "Cartolandia" (tierra de las cajas de cartón) ocuparon una extensa área del Río Tijuana, lo cual interfería con un proyecto propuesto para la canalización del río, así como para nuevos desarrollos de la zona turística. Maldonado Sandez hizo que el Congreso del Estado declarara a esta zona como de utilidad pública, con el fin de apoderarse de la tierra y desposeer a sus ocupantes sin ofrecer una alternativa. Fue entonces cuando Salvador

Rosas Magallón, conocido como el abuelo del Partido Acción Nacional, emprendió la defensa de estas personas humildes, protegiéndolas mediante la adquisición de una orden de restricción federal. Haciendo caso omiso de la orden, Maldonado Sandez organizó a aproximadamente 300 policías y agentes judiciales para rodear la zona. Algunos alegan que posteriormente ordenó abrir fuego en contra esa población, asesinando a un número no reportado de personas e incendiando posteriormente unas viviendas. Los arrestados fueron acusados de agresión a la policía. Pese a que mediaba una orden judicial exigiendo el cese de la agresión por parte del cuerpo de policía, ésta persistió hasta que los policías se vieron forzados a abandonar la zona con la llegada de las tropas federales.

Intentos de rebelión democrática: Rosas Magallón contra Esquivel Méndez

El Presidente Adolfo López Mateos ejerció su poder en el marco del presidencialismo para seleccionar el siguiente candidato del PRI y gobernador de Baja California, Eligio Esquivel Méndez. Se trataba de un ingeniero hidráulico originario del estado de Yucatán, de reciente arribo en Baja California, quien empezó a desarrollar proyectos hidráulicos como empleado del gobierno federal. A Esquivel Méndez, quien era un virtual desconocido en el estado, se le vinculaba además con la conducta de Maldonado Sandez y sus colaboradores, lo cual produjo sentimientos de descontento y oposición en su contra y en contra del PRI por parte de la población. Esta oposición favoreció al PAN y a su carismático líder, Salvador Rosas Magallón, quien en su momento había representado a los colonos de escasos recursos a quien Maldonado Sandez había intentado desalojar de las márgenes del Río Tijuana. En estas circunstancias, incluso varios miembros del PRI expresaron abiertamente su apoyo a Rosas Magallón.

Como era de esperarse, la campaña electoral se caracterizó por ser conflictiva y violentamente opresiva; más aún, las versiones en relación a lo que ocurrió exactamente en Mexicali en junio de 1959, son contradictorias. La versión oficial sostiene que un comandante de la Policía, Héctor Márquez, fue secuestrado por simpatizantes del PAN; por su parte los panistas sostienen que Márquez entró a una reunión de su partido, para recuperar una pistola que habían confiscado a un oficial de policía que se había infiltrado en su grupo. En cualquier caso, con el comandante aun dentro del edificio, la policía que se encontraba en el exterior abrió fuego contra la multitud, hiriendo a docenas y presuntamente matando a varias personas, cuyos cuerpos fueron retirados por la policía, para nunca más ser vistos por suyas familias.

Aunque el día de la elección, 2 de agosto de 1959, hubo una gran concurrencia a las casillas de votación, el fraude electoral masivo ya había sido orquestado. Morales (2002, p. 194) señala que la conformación misma del cuerpo electoral oficial y la manipulación del padrón electoral, aludían a que el fraude había sido planeado con gran antelación a petición del gobierno federal, lo cual no dejó gran espacio a manipulaciones por parte del gobernador. Los operativos del PRI en las casillas electorales tenían como objetivo negar el acceso a los simpatizantes del PAN, ya fuera mediante artificios legales o por la fuerza, llevando a cabo con esto violaciones flagrantes al voto. En las zonas rurales, los partidarios del PRI contaban con varias credenciales con las que ejercieron su voto repetidamente, en distintas casillas. No obstante, el índice de participación en las áreas urbanas, bastión de los partidarios del PAN, fue voluminoso. Esa noche, los militares, acompañados de policías municipales, estatales y federales, obligaron a los turistas estadounidenses a salir y los dueños de las tiendas a cerrar sus establecimientos. Comenzó entonces el robo de urnas, con disparos ocasionales para ahuyentar a los partidarios del PAN. Adicionalmente, las cámaras de fotógrafos que documentaban los incidentes fueron incautadas y las películas destruidas. Finalmente, la mitad de las urnas en Mexicali y una cuarta parte de las de Tijuana fueron retiradas, imposibilitando el cómputo de esos votos. Una vez más, la orden para la ejecución de estas acciones provino del Gobierno Federal en la Ciudad de México.

Aunado a estos eventos, los representantes del PAN ante la Comisión Federal de Vigilancia Electoral encargados del recuento de los votos fueron secuestrados. Una semana más tarde, se hizo el anuncio de los resultados, declarando el triunfo de Esquivel Méndez sobre Rosas Magallón con aproximadamente 90,000 contra 47,000 votos. Era de esperarse que todos los representantes ganadores - diputados del Congreso y alcaldes municipales y regidores - también fueran candidatos del PRI. Cabe mencionar, que incluso los candidatos del PRI de Tijuana y de varios distritos de Mexicali y Ensenada, quienes habían reconocido ya la victoria de sus opositores del PAN, fueron declarados vencedores.

Rosas Magallón convocó entonces a una concentración de partidarios del PAN para el 16 de agosto, sin embargo, el gobernador le negó el permiso para llevarla a cabo. El día 12, un juez de Mexicali emitió una orden de arresto contra Rosas Magallón, basada en acusaciones por parte del Ministerio Público sobre la comisión de delitos de rebelión y asociación delictuosa. Esto condujo a Rosas Magallón a huir hacia la frontera con San Ysidro, California, donde buscó refugio. Sin embargo, un gran número de sus seguidores fueron arrestados, lo cual llenó las celdas de las cárceles con presos políticos. Siguiendo con estos acontecimientos, varios líderes del PAN fueron torturados, forzados a fabricar confesiones en las que declaraban la participación del PAN en una rebelión armada.

A pesar de todas las irregularidades que llevaron al PRI al triunfo, en su ceremonia de instalación, el gobernador Esquivel Méndez se comprometió a luchar contra la injusticia y a administrar la justicia que los ciudadanos exigían, señalando que el pueblo no quería ser ofendido por el fraude y el engaño. Fue entonces que los simpatizantes panistas malinterpretaron sus palabras como una indicación de que el gobernador rectificaría los problemas y convocaron a una concentración en Tijuana en protesta por la instalación de los diputados locales. Aunque las autoridades prohibieron la reunión, ésta se llevó a cabo, lo que provocó que los panistas asistentes fueran violentamente reprimidos por la policía de Tijuana. Decenas de heridos fueron trasladados a hospitales, donde fueron detenidos y acusados de agredir a las fuerzas policiales. Una semana más tarde, otro esfuerzo de los panistas para reunirse en Tijuana fue dispersada con disparos y gases lacrimógenos. Las detenciones de miembros del PAN continuaron a lo largo del siguiente año por parte de las fuerzas de seguridad federales, quienes secuestraban y torturaban a dichos panistas antes de entregarlos al Ministerio Público. Los periodistas que cubrieron las agresiones también fueron acosados, secuestrados, obligados a salir del estado y amenazados de muerte en caso de decidirse a regresar.

Ante la magnitud de las vicisitudes, el Gobernador Esquivel Méndez, decido a mejorar su imagen pública a finales de 1960, ordenó la liberación de los presos del PAN e informó a Rosas Magallón que podría volver a Baja California sin temor a ser arrestado si de su parte hubiera un cambio de actitud. No obstante, Rosas Magallón permaneció fuera de Baja California durante el mandato de Esquivel Méndez y se trasladó al estado de Guerrero, al sur de México.

La prensa de la región empezó a lanzar fuertes críticas al gobernador Esquivel Méndez y dar amplia cobertura a su administración por irregularidades en la administración, lo cual provocó una reacción autoritaria. Era usual que el gobernador rechazara las solicitudes de la prensa para conceder entrevistas, y durante las que eventualmente llegaba a aceptar, su temperamento violento a menudo explotaba, sin importar que se tratara de antiguos amigos, como sucedió con el reportero Carlos Estrada Sastré, ex-colaborador de Esquivel Méndez, quien fue asesinado al llegar a su domicilio a altas horas de la noche, un día después de que fuera publicado su artículo sobre las relaciones entre el gobierno y el contrabando de drogas. La Policía Judicial del Estado arrestó al comandante y a varios oficiales de la policía de Tijuana por ese crimen y encubrimiento del mismo. Sin embargo, los acusados alegaron que el periodista les había atacado con un tubo de metal, a lo cual respondieron con golpes para desarmarlo. Uno de los policías confesos de la agresión, fue condenado a 30 años de cárcel; no obstante, como había sucedido con otros convictos por asesinatos de periodistas durante el periodo de Maldonado Sandez, el preso se fugó de la cárcel local.

El periodo del Gobernador Esquivel Méndez se caracterizó por la aceleración de los cambios económicos en Baja California y por una escasa apertura política a nivel nacional. El Programa Industrial Fronterizo (programa de maquiladoras) aceleró el desarrollo económico en las zonas fronterizas y aumento la inmigración hacia la región. El gobierno federal, constantemente criticado por la elección exclusiva de los candidatos del PRI, creó una pequeña apertura para los partidos de oposición. Para atenuar estas críticas, el gobernador ofreció curules en la Cámara de Diputados a los partidos que alcanzaron el 2.5% de la votación nacional, lo cual permitió a Rosas Magallón ocupar una posición en 1964. Durante esa misma gestión, el Partido Comunista Mexicano (PCM) también comenzó a hacer progresos significativos en su organización en Baja California. El Gobernador Esquivel Méndez falleció durante el último año de su gestión, siendo sustituido por Gustavo Aubanel Vallejo para concluir los últimos 10 meses, por mandato del presidente Díaz Ordaz.

Las elecciones municipales de Ensenada bajo la estatitad[4]

Montes (2002) señala que una vez que la nueva estructura gubernamental del estado quedó establecida, la ciudadanía de Ensenada participó entusiastamente en las contiendas electorales y exhibió sus tendencias democráticas. En esta ocasión, tres candidatos competían por la candidatura del PRI: David Ojeda Ochoa, Santos B. Cota y Elpidio Berlanga de León. El gobernador Braulio Maldonado había mostrado su preferencia por este último para ocupar la alcaldía; no obstante, el favorito local, descendiente de una de las familias fundadoras de Ensenada era

David Ojeda Ochoa, quien organizó un desfile impresionante a través de la ciudad, atrayendo a seguidores de todo el municipio. Ante tales muestras de apoyo, el Gobernador Braulio Maldonado decidió conciliar en lugar de enfrentar una oposición antagónica, y Ojeda Ochoa fue selecionado como el candidato del PRI, resultando electo sin mayor problema.

Una vez en el cargo, Ojeda Ochoa emprendió vigorosamente sus responsabilidades, obteniendo financiamiento y posteriormente emprendiendo la construcción del Palacio Municipal. Al centro de esos acontecimientos, tomó la desafortunada decisión de permitir a un preso de la cárcel local asistir a una reunión familiar, bajo la promesa de que regresaría. Cuando el recluso faltó a su promesa, se desató un escándalo político de tal magnitud que obligó a Ojeda Ochoa a abandonar su cargo. El siguiente alcalde municipal electo, Santos B. Cota, de ideología liberal y reconocido hombre de negocios de la región, obtuvo también un cómodo triunfo en las elecciones y su mandato fue bien acogido a nivel local. Posteriormente, las elecciones municipales de 1959 generaron un gran número de candidatos. Mientras que los entusiastas locales del PRI apoyaron a Luis González Ocampo, los sectores de élite se opusieron a que un campesino pudiera fungir como el futuro alcalde. En respuesta, el gobernador Esquivel Méndez eligió al Dr. Elpidio Berlanga de León como candidato del PRI. El Dr. Berlanga de León también era bien conocido y aceptado por la gente del lugar, venciendo sin dificultad a su oponente, el panista Antonio Jiménez González en una proporción de 3 a 1. Así, los tres candidatos para el cargo de alcalde que habían contendido en1954, eventualmente estuvieron al frente de la alcaldía, lo cual reflejó la importancia de los intereses locales y el arraigo de los candidatos de Ensenada. Sin embargo, esta inclinación estaba a punto de dar un giro durante los preparativos para las elecciones municipales de 1962, con la visita del Presidente Adolfo López Mateos a Ensenada ya que, aunque la disputa por la nominación del PRI en Ensenada atrajo un número de candidatos, el destinatario del *"dedazo"* fue en esa ocasión Adolfo Ramírez Méndez, quien virtualmente no representaba competencia. Con él se inició una tendencia en la que los candidatos locales para el concejo y a alcaldía no serían los favoritos locales, distanciando a los ensenadenses del PRI.

El gobernador Sánchez Díaz y las protestas estudiantiles

El siguiente presidente de México, proveniente de las filas del PRI, fue elegido en julio de 1964. Se trataba de Gustavo Díaz Ordaz, quien reflejaba una tendencia represiva cada vez más frecuente. Díaz Ordaz había estado al frente de la Secretaría de Gobernación durante la administración anterior, desde donde desempeñó un papel directo en la represión interna contra la oposición política en el país. Díaz Ordaz nombró como candidato del PRI para la gubernatura de Baja California a Raúl Sánchez Díaz. A pesar de ser virtualmente desconocido en Baja California, éste fue capaz de derrotar con facilidad al candidato del PAN, Norberto Corella Gil Samaniego, en cuyas fuerzas partidistas reinaba todavía el desorden; el candidato del PAN, sin embargo, recibió alrededor de un cuarto de los votos emitidos. Como de costumbre, el PRI ganó todas las diputaciones locales y los puestos del concilio municipal.

El PAN y sus partidarios de centro derecha también se enfrentaron a una creciente competencia por el apoyo del público, ya que el PCM y otros partidos de izquierda estaban empezando a organizarse más eficientemente y estaban alcanzando popularidad en la región del norte. Las fuerzas comunistas también estaban cada vez más preparadas para la guerra de guerrillas, atrayendo la atención nacional con un ataque a una guarnición militar en Chihuahua en septiembre de 1965. Esto inspiró la formación de una serie de organizaciones clandestinas, incluidas las establecidas en Baja California. La afiliación más significativa se derivaba de las filas de estudiantes y profesores. Los grupos de estudiantes también formaron sus propias organizaciones, tal como la Federación de Estudiantes de Baja California, la cual estaba relacionada con la Central Nacional de Estudiantes Democráticos. Una de las organizaciones que llegaron a tener gran relevancia más amplia en la vida política, especialmente dentro de la Universidad Autónoma de Baja California (UABC), fue la Federación de Estudiantes Universitarios de Baja California.

Estas asociaciones estudiantiles se volvieron cada vez más notorias, ya que abordaban cuestiones universitarias y asuntos relacionados con ámbitos sociales más amplios, ofreciendo apoyo a los movimientos de trabajadores y a los de maestros en demanda de salarios justos. Se formó entonces un frente de grupos comunistas y estudiantiles, el cual organizó huelgas y protestas en Mexicali, logrando la remoción del ineficaz director de la Preparatoria y del rector de la UABC. Las protestas también iban dirigidas en contra la mala calidad de los profesores, lo que dio origen a la creación de un sistema de evaluación de competitivo para profesores que aspiraban a la titularidad de las plazas en la UABC. De igual manera, el movimiento estudiantil fue crucial en el apoyo a la planta de docentes, quienes sufrían no sólo a causa de los bajos salarios, sino también por un problema constante de insuficiencia de fondos en las arcas del Estado, lo cual afectaba incluso los recursos de donde provenía su sueldo. Las organizaciones de trabajadores eran instituciones antidemocráticas con un tipo de liderazgo a la vieja usanza que funcionaban respondiendo a los intereses de la administración estatal, y no a favor de los miembros que debían representar.

Después de casi una década de represión y dispersión del PAN por parte de las autoridades estatales y federales, el partido había comenzado a reagruparse. La organización del PAN estimuló la anexión de un número cada vez mayor de personas que anteriormente habían sido miembros leales y líderes locales populares del PRI. En el ejercicio de los poderes centrales dentro del marco del presidencialismo, el presidente había provocado el descontento de los priístas locales al realizar nombramientos de personas ajenas a la región en puestos políticos locales. De esta manera, los candidatos del PAN lograron un considerable apoyo popular en las elecciones municipales de 1968, dado que habían trabajado durante años por el PRI en actividades locales. Pese a esto, la victoria todavía no sería para ellos.

María Ortiz Villacorta Lacave declaró que "el día de la elección, una gran proporción de las urnas fueron robadas a punta de pistola. Frente a las oficinas del PRI, vimos a mis amigos, Prudencio V. Rodríguez y Héctor Lucero (q.e.p.d.), así como algunos otros conocidos nuestros, que llegaban con las urnas en sus hombros" (citada en Morales Tejada 2002, pp. 205-206, paráfrasis). Jesús Blancornelas, entonces periodista de La Voz de la Frontera, relata lo que vio en la jornada electoral mientras hacía rondas en los centros de votación con el director local del PRI, Pedro Luis Bartilotti. En cada casilla electoral, un joven con un corte de pelo estilo militar se acercaba al director del PRI y transmitía al mismo mensaje: "Todos están votando por el PAN". Bartilotti regresó a su despacho y llamó a la Ciudad de México para obtener instrucciones. Enseguida, regresó a cada una de las mesas electorales y en cada una dio una señal a los foráneos de corte militar parados cerca de los lugares de votación. Después de eso, regresó a su oficina. Media hora más tarde, llegó la noticia de que las urnas estaban siendo robadas.

El fraude electoral fue tan extenso que incluso los partidos de izquierda se unieron a los simpatizantes del PAN en protesta; en consecuencia, más de 25,000 personas se presentaron a reuniones públicas, tanto en Tijuana como Mexicali, en reclamo por los resultados de las elecciones. La prensa local, ahora bajo el control informal del PRI, tendía a negar las denuncias y defender al gobierno. La indignación por el fraude alcanzó tal magnitud, que el gobierno federal, temeroso a un derramamiento de sangre aún mayor que los anteriores, intervino y anuló las elecciones municipales de Tijuana y Mexicali. No obstante, las personas designadas para ocupar los consejos municipales fueron en su mayoría arraigados priístas y funcionarios del gobierno.

Los movimientos de protesta estudiantiles

La resistencia a las prácticas políticas corruptas de México aumentó en 1968, con resultados trágicos. En el marco de la organización de los Juegos Olímpicos Internacionales que se celebraban en la Ciudad de México ese año, el movimiento estudiantil mexicano organizó protestas en las calles de esa ciudad durante los meses previos a las olimpiadas, atrayendo con ello la atención internacional. En octubre de 1968 y en las siguientes semanas, se estima que por lo menos cientos, o incluso hasta miles de estudiantes y manifestantes de izquierda fueron asesinados, un gran número de ellos desaparecidos en una "guerra sucia" dirigida por el hombre que sería el siguiente presidente de México, Luis Echeverría Álvarez, quien entonces se desempeñaba como Secretario de Gobernación. A él se le considera responsable de la masacre de la *"Noche de Tlatelolco"*, durante la cual cientos de manifestantes fueron asesinados a tiros en las calles de Ciudad de México y sacados de las habitaciones de los hospitales, para nunca más ser vistos.

Lejos de lograr la calma, la represión estimuló la resistencia en Baja California, donde un movimiento estudiantil radical denominado Bloque de Estudiantes Democráticos (BED), comenzó a extender su organización, particularmente dentro de la universidad estatal, UABC. Como parte de estas acciones, en el Campus Ensenada de la UABC se realizaron importantes protestas estudiantiles y se ocuparon edificios administrativos de este centro de estudios; las actividades se paralizaron por varias semanas en protesta por la falta de terrenos y edificios para la universidad. Afortunadamente, aunque la respuesta fue violenta y represiva en Baja California, el resultado de estas protestas no dio lugar a un extenso derramamiento de sangre como el experimentado en el centro de México.

El movimiento estudiantil en la ciudad de Ensenada fue resultado de la falta de respuesta por parte del gobierno a la solicitud hecha por el rector de la UABC, en relación al otorgamiento de tierras y edificios para la Escuela de Ciencias Marinas y el Instituto de Investigaciones Oceanológicas. Los estudiantes invadieron entonces unas tierras ubicadas a lo largo de la bahía, en un sitio considerado ideal para realizar estudios oceanográficos y marinos, en donde los estudiantes de la UABC empezaron a tomar sus clases. Esta presión se mantuvo constante a lo largo de dos meses, durante los cuales los estudiantes inconformes recibieron el apoyo de otras universidades, de profesores, de una gran mayoría de la población ensenadense y de la prensa. En respuesta, el gobernador Sánchez Díaz formó una comisión para estudiar la situación que dio como resultado que las tierras en la bahía de Punta Morro fueran adquiridas para la construcción de la universidad.

Como parte de su campaña presidencial, Luis Echeverría Álvarez visitó las instalaciones de la UABC Ensenada, donde se encontró una formidable resistencia estudiantil. Los estudiantes argumentaron que su presencia violaba las políticas de autonomía universitaria, que prohibían la utilización de las instalaciones con fines políticos. Los estudiantes se hicieron cargo de la reunión y forzaron un diálogo entre el candidato presidencial y los líderes estudiantiles. Desafortunadamente, los acuerdos momentáneos que surgieron en relación a las demandas de los estudiantes ensenadenses, no representarían un cambio de posición del candidato al arribar a la presidencia, ya que posteriores manifestaciones estudiantiles fueron abatidas a tiros en Ciudad de México.

El Gobernador Castellanos Everardo y el retorno de Rosas Magallón

En marzo de 1971, mientras las asambleas locales del PRI preparaban las reuniones en los municipios a fin de determinar sus preferencias para las candidaturas a la gubernatura, ocurrió la esperada nominación de los partidarios del PRI. El Comité Ejecutivo Nacional del PRI en la Ciudad de México anunció la candidatura de Milton Castellanos Everardo a la gubernatura de Baja California. Este nombramiento fue bien recibido por los jefes locales del partido, dado que Castellanos Everardo había residido por 19 años en el estado y era conocido por su trayectoria dentro del PRI. Los candidatos del PRI para las alcaldías también se dieron a conocer y la prensa comenzó a presentarlos como electos en lugar de como candidatos.

Rosas Magallón, el ex candidato a gobernador del PAN, regresó a Baja California y asumió la candidatura del PAN a la gubernatura. Su campaña fue recibida con entusiasmo y sus reuniones públicas organizadas en las principales ciudades de Baja California gozaban de alta concurrencia. Castellanos Everardo también abandonó el enfoque tradicional del PRI de convocar a reuniones exclusivas y en su lugar, realizó un viaje por el estado para dialogar personal y directamente con la población, quienes hasta ese momento sólo podían escuchar sus discursos. Castellanos Everardo contaba con las organizaciones corporativistas laborales (CMT y la CROC), las cuales habían organizado un desfile público para honrar a líderes obreros caídos, al cual había sido invitado para dirigirlo. Sin embargo, cuando llegó a encabezar el desfile, con gran sorpresa y consternación del PRI, Rosas Magallón y sus partidarios estaban allí para unírseles, alegando que los héroes homenajeados también eran respetados y conmemorados por ellos.

Rosas Magallón también planeó una marcha de Ensenada a Mexicali en el marco de su campaña electoral, la *"Marcha de la democracia panista"*. El anuncio fue acompañado por una denuncia sobre las deficiencias y las prácticas de fraude en el sistema electoral. Señaló la imposibilidad de realizar elecciones justas dado que el sistema permitía que el gobernador nombrara a funcionarios incondicionales al PRI, como responsables de la supervisión de las elecciones y la determinación de los resultados. Durante los 10 días de la marcha, Rosas Magallón visitó varias localidades y entabló un diálogo directo con el electorado. Cuando Rosas Magallón y sus 800 manifestantes llegaron a Mexicali, fueron recibidos por una entusiasta multitud de aproximadamente 10,000 personas.

En respuesta, el PRI anunció el lanzamiento de algunos programas del gobierno federal en beneficio de Baja California, tales como la extensión del período de zonas francas y la construcción de carreteras. En tales circunstancias, era menester contrarrestar la imagen sombría del PRI producida por un fisco en quiebra imposibilitado a pagar sueldos a funcionarios públicos y a los profesores. El PRI organizó eficientemente su apoyo a Castellanos Everardo, quien ganó con aproximadamente 150,000 contra 82,000 votos. Los mismos resultados se repitieron para todos los candidatos del PRI a las alcaldías. Pero la violencia contra los panistas que había acompañado a la campaña de Rosas Magallón en 1959 estaba ausente.

El fracaso del PAN y Rosas Magallón se complementaron con el creciente poder de los partidos de izquierda, particularmente dentro del sistema universitario. En la noche de la ceremonia de toma de protesta, Castellanos Everardo fue recibido por miles de estudiantes universitarios que exigían que el gobierno cumpliera con los compromisos adquiridos con la universidad, incluidos salarios excesivamente atrasados y la construcción de edificios. Se acordó una reunión con ellos tres días después, en una sesión pública a la que asistieron miles de estudiantes, en la cual la asamblea arrancó la promesa por parte del gobernador de pagar los salarios atrasados dentro de los siguientes cuatro meses. Las estrechas relaciones del Gobernador Castellanos Everardo con el Presidente Echeverría le permitieron acceso a los recursos necesarios para cumplir con estas promesas, así como para hacer frente a la construcción de una serie de obras públicas necesarias en Baja California, que incluían los edificios dentro del campus universitario. Anterior a esas edificaciones, la universidad se había visto obligada a utilizar edificios gubernamentales abandonados y edificios de otras escuelas para impartir clases.

La izquierda presionó para lograr la eliminación del control directo por parte del gobierno en la administración de la universidad, permitiendo con ello la selección democrática de los líderes universitarios y de los miembros de la junta de gobierno. De hecho, la izquierda política en Baja California surgió principalmente del interior de las universidades. Estas fuerzas inspiraron los procesos de cambio democrático. El Partido Comunista Mexicano tuvo un papel importante en las protestas estudiantiles y de los trabajadores; no obstante, el único partido de izquierda legalmente reconocido en México era el Partido Popular Socialista (PPS), el cual era considerado como un frente que servía a los intereses del PRI en lugar de un partido verdaderamente independiente. Sin embargo, aunque la verdadera contienda política tomaba lugar entre el PRI y el PAN, los continuos triunfos del PRI en los cargos de elección popular provocaron el debilitamiento del PAN, tanto a nivel local como a nivel nacional, mientras las corrientes divergentes dentro del partido se disputaban el control.

Más presidencialismo: Cuenca Díaz y la respuesta de los ensenadenses

El presidente Echeverría ampliaría la prerrogativa presidencial al anunciar al siguiente candidato del PRI a la gubernatura de Baja California, tan solo unos días antes de que el Presidente José López Portillo tomara posesión del cargo. En esa ocasión fue nominado Hermenegildo Cuenca Díaz, Secretario de la Defensa Nacional, lo cual provocó gran descontento e inconformidad en Baja California, incluso entre el líder y los seguidores del PRI, quienes no fueron consultados. La elección de Cuenca Díaz se debió a la puesta en práctica de una eficaz campaña contra las guerrillas de izquierda en las zonas rurales y urbanas de México durante la presidencia de Echeverría, y había continuado la guerra sucia de este último contra la oposición izquierdista. Cuenca Díaz contaba con pocos amigos y muchas enemistades en Baja California, por su papel en la ejecución del fraude electoral de 1959. Incluso el gobernador en funciones de ese momento, Castellanos Everardo, quien tenía un historial de conflictos con Cuenca Díaz, expresó su descontento por su nombramiento y negó todo apoyo público.

La imposición de la candidatura de Cuenca Díaz provocó deserciones del PRI, incluyendo al ex alcalde de Ensenada Guilebaldo Silva Cota, quien emprendió la fundación de un partido independiente, Partido Independiente Estatal (PIE), y postuló su candidatura a la gubernatura. El PIE y la postulación de Silva Cota provocaron gran inquietud a nivel federal, por lo que el grupo fue puesto bajo vigilancia por la inteligencia militar; más aún, algunos agentes vestidos de civil fueron enviados para infiltrarse en el partido y sus reuniones. Otro opositor a la elección de Cuenca Díaz fue Escamilla Soto, que había servido como alcalde priísta de Mexicali en 1953. En medio de esa agitación, un dividido PAN postuló como candidato a Héctor Terán Terán, ex aspirante al cargo de alcalde de Mexicali, en tanto que varios miembros del PAN, incluyendo a los colaboradores de Rosas Magallón, tomaron partido por Silva Cota al vislumbrar la oportunidad de derrotar al PRI con esta medida.

Cuenca Díaz, con 79 años de edad y problemas de salud física, enfrentó grandes dificultades para llevar a cabo esta campaña. Era bien conocida la intolerancia del general a la oposición o a quienes estaban en desacuerdo con sus ideas, y su ira fue ampliamente mostrada durante su campaña, lo cual distanció a algunos de sus partidarios. De acuerdo a versiones oficiales, su edad y salud se confabularon en su contra, y murió repentinamente en mayo del 1976, a menos de cuatro meses de las elecciones. Su hija alegó que fue envenenado, una acusación que nunca fue anulada. Tales sospechas se vieron fortalecidas por no habérsele practicado una autopsia, por la guardia estricta mantenida durante su funeral por agentes federales, y por la exclusión de la mayoría de los miembros del PRI del funeral. Su cuerpo fue rápidamente trasladado en un avión de la Fuerza Aérea a la Ciudad de México, donde se le dio inmediata sepultura.

A fin de reemplazar al candidato, el Presidente José López Portillo nombró a su amigo, Roberto de Lamadrid Romandía, quien nació en el año de 1922 en Caléxico, California, y se nacionalizo ciudadano mexicano en 1969. Éste había jugado un papel importante bajó el mando de López Portillo, dirigiendo la Junta Federal de Mejoras Materiales durante la presidencia de López Mateos a principios del 1960. Hay quienes afirman que de Lamadrid huyó posteriormente a los Estados Unidos para evitar ser procesado por apropiación de fondos públicos. En el sur de California, desarrolló una serie de actividades comerciales y participó en algunas comisiones de planificación local y regional. De Lamadrid era amigo cercano de López Portillo, lo mismo que de la familia Kennedy; había pasado tiempo con el Presidente Kennedy, así como con el Gobernador de California, Jerry Brown. Era también sabido que conocía a algunas celebridades de Hollywood, y que incluso había tenido papeles secundarios en algunas películas.

Los delegados del PRI cerraron filas en apoyo a su presidente en la convención estatal a finales de mayo, y el candidato a gobernador disidente, Silva Cota, quien presidió un momento de silencio por Cuenca Díaz, aprovechó la oportunidad para renunciar públicamente a su candidatura de oposición. El PAN y la oposición fueron sorprendidos con esta renuncia, y los amplios vínculos comerciales con los que contaba de Lamadrid vinieron a debilitar al sector que en otras circunstancias podría haber apoyado a Terán Terán como candidato de oposición del PAN. De Lamadrid tenía amplios vínculos con las empresas locales y, quizás lo más importante, era que tenía relaciones comerciales internacionales, especialmente con los Estados Unidos, y particularmente con California. Lo que había comenzado como un potencial desastre electoral se convirtió en una fácil victoria para el PRI, ganando la gubernatura, así como todos los puestos en las alcaldías municipales y en el congreso local. El candidato del PAN, Terán Terán, tuvo un impresionante desempeño, obteniendo aproximadamente 89,000 votos, aunque esta importante cantidad se vio opacada por los más de 182,000 alcanzados por de Lamadrid.

La toma de posesión de Lamadrid en noviembre de 1977 fue ampliamente concurrida por el jet set de México y de Estados Unidos, lo cual podía tomarse como una indicación del gobierno frívolo, corrupto, y distante que estaba a punto de venir. El nepotismo, la ineptitud y la incapacidad para capitalizar la riqueza petrolera de México en beneficio del desarrollo de Baja California se constituyeron como críticas centrales de su periodo en el cargo. La incapacidad de de Lamadrid para responder a las devastadoras inundaciones que afectaron a Tijuana en 1980 fue sólo uno de los problemas que afectaron su imagen pública. La gran pérdida de vidas humanas que resultó de la liberación tardía de aguas de la presa Rodríguez en Tijuana fue considerada por muchos como un acto deliberado. El derrame excesivo de agua acabó con los asentamientos a lo largo de las orillas del Río Tijuana que Maldonado Sandez había tratado infructuosamente de reubicar casi 20 años antes.

Los periódicos que cubrieron los actos de corrupción de los funcionarios del gobierno, como el ABC de Tijuana, fueron obligados a salir de circulación, por lo que su editor Jesús Blancornelas se vio forzado a buscar refugio al otro lado de la frontera, en Chula Vista, California. Una vez en California, Blancornelas y su socio, el cáustico periodista Héctor Félix Miranda, iniciaron la publicación de un periódico semanal, Zeta, que se introducía de contrabando a Baja California. De Lamadrid permitió a Blancornelas y su periódico regresar a Tijuana; sin embargo, en el proceso, el periodista fue continuamente reprimido, el equipo de imprenta fue incautado por los agentes de aduanas y el papel utilizado para la impresión de su diario fue confiscado de sus almacenes. En ocasiones, la mayor parte de la edición fue comprada y destruida para evitar su circulación. Adicionalmente, los reporteros del semanario fueron acosados y se les impidió asistir a reuniones públicas para cubrir las actividades del gobierno. A finales de 1988, Héctor Félix Miranda fue asesinado por un guardaespaldas del propietario de la pista de carreras de Agua Caliente, Jorge Hank Rhon, quien más tarde fue candidato del PRI ganador de la alcaldía de Tijuana en 2004.

El periodo de Lamadrid se enfrentó a crecientes problemas de imagen pública que alcanzaron dimensiones locales, regionales y nacionales. Los esfuerzos del presidente López Portillo para controlar el sistema universitario y erradicar los simpatizantes de izquierda generaron numerosas protestas en el sistema local de la UABC. Las huelgas más graves tuvieron lugar dentro de los terrenos universitarios en 1980, y en su afán por retirar a los huelguistas, las autoridades universitarias hicieron uso de violencia utilizando las fuerzas policiales estatales y municipales. Estas agresiones se produjeron también en el campus de la UABC en Ensenada. En casa, no todo marchaba bien.

El inicio de reformas políticas a nivel nacional

El Partido Revolucionario Institucional (PRI) mantuvo tal control hegemónico sobre el gobierno de México que tradicionalmente imposibilito el ejercicio de la democracia en México. De hecho, los partidos de oposición estuvieron prácticamente ausentes de las elecciones mexicanas antes de 1973, hasta que las reformas permitieron una mayor participación de las organizaciones políticas de izquierda. Sin embargo, gran número de éstas eran en realidad controladas por el PRI, y su función era la de diluir iniciativas de la izquierda y la solidaridad de la que pudieran ser objeto. Por lo tanto, las reformas políticas no redujeron la hegemonía del PRI; simplemente, e aportaron una fachada de legitimidad. Los resultados electorales seguían mostrando que la gran mayoría de los votos eran para los candidatos del PRI (por ejemplo, el tradicional 85% de los votos para los candidatos presidenciales del PRI).

Las reformas de 1973 promovidas por el presidente Miguel de la Madrid modificaron el artículo 115 de la Constitución, lo cual fortaleció la capacidad de los municipios para operar de manera independiente a los niveles más altos del gobierno. Sin embargo, aunque en teoría habían quedado establecidas, dichas reformas no se llevaron a la práctica. Una verdadera reforma habría requerido el establecimiento de gobiernos locales independientes de las estructuras del estado corporativista del PRI, antes de que pudiera ser implementada.

En 1977, bajo el mandato del Presidente López Portillo, el Congreso Federal aprobó la *Ley de Organizaciones Políticas y Procesos Electorales*. Esta legislación significó la apertura de los procesos políticos, permitiendo la representatividad de los partidos minoritarios de acuerdo al sistema de representación proporcional, garantías de acceso a los medios de comunicación y la obtención de apoyo financiero del gobierno. Las reformas de la legislatura presentadas por el presidente de la Madrid en 1986 abrieron una oportunidad para la participación de la oposición en el gobierno. El nuevo sistema permitió una mayor participación de los partidos minoritarios en el gobierno mediante la asignación de escaños adicionales en la Cámara de Diputados para los candidatos que habían recibido el mayor porcentaje de votos de todos los diputados en su estado, aun cuando esto no significara su triunfo electoral. Sin embargo, el impacto de esta apertura democrática implementada a nivel nacional fue mínimo. No obstante, esta reforma nacional fue seguida por las victorias locales de los partidos de oposición en Baja California a principios de la década de 1980.

Organizaciones laborales y empresariales en las décadas de 1960 y 1970[5]

El manejo que se le dio a los conflictos laborales en Ensenada adquirió un peculiar carácter comparado con los de otras ciudades mexicanas; éste reflejaba las tendencias democráticas y expresiones de solidaridad interclasista en oposición a las estructuras corporativistas de estado y al PRI. El alto nivel de desarrollo tanto de las organizaciones laborales y empresariales de Ensenada se vio reflejado en los más de cien sindicatos y veinte asociaciones comerciales en la década de los 1960, durante la cual Ensenada llegó a ser una de las ciudades más prósperas de México, con una de las estructuras ocupacionales más modernas del país, lo cual contribuyó a sus altos estándares de vida y niveles salariales. Estas cualidades dieron origen a una población que se resistió al presidencialismo y a la imposición local de políticas corporativistas implementadas a nivel federal. Aunque las decisiones políticas y económicas que afectaban a Ensenada eran tomadas por personas ajenas al área, las estructuras de la localidad permanecieron autónomas, con un poder comunitario distribuido entre un número de grupos sociales y económicos, particularmente los sindicatos, federaciones y alianzas. Esto se manifestó en una arraigada autonomía local de las organizaciones laborales y en la buena calidad de relaciones que existía entre dichos grupos de trabajadores y sus dirigentes. La integración de varios niveles de la comunidad que esto suponía, unificó a los distintos sectores en contra de las imposiciones centralistas del PRI.

Los sindicatos de trabajadores jugaron un papel importante en cuanto a la comunicación y acción política dentro de la comunidad local. causa del control de los medios masivos de comunicación ejercido por el PRI y sus representantes en funciones, las federaciones locales eran algunos de los "pocos centros de comunicación política para un gran segmento de la población" (Ugalde 1970, p.41). Este control fue explotado en la muy extendida práctica del PRI de registrar a trabajadores y a sus familias, como miembros de los sindicatos que controlaban. El afiliarse al PRI representaba para los sindicatos la obtención de subsidios, licencias y permisos proporcionados por la burocracia gubernamental controlada por ese partido; de igual manera, el PRI otorgaba ciertos beneficios a través de un sistema clientelista que incluía subsidios, cancelación de deudas federales, fondos para la construcción de oficinas y sedes, desarrollos habitacionales para trabajadores en determinados sectores económicos y la asignación de una variedad de posiciones federales que operaban a nivel local.

Las organizaciones laborales mexicanas se caracterizaban por una estructura jerárquica, en la que las autoridades a nivel nacional actuaban con mano dura al elegir a los representantes locales. En consecuencia, el PRI mantuvo el control sobre estos sindicatos y llegó a afiliar a grandes masas de trabajadores a través del procesos de cooptación. Este proceso llevaba a cabo mediante el reclutamiento a las filas del sistema político del PRI de líderes laborales en ascenso o a través del pago de sobornos. Los sindicatos de Ensenada, particularmente los de la CROM, se habían resistido con éxito a la incorporación al PRI y a la cooptación practicada por el sistema de estado corporativista desde inicios de los 1930. Mediante esta resistencia, las organizaciones laborales lograron mantener el control del trabajo en el puerto en un marco de independencia política y económica. Ugalde caracterizó a las confederaciones laborales locales como "unidades políticas esenciales" que tenían una limitada dependencia al PRI por parte de las centrales sindicales y hasta de los burócratas federales locales. Incluso los empleados del gobierno federal y estatal que laboraban en Ensenada generalmente no estaban afiliados al PRI; de igual manera, solamente un pequeño porcentaje de los profesores locales pertenecían a la CNOP, organización priísta de trabajadores en el área de la educación. Era todavía menos probable que los empleados técnicos y profesionalizados en el gobierno estuvieran adscritos a organizaciones laborales del PRI. Resulta pues evidente lo señalado por Ugalde, en el sentido de que aunque el PRI tuvo éxito en la cooptación de algunos líderes laborales, tuvo menos suerte con los trabajadores profesionales o los líderes comerciales.

Las organizaciones sindicales en Ensenada experimentaban un alto grado de desarrollo a mediados de los 1960. En esa ciudad, el 40 por ciento de los trabajadores no gubernamentales estaban sindicalizados, cifra que contrastaba con el 10 por ciento de los trabajadores que pertenecían a algún sindicato en el resto del país. (Ugalde 1970). Las diversas asociaciones laborales se dieron a la tarea de afiliar a los trabajadores auto-empleados a las federaciones laborales, logrando así una organización que integró tanto a trabajadores por contrato como a independientes, con distintos tipos de ocupaciones, lo que favoreció la interacción y unificación de dichos grupos sociales y dio origen a la creación de vínculos sociales más complejos. Ugalde señala que la consecuencia política y social de estos vínculos incluyó una difusión del poder en el trabajo, sobre todo en el contexto del conflicto obrero-patronal. Algunos miembros y asociaciones sindicales adquirieron considerables riquezas. Entre ellos se encontraban los trabajadores portuarios, taxistas, técnicos eléctricos y miembros de los sindicatos de pescadores y de buceadores. Dicha riqueza reafirmó entre los sindicatos locales de Ensenada el sentido de autonomía en el manejo de sus asuntos internos, lo cual motivó la negativa de los comités organizadores locales de afiliarse y apoyar a los miembros del PRI.

Las federaciones laborales a nivel local mostraban rasgos de mayor independencia que los típicamente observados en otras partes del país, lo que con frecuencia las llevaba a tomar distintas posturas políticas a las de sus organizaciones centrales: "las bases de la federación laboral no comparten necesariamente las posiciones ideológicas de la dirección nacional" (Ugalde 1970, p. 32). En consecuencia, en Ensenada, dichas organizaciones centrales ejercían relativamente poco poder, dado que éste se encontraba en manos de los sindicatos y federaciones locales.

Atendiendo a esta relativa autonomía, el liderazgo de los movimientos laborales se ganaba, más que ser conferido desde esferas más altas del sistema político. Esta posibilidad de ascenso al interior, jugó un importante papel en la integración social de la comunidad y su poder político. A consecuencia del poder local que detentaban los sindicatos, el PRI se veía forzado a consultar con las agrupaciones locales cuando se trataba de elegir candidatos para puestos de elección popular. Dentro de estas agrupaciones, se sometía a votación la selección de candidatos, las resoluciones sobre importantes asuntos financieros y los problemas laborales expuestos por las organizaciones locales.

Sin embargo, algunos miembros de la comunidad empresarial llegaron a formar parte de sectores del PRI, especialmente contratistas en construcción, agentes aduanales e industriales que requerían de apoyo en cuestión de trámites burocráticos, necesitaban trato preferencial para el desarrollo de sus proyectos y para las actividades de importación y exportación. Ugalde encontró que, durante las décadas de 1950 y 1960, aproximadamente el 20 por ciento de los miembros de asociaciones comerciales locales, incluyendo los clubs de Leones y Rotarios, habían ocupado puestos oficiales en el municipio dominado por el PRI y por el gobierno estatal. Ugalde señala que la mayor parte de los líderes profesionales y comerciales eran políticamente indiferentes e incluso hostiles al PRI, y con frecuencia partidarios del PAN.

Sin embargo, durante esas mismas décadas, las antiguas practicas de los miembros de la Cámara de Comercio y la comunidad empresarial que habían servido como oficiales electos continuaron en la municipalidad de Ensenada. Entre ellos se encontraban "prominentes comerciantes y profesionistas...miembros de exclusivos clubes de servicio [p. e., Logia Masónica y Shriners]...otras asociaciones profesionales, comerciales y cívicas. Por otro lado, únicamente tres de ellos habían ocupado puestos en el PRI local, una clara indicación de que los líderes comerciales cuentan con acceso a posiciones de toma de decisiones locales sin tener que controlar la maquinaria política local" (Ugalde,1970, 166-67).

La participación de los líderes comerciantes que fungían como miembros oficiales de las planillas de candidatosde PRI, sin ser participantes activos del PRI local, era prueba del arraigado poder de la comunidad comercial y sus organizaciones dedicadas al desarrollo de los negocios en el área de Ensenada.

Los sectores comerciales y profesionales diversificaron su composición durante la presidencia de Miguel Alemán (1946-1952), período en el que Ensenada y Baja California se convirtieron en beneficiarios de fuertes inversiones gubernamentales dirigidas al sistema de transporte, presas y el puerto de Ensenada. Estas áreas de enfoque aceleraron la modernización de la estructura laboral, lo cual llevó a Baja California a alcanzar uno de los más altos porcentajes de empleos en el sector de servicios. Esta situación también atrajo a una gran cantidad de personas con alto nivel de educación y profesionalización a la región, tipos de electores que frequentemente ostentaban posiciones opuestas al PRI y a sus tendencias hacia la corrupción. Así, se puede afirmar que fueron varios los acontecimientos económicos que contribuyeron a la relativa riqueza y estimulación económica en Baja California. La proximidad con los Estados Unidos facilitó la incorporación de materiales nuevos y usados para su uso en las labores domésticas y otro tipo de actividades. El puerto de Ensenada se benefició con el arribo de un varadero de segunda mano traído de Oakland California, el cual llegó a ser funcionar como un importante puerto de aguas profundas durante las décadas de 1950 y 1960. Con ello se incrementaron las importaciones y exportaciones, y el empleo local, lo cual contribuyó sustancialmente al bienestar económico promedio de los habitantes de la región. Para los años 1960, todas estas circunstancias afectaron positivamente el ingreso promedio de Ensenada, el cual llegó a ser mayor al doble del promedio nacional.

En general, puede afirmarse que los trabajadores de Ensenada no eran controlados por el sistema corporativista de estado del PRI. Más aún, puesto que Ensenada era una comunidad muy pequeña, sus habitantes conocían el desempeño de los responsables y empleados federales, y resultaba difícil llevar a cabo sobornos y otras formas de corrupción. No obstante, a nivel estatal y federal, el cohecho era práctica común entre los empleados federales en la región, resultado del presidencialismo que dio pie a importantes ineficiencias burocráticas. Este deficiente desempeño involucraba indirectamente al ejecutivo federal, quien era el encargado de seleccionar virtualmente a todos los candidatos a puestos de elección, incluyendo a varios a nivel municipal, lo mismo que a candidatos del PRI para el senado, diputaciones federales y legislaturas estatales. Una situación similar prevalecía dentro de la burocracia federal presente en el estado, cuyos frecuentes cambios de representantes dieron pie a una burocracia inestable e ineficiente, e incrementaban las oportunidades de corrupción.

Estas personas con nombramientos federales, sin embargo, no tenían gran interacción con la comunidad, ni con las organizaciones locales priístas, sino que más bien se enfocaban en tomar ventaja de las oportunidades de soborno durante sus cortos períodos en sus cargos antes de regresar a sus lugares de origen en otras partes del país. La deshonestidad caracterizó a los ocupantes de los puestos más altos del gobierno local, quienes generalmente no hicieron contribuciones a la organización partidaria local. En consecuencia, fue poco el apoyo brindado por parte de los miembros del PRI local a dichos funcionarios federales, a sus actividades, o a las del gobierno federal.

Existía una considerable autonomía local por parte de los miembros del PRI, lo cual se refleja en el comentario de Ugalde en el sentido de que "la selección del alcalde [para el gobierno municipal] generalmente no se lleva a cabo por el PRI, sino por la organizaciones laborales o los ejidatarios" (Ugalde 1970, p. 101). En consecuencia, un gran número de alcaldes, miembros del concejo municipal, eran personas que habían sido recompensadas por organizar a grupos que brindaran apoyo candidatos del PRI.

Esto dio origen a un gobierno ineficiente, irresponsable y corrupto, también a nivel local, con líderes locales priístas que controlaban al gobierno municipal y a los altos escaños de la burocracia a cambio de sobornos, patrocinio y beneficios personales, o para obtener concesiones y otros derechos, tales como licencias comerciales, haciendo uso de sus cargos públicos para fortalecer sus propias actividades empresariales personales. A decir de Ugalde (1970 p. 181) "La burocracia municipal se encuentra saturada de gente que está en la nómina municipal como recompensa a su apoyo en las campañas políticas". La designación y elección a través del favoritismo político creó un sistema altamente ineficiente en todos los niveles de la burocracia. El desempeño en los trabajos fue una actividad en que los funcionarios se enriquecieron aún más al exigir pagos a cambio de la prestación de sus servicios oficiales, e incurrir en actos de corrupción, cohecho, extorsión y malos manejos de los fondos públicos. "Los recursos son usados para enriquecer al gobernador y sus protegidos y para mantener una legislatura estatal cuyos curules se otorgan a intermediarios políticos extraídos de los sectores laborales y empresariales" (Ugalde, 1970 p. 181).

El cohecho gubernamental alejó a varios segmentos de la comunidad. Los sectores más prósperos percibían al gobierno municipal como un mal político que poco hacía por la ciudad, produciendo conflicto y ampliando el brecha entre el gobierno local y el comercio. "El conflicto entre las personas con mayores recursos del sector privado, quienes pagan impuestos, y el sector público que se adueña inapropiadamente de dichos impuestos, queda nuevamente en evidencia" (Ugalde 1970, p. 122). Esta lucha de la élite empresarial local contra el control federal es un tema recurrente a lo largo de la historia de Ensenada y Baja California. Las antes mencionadas ineficiencias en la burocracia alejaron aún más al sector comercial, debido a que éstas obstruían la práctica comercial eficiente, además de que el pago de cohecho representaba un gasto adicional. Esta ineficiencia y corrupción fue resistida por varias organizaciones laborales y administrativas locales.

Organizaciones gerenciales locales

La Cámara de Comercio, oficialmente establecida desde 1917, cuenta con una larga trayectoria en Ensenada. Desde sus inicios, esta asociación que abarca a una amplia variedad de empleadores en la región, se mantuvo independiente de las estructuras políticas. La Cámara de Comercio ostentaba considerable poder económico, reforzado por una ley que exigía a todos los comerciantes que contaran con un poco más de la mínima inversión de capital, afiliarse a la cámara. Además, desde 1960 ha existido una Cámara de Turismo, establecida con el propósito de promover el turismo, particularmente a través de ciertas actividades, tales como las regatas. Aunque en sus inicios la actitud de esta cámara hacia las organizaciones laborales fue prácticamente defensiva, a partir de 1967 las actividades de este sector se reenfocaron más específicamente hacia la promoción del intercambio y el comercio.

Los intereses de los negocios y sus asociaciones fueron posteriormente atendidos por una nueva organización, el Centro Patronal de Ensenada y sus filiales a nivel nacional. Esta organización asumió un papel beligerante al confrontarse con las demandas y con el poder del sector laboral, a la vez que trabajaba en la construcción de relaciones cordiales entre los sectores gerenciales y laborales. Ugalde (1970, p. 57) sostiene que el Centro Patronal fue la primera organización gerencial en enfrentarse al poder y hegemonía ostentados por las organizaciones laborales locales.

El Centro Patronal conservó la agresiva defensa a los comercios ejercida tradicionalmente por la Cámara de Comercio en contra de las intrusiones del gobierno. También dio realce a la calidad de las oportunidades comerciales de la zona, organizando una serie de foros educativos, en donde podían encontrarse desde conferencias y talleres, hasta presentaciones y seminarios encaminados a brindar apoyo a los empleadores. Con ello, los expertos ayudaban a aumentar la productividad y mejorar la calidad de sus empresas, a la vez que expandían la influencia del Centro Patronal en la comunidad. Una contribución clave a esta actividad educativa, tendiente a mostrar la importancia de la calidad en el manejo de empresas en la región de Ensenada, fue la de enseñar a las empresas a resolver conflictos laborales y a manejar a las organizaciones laborales del sector turístico. En consecuencia, rara vez se iniciaron huelgas o paros laborales, dada la capacidad que había por parte de los patrones para alcanzar acuerdos mutuamente favorables a través de la negociación y la mediación.

El Centro patronal también cohesionó a los miembros de una clase social más alta, creando útiles grupos de interés que entrelazaban las ideas políticas e ideológicas de varios sectores de la comunidad. Esta integración de sectores de distinto origen, convirtió al Centro Patronal en un importante grupo de presión en Ensenada. A pesar de esto, su labor no era estrictamente antagonista, ya que también interactuaba con las federaciones laborales para calmar tensiones, crear un clima de confianza y trabajar en función de un entendimiento mutuo entre los sectores laborales y patronales. El Centro Patronal aumentó su reputación mediante una campaña de relaciones públicas que motivó a los negocios a cumplir con las obligaciones legales, tales como el otorgamiento de salarios mínimos y prestaciones de servicios médicos de los trabajadores.

Para 1967, el Centro Patronal había integrado a representantes de la CROM y otros grupos a sus reuniones, creando con ello relaciones más cordiales entre las organizaciones laborales y los empresarios, reflejo de la cooperación que existía desde mucho antes entre estos dos sectores en Ensenada. De acuerdo a Ugalde, las relaciones laborales en esta ciudad se caracterizaban por su cooperación y actitud positiva, lo cual atrajo la inversión de parte de industrias nacionales y extranjeras, y generó empleos e ingresos tributarios que mejoraron la calidad de vida de la región.

La presencia de cinco cámaras relacionadas con el comercio y el turismo en Ensenada hacia los 1960, ilustra la organización e importancia de estos sectores comerciales. De acuerdo a Ugalde la presencia de esta amplia variedad cámaras y organizaciones no significaba que hubiera fragmentación entre la comunidad comercial, sino que más bien, reforzaba las alianzas de los líderes de dicha comunidad con las fuerzas laborales, para confrontar a los representantes y a las políticas del gobierno central. Tradicionalmente, el PRI ejercía el control sobre la participacion del sector comercial en los procesos democráticos a través de la cooptación de líderes, mediante los cuales controlaba el voto de las masas de trabajadores. La comunidad ensenadense logró mantener el control local, en parte por la ausencia de un importante grupo de campesinos o trabajadores que pudieran ser fácilmente manipulados por el PRI.

La brecha entre los comercios y el gobierno se acentuó cuando, en respuesta a acciones federales, los sectores comerciales, laborales y de otros tipos que existían en la comunidad fortalecieron su unidad. Un ejemplo de ello fue la resistencia que opusieron al gobierno federal cuando éste habilitó una carretera de cuota que comunicaba a Tijuana con Ensenada en 1967. El peaje de un viaje redondo fue establecido por el gobierno federal a aproximadamente cinco dólares, lo cual era un precio exorbitante considerando los estándares locales, y las consecuencias que este peaje pudiera acarrear en la disminución del número turistas casuales estadounidenses, quienes ya de por sí debían trasladarse alrededor de 100 kilómetros desde la frontera en Tijuana, hasta Ensenada. La Cámara de Turismo organizó una coalición de más de 20 cámaras, federaciones, sindicatos, cooperativas, el Centro Patronal y otros grupos comunitarios para ejercer presión sobre el gobierno federal en la reducción del peaje.

Aunque no tuvieron éxito en lograr la reducción de las tarifas, se demostró la capacidad de los sectores empresariales y laborales para trabajar en conjunto con los gobiernos municipales y estatales en el logro de un objetivo común. Como lo señala Ugalde, esto no se trató de un evento aislado en Ensenada, sino de un comportamiento típico de unión por encima de intereses de clase, para el logro de objetivos de la comunidad. También fue característica la ausencia de participación del PRI y sus líderes en la consecución de las demandas locales, lo cual reflejaba la desconexión de ese partido con las necesidades de la comunidad.

Experimentos sobre reforma política

Con el fin de mejorar la desfavorable imagen de su partido, los líderes del PRI a nivel nacional implementaron una serie de prácticas democráticas en la zona, un esfuerzo por reducir los problemas causados por el nepotismo en seleccionar a sus candidatos. A través de las actividades del ese partido, el gobierno mexicano experimentó nuevos procesos para elegir democráticamente a aquéllos que pudieran ser los candidatos más capaces. "El PRI llevó a cabo estas acciones en ciertos estados de la nación, con carácter experimental, durante las elecciones municipales de 1965. Baja California fue una de esas áreas experimentales ..." (Ugalde, 1970 p. 117). De acuerdo a Ugalde, este experimento de democratización interna fue un fracaso y fue pronto abandonado; sin embargo, tuvo efectos duraderos que aumentaba la inefectividad del PRI en Ensenada y Baja California.

Durante las elecciones primarias de 1965, Baja California fue sede de un proyecto piloto que pretendía la democratización del sistema priísta de selección de candidatos para la alcaldía y concilio municipales, mediante votación popular directa de los militantes de ese partido, en sustitución de la tradicional asignación de candidaturas por los jerarcas del sistema político. Este cambio de procedimientos aumentó la división entre los sectores internos del partido.

Los miembros del PRI, acostumbrados a apoyar incondicionalmente a los candidatos designados, armaron un verdadero caos cuando se vislumbró la posibilidad de que los candidatos para las elecciones primarias fueran propuestos por distintos sectores del partido. Esta organización política no estaba preparada enfrentar una dinámica de competencia interna de candidatos. "Las primarias dividieron al partido local y provocaron una profunda animadversión entre los candidatos y sus seguidores" (Ugalde 1970, p. 163). Los mismos trucos electorales sucios practicados por el PRI durante las elecciones se implementaron de manera interna entre sectores opuestos durante esas elecciones internas. Las acusaciones acostumbradas hechas por el PAN en contra del PRI estaban siendo ahora expresadas entre las distintas facciones del PRI, cada una de ellas alegando la comisión del fraude por parte de sus opositores.

Durante este proceso de democratización, el candidato que recibía el apoyo de la CROC, la cual tradicionalmente había representado los intereses del sector laboral local, no resultó elegido como el candidato del PRI. Así, Carlos Madrazo, quien entonces fungía como Presidente del Comité Ejecutivo Nacional, decidió hacer una visita a la zona, con el fin de apaciguar los ánimos de ese importante sector. Carlos Madrazo logró que el candidato oficial recientemente electo asegurara que los representantes de la CROC serían incorporados en la nueva administración municipal, lo cual no sucedió. En lugar de eso, se aplicó una reducción sustancial de las subvenciones municipales para la federación.

"Después de las elecciones primarias, la unidad del partido [PRI] estaba gravemente dañada. Los líderes de los distintos grupos se encontraban resentidos entre ellos, sus diferencias se volvieron cada vez más profundas e intensas, y sus rivalidades se prolongaron por un inusualmente largo tiempo" (Ugalde 1970, p. 165). Paradójicamente, los intentos por democratizar al partido tuvieron resultados opuestos a los esperados. Aunque el objetivo de este proceso era el de aumentar la confianza y seguridad dentro del PRI, en la realidad el efecto que causó fue la fractura de los diversos sectores que habían sido incondicionales en su apoyo al PRI. Madrazo fue retirado del cargo como Presidente del Comité Nacional Ejecutivo del PRI y este proceso de democratización fue puesto en pausa por 30 años más.

De acuerdo a Ugalde, el intento de establecer elecciones primarias fue particularmente perjudicial para el PRI en una ciudad próspera como Ensenada. En contraste, el PAN había gozado de buen apoyo en esa ciudad desde sus primeros años, lo cual era un reflejo del perfil socio económico de la ciudad. Estos centros urbanos relativamente prósperos tendían a estar en desacuerdo con el PRI y en disposición favorable a los intereses comerciales representados por el PAN. El número relativamente bajo de militantes del PAN, comparado con la considerable cantidad de votos que éste llegaba a alcanzar durante las elecciones, era un reflejo del sentimiento generalizado que llevaba al electorado a simplemente votar en contra del PRI. Este sentimiento se iría a intensificar durante las siguientes décadas, y fue el que en última instancia llevó al PRI a ser removido del cargo público. "[El] surgimiento del PAN en Ensenada se debe a la cada vez mayor insatisfacción de la gente con la actuación del gobierno, y a que el apoyo al PAN proviene de todas las clases socioeconómicas" (Ugalde 1970, p. 166). Los experimentos relacionados con la democracia y los ocasionales procesos consultivos en la selección de candidatos, no tuvieron el efecto de fortalecer el apoyo de la comunidad de Ensenada al PRI. Por el contrario, el deficiente desempeño del PRI y los efectos de sus tibios esfuerzos por lograr la democratización con frecuencia contribuyeron al fortalecimiento de la oposición. Las pobres relaciones del PRI con la localidad quedaron suspendidas hasta que el PRI retomó la práctica de elegir como candidatos a figuras locales bien conocidas y populares. Sin embargo, esta práctica tuvo poca duración; peor aún, como respuesta se retornó a las costumbres de presidencialismo y sus nefastas consecuencias no se hicieron esperar en la década de los 1980.

Conclusiones

Las tendencias democráticas de Ensenada y Baja California que habían sido evidentes desde los primeros años de la región como distrito y territorio, continuaron durante las primeras décadas posteriores al logro del estatus de estado. Mientras que la ciudadanía y los incondicionales del PRI con frecuencia aceptaban la imposición de un candidato nombrado en el marco del presidencialismo, dicho candidato normalmente era aprobado sólo cuando se trataba de una figura local, bien conocida y con arraigo en el estado. A partir de la segunda elección para una gubernatura en 1959, el serio papel del PAN como partido de oposición, con sustancial apoyo local, fue evidente. Solamente los importantes fraudes electorales ocurridos en la zona impidieron que la revolución democrática tomara lugar en Baja California 30 años antes. Aunque la violenta represión a los miembros del PAN por parte del gobierno federal y local dispersó su poder por varios términos, este partido permaneció como una fuerza viable en el estado. La constante imposición de las prerrogativas presidenciales en cuanto a la selección de candidatos del PRI a la gubernatura, o a cualquier cargo político, siguió avivando el resentimiento en el estado y debilitando su apoyo al PRI. La dramática devaluación del peso, iniciada en 1982, condujo a un catastrófico deterioro en 1983 y obligó a cambios en manejo del sistema bancario controlado por el gobierno del PRI. La expropiación del sistema bancario permitió a la comunidad comercial reducir sus nexos con el PRI y brindar apoyo al PAN, creando así las bases para un cambio democrático en Baja California. El importante declive político y económico de México en los 1980 sentó las bases para una exitosa revolución en las urnas, primero en Ensenada, y posteriormente a lo largo de todo el estado. La incompetencia y corrupción de los representantes serían cuestionadas por el PAN y su amplia red de apoyo en Ensenada. Ugalde resultó verdaderamente profético cuando, en las conclusiones de su libro publicado en 1970, afirmó:

"Baja California es uno de los estados económicamente más desarrollados y urbanizados de México. A menos de que se produzcan cambios imprevisibles y fundamentales en la política nacional o internacional, puede sugerirse que la modernización de otros estados mexicanos seguirá pautas políticas y organizacionales similares a las observadas en este estudio. Los datos recolectados en Ensenada podrían, en ese caso, ser muy útiles para predecir algunos aspectos del futuro desarrollo del sistema político mexicano" (Ugalde 1970, p. 179).

Notas

1 El material contenido en esta sección se deriva principalmente de Taylor (2000, 2002).

2 El material contenido en esta sección se deriva principalmente de López (2001).

3 Esta sección se basa principalmente en material derivado de Morales (2002).

4 El material de este párrafo proviene de Montes (2002).

5 El material contenido en esta sección se deriva principalmente de Ugalde (1970).

CAPÍTULO 8

DEMOCRATIZACIÓN DE ENSENADA Y BAJA CALIFORNIA

La historia de Ensenada, como lugar de resistencia al sistema político mexicano resurgió en la década de los 1980. La parte central de esta nueva fase de resistencia protagonizada por esta ciudad, fue una rebelión electoral democrática que logró poner fin al dominio del PRI sobre los gobiernos municipales y, posteriormente, sobre el gobierno estatal. Este histórico cambio en el poder político en Baja California se derivó de las victorias previas que había obtenido el héroe local Ernesto Ruffo Appel, encabezando al Partido Acción Nacional. Protagonista central de este acontecimiento fue el pueblo de Ensenada, quien resguardó ferozmente todo el proceso electoral, evitando que las formas tradicionales de fraude despojaran a Ruffo Appel y al PAN de su victoria. Este triunfo de la oposición permitió no únicamente la renovación de poderes en el estado, del sistema electoral en su conjunto, primero a nivel estatal, y posteriormente a nivel nacional. Los cambios en el proceso de credencialización de los votantes y en la conformación de la comisión electoral contribuyeron al triunfo de otros candidatos. El caso más destacado es el de Cuauhtémoc Cárdenas, quien tomó protesta como jefe de gobierno de la Ciudad de México en 1997 y Vicente Fox, quien asumió la presidencia de México en el año 2000. El hecho de que Ensenada haya sido el lugar en donde comenzó el fin del gobierno priísta que había estado en el poder durante 71 años, llevó a algunos ensenadenses a declarar que su ciudad es la "cuna de la democracia mexicana".

Este capítulo detalla los logros políticos de la década de los 1980 en Ensenada y Baja California y evalúa el carácter democrático del sistema político surgido a partir de entonces. Como parte de esta ponderación aquí se intenta responder la siguiente pregunta: ¿Las victorias del Partido Acción Nacional (PAN) realmente trajeron democracia a Ensenada y a Baja California, o acaso, como algunos afirman, el ascenso del PAN fue una mera transferencia del poder sin democratización? Para responder esta pregunta se revisa aquí lo que debemos entender por proceso democrático a la luz de las actividades políticas del PAN en esta entidad, durante las pasadas dos décadas. En este apartado se demuestra que lo ocurrido en Baja California tuvo un efecto demostración, en tanto que sus efectos inspiraron una serie de transformaciones democráticas en otras zonas de México. Basados en la evidencia que he obtenido para la elaboración de este capítulo, he llegado a la conclusión de que en efecto, la democracia surgió y continúa funcionando en Ensenada.

La revolución democrática en Ensenada: David Ojeda Ochoa y el PST

De acuerdo a Morales (2002, p. 246), la elección del 4 de septiembre de 1983 inauguró en Baja California una época marcada por la alternancia política, primero en los municipios del estado, posteriormente en el congreso local, y en 1989 en la gubernatura. Estos importantes cambios tuvieron a Ensenada como principal escenario. En dicho año de 1983, David Ojeda Ochoa, antiguo miembro del PRI, se postuló como candidato por el Partido Socialista de los Trabajadores (PST) y ganó los comicios. Ojeda Ochoa, fue, en 1954, el primer alcalde de Ensenada, una vez que Baja California adquirió el estatus de estado. Su periodo como Presidente Municipal, sin embargo, duró apenas un año al ser forzado a renunciar en 1955, por órdenes directas del presidente de México. Después de ese corto mandato, Ojeda intentó en varias ocasiones ser nominado nuevamente como candidato del PRI para la alcaldía, pero siempre fue rechazado. Pese a ello, este político siguió siendo una figura popular en Ensenada con fuertes seguidores, debido a su continuo involucramiento en el PRI y por su gestión como presidente de la Cámara de Comercio.

En el proceso electoral de 1983, el principal oponente de Ojeda Ochoa fue Jorge Swain Chávez, candidato del PRI que había sido designado como tal por los dirigentes de ese partido. Swain Chávez contaba con escasa popularidad entre los ensenadenses, y con nula experiencia política. En 1983 (1ro. de julio), este candidato declaró al periódico local controlado por el PRI-gobierno, El Mexicano, que una vez en el gobierno municipal, él seguiría las líneas dictadas por el PRI. Sin embargo, en la víspera de las elecciones (30 de julio), *El Mexicano* publicó como noticia de primera plana las denuncias de Swain reprobando el ineficiente desempeño de los empleados del gobierno, que en ese entonces era priista, por obstaculizar el trabajo de algunas compañías locales. El llamado de Swain Chávez a efectuar cambios económicos, comerciales, sociales, políticos y culturales, representaba una desviación de los tradicionales patrones de alabanza al gobierno, aunque aún manifestaba adhesión a la ideología de la "revolución institucional" del PRI.

Hacia finales de agosto de 1983, cuando se aproximaba el cierre de las campañas electorales en Baja California, los problemas económicos de Ensenada eran notables. El 1ro. de septiembre, el diario *El Mexicano* publicó un artículo en la primera sección titulado "Causa inquietud entre estibadores la escasez de carga en el puerto", lo cual expresaba la preocupación por la falta de envíos de algodón proveniente del Valle de Mexicali. Más aún, la preocupación local aumentó cuando al siguiente día, en primera plana, este periódico anunció la dramática caída del peso frente al dólar. El 4 de septiembre, sin embargo, fue evidente el control gubernamental ejercido sobre el mismo periódico, en la cobertura post-electoral del eventual triunfo del PST en Ensenada. En el artículo del encabezado del diario se expresaba el optimismo del PRI sobre los resultados de la elección en Ensenada, detallando los planes de campaña para movilizar el voto. Posteriormente, la primera plana del 5 de septiembre, incluyó un artículo titulado "En Ensenada David Ojeda fue Vencido en el Campo", en el cual se reportaban resultados preliminares que le daban la victoria por amplio margen al candidato del PRI. Irónicamente, el día 6 de septiembre El Mexicano publicó un artículo con el siguiente encabezado: "La votación Sigue Favoreciendo a Jorge Swain Chávez en Ensenada", y en una subsección del mismo artículo que proseguía en la página 4, se hablaba de la inminente victoria del candidato del PST, David Ojeda Ochoa. Finalmente, el reporte sobre los resultados finales de la votación, publicado el 11 de septiembre, indicó que Ojeda había logrado 30,416 votos en contra de los 23,761 votos obtenidos por Swain. En esa ocasión el candidato del PAN había quedado muy atrás, con 6,980 votos.

Esta fue la primera vez que se reconoció el triunfo electoral de un candidato no-priísta. Las razones por las cuales el gobierno federal declarar la victoria de Ojeda ha sido motivo de gran especulación. Algunos han desestimado este triunfo calificándolo como un evento orquestado por el PRI para probar que la democracia estaba funcionando en México, ya que un año antes de estas elecciones, el Presidente Miguel de la Madrid, a su paso por Baja California, había prometido una apertura democrática en México; la victoria de Ojeda pudo haber sido entonces, la evidencia ofrecida por el gobierno federal, en el sentido de que en efecto, la democracia estaba funcionando. Y en efecto, posiblemente el gobierno federal priista aprovechó entonces la emergencia de la oposición en los estados fronterizos, para dar la apariencia de vida democrática en las regiones más alejadas de los centros de poder. No obstante, como ya se mencionó, el triunfo electoral de la oposición en Ensenada se explica sobre todo por el importante apoyo a su candidato, por su carismática personalidad, su arraigado involucramiento con la estructura del PRI y su popularidad entre los votantes de todos los partidos. Otros factores que explican la derrota del PRI en esta localidad, es la molestia generalizada contra el gobernador emanado de ese partido, la antipatía local en contra del candidato de ese mismo organismo político, y la experiencia política de Ojeda. Como un priista de arraigo, el ahora candidato del PST, el y su equipo, conocían perfectamente cómo el PRI llevaba a cabo los fraudes electorales. Esto fue de gran ayuda para evitar estés fraudes, y según algunas, quizá para implementar las mismas estrategias a su favor.

Gobernador Xicoténcatl Leyva Mortera[1]

El triunfo del partido de oposición en Ensenada no se repitió a lo largo del estado. En Mexicali, el PAN protestaba por irregularidades en el proceso electoral y creó una "alcaldía alterna" para vigilar a los políticos electos considerados como usurpadores de la legítima voz del pueblo., El candidato del PAN en Mexicali, Eugenio Elorduy Walther, había perdido frente al candidato del PRI, Eufrasio Santana. El conteo oficial de los votos reconoció 62,000 a favor de Elorduy, y 79,000 a favor de Eufrasio Santana. Por su parte, el candidato del PRI a la gubernatura, Xicoténcatl Leyva Mortera, quien estaba emparentado con el ex Presidente Miguel Alemán Valdés, obtuvo el triunfo junto con todos los candidatos a diputados postulados por el mismo partido. En estas elecciones, sin embargo, se aplicó por primera vez la reforma a la Ley Electoral que permitía al Partido Comunista Mexicano y otras la posibilidad de participar en las elecciones y entrar en el congreso debido a una nueva sistema de representación plurinominal. Esto hizo posible que se incorporaran al congreso del Estado, tres candidatos de oposición del PCM.

La elección de Leyva Mortera como gobernador despertó muchos problemas latentes en el PRI de Baja California, ya que no era un candidato aceptado ni entre los políticos priístas locales. Su postulación generó una ruptura dentro del partido y eventualmente la deserción de muchos de sus militantes, así como una creciente antipatía de la comunidad hacia el PRI. Una vez en el poder, la administración de Leyva Mortera se caracterizó por la ineficiencia administrativa, la falta de desarrollo de la infraestructura en el estado, la creciente presencia del narcotráfico en las esferas del estado y el sector empresarial, y la corrupción de sus funcionarios. Respecto a la presencia del narcotráfico, se debe mencionar que durante estos años cobró relevancia el cártel de los Arellano Félix, el cual socavó la impartición de justicia en todos los niveles, hizo de la frontera bajacaliforniana una de las más peligrosas y dio lugar una nueva generación de criminales conocidos como los "narcojuniors"; jóvenes pertenecientes a familias prominentes de la región. Con respecto a la corrupción de sus funcionarios se puede mencionar que, al término del mandato de este gobernador, muchos de ellos terminaron en prisión o acusados de malversación de fondos. (Morales 2002, p. 247). Todo esto incidió en el debilitamiento del PRI.

La elección de Ernesto Ruffo Appel como alcalde de Ensenada

Las elecciones de 1986 produjeron otra singular situación en la historia electoral de Ensenada. Ernesto Ruffo Appel, un político novato que se había unido al PAN justo dos años antes de dichas elecciones, participó en ellas. A pesar de su relativa inexperiencia, Ruffo no era del todo desconocido; se trataba de un apreciado administrador de una planta empacadora de pescado, Pesquera Zapata, propiedad de su familia. Ruffo Appel nació en San Diego, California y recibió su título de administrador de empresas por parte de una de las instituciones educativas más prestigiosas de México en el área de negocios, el Tecnológico de Monterrey.

A principios del proceso electoral, Ruffo Appel había aceptado una candidatura en una planilla del PRI, como diputado suplente, pero fue sustituido por otro candidato en acato a la recomendación de un alto jerarca del PRI (comunicación personal, José León Toscano)[2]. Posteriormente fue abordado por el PAN y reclutado como candidato para la alcaldía municipal de Ensenada. Aunque inicialmente se resistió al ofrecimiento, fue convencido de aceptar la nominación. Cuando los militantes regulares y juventudes del partido apoyaron su candidatura, Ruffo Appel se embarcó en una campaña caracterizada por el involucramiento directo de la ciudadanía local en varios foros. La campaña también recibió el apoyo de

Ojeda Ochoa como consejero externo. Así, los habitantes de Ensenada, quienes conocían a Ruffo por su desempeño en el trabajo, acogieron entusiastamente su candidatura.

El día posterior a las elecciones, se leía en los titulares de El Mexicano que las tendencias indicaban una clara mayoría para el PRI, mientras que en un artículo secundario, un miembro del PRI en Ensenada denunciaba irregularidades en el proceso electoral. Otro breve artículo citaba las declaraciones de un militante del PAN en el sentido de que su candidato había ganado en la mayoría de los distritos electorales con un rotundo voto: "los ciudadanos han ido a votar a favor de Ruffo Appel, el candidato de la gente". El artículo continuaba declarando que éste tenía el apoyo de todos, "ricos, pobres, industriales y comerciantes" y que no había duda de su victoria.

El sábado 12 de septiembre, el periódico publicó que, aunque el cómputo de votos no se había hecho oficial, la victoria del candidato del PAN estaba asegurada. El delegado de la Comisión Estatal Electoral expresó "Los números pueden cambiar, no así el resultado de la elección". Eventualmente, Ruffo Appel ganó con una ventaja de aproximadamente 33, 000 votos contra 19,000 del candidato del PRI, Alfredo González Corral. Una vez más, se trataba solamente de una victoria local del PAN en Ensenada; el PRI ganó fácilmente las alcaldías en Tijuana y Mexicali. Sin embargo, las elecciones para gobernador en el estado fronterizo de Chihuahua estuvieron acaloradamente contendidas y solamente el fraude le impidió al candidato del PAN, Francisco Barrio, ser declarado ganador.

El artículo en la primera plana de El Mexicano anunciando la victoria del PAN no hace referencia explícita al nombre de Ruffo Appel. Al siguiente día, en un breve inserto titulado "Ensenada", en la sección "Semana Política" se cometió la misma omisión:

"A cada santo le llega su fiesta, dice la expresión popular, y este domingo no será la excepción. A las ocho de la mañana, una computadora será instalada con la intención de saber realmente qué sucedió en las elecciones constitucionales que se llevaron a cabo el 6 de este mes. Aparentemente, los votos que hace pocos años llevaron a David Ojeda Ochoa a ser alcalde municipal le han dado la espalda al PRI y al PST para dar lugar al triunfo, por primera vez en 36 años, a un candidato que era prácticamente nuevo en el PAN, de quien se ha hablado y dicho mucho. Seguirán las declaraciones en el sentido de que el partido ni siquiera cuenta, tal como así como se habla del partido de la presente administración [refiriéndose al partido socialista que nominó a Ojeda Ochoa], y se continuará afirmando que fue en realidad David Ochoa quien ganó, y no la institución [partido] que lo postuló".[3]

El nombre de Ruffo Appel no fue mencionado. Bajo esta declaración aparecía una caricatura mostrando al Tío Sam y a un cardenal católico bailando juntos y diciéndose uno a otro: "Te felicito, hermano, te felicito. Ganamos la presidencia municipal de Ensenada" Esto reflejaba la percepción promovida por los militantes del PRI en el sentido de que el PAN es un instrumento de la iglesia católica y de los intereses de los Estados Unidos y de que no representa al pueblo mexicano.

Son varias las razones por las cuales Ruffo Appel y el PAN ganaron las elecciones municipales en Ensenada. Tal vez la pregunta más importante sea por qué la maquinaria electoral del PRI dejó ganar a Ruffo. Una de las respuestas debe ser la masiva explosión de apoyo que recibió, evidente en los resultados de las votaciones. "Los resultados de las votaciones fueron respetados porque todo el pueblo acudió a votar. No podían negar la voluntad del pueblo", me comentaba León Toscano, ex editor del periódico local La Cotorra y fundador del PAN en Ensenada, entrevistado en 2002. En el sentir de Toscano, su papel fue el de ayudar a despertar a la gente para que acudiera a votar y así lograr que la democracia sucediera en Ensenada. León Toscano afirma que previo a las victorias de Ojeda y del PAN, "todos sabían que los militantes del PRI eran corruptos y que necesitábamos sacarlos del gobierno". La victoria de Ojeda también allanó el camino para una segunda victoria de un partido de oposición. Su administración ayudó a la gente a darse cuenta que otro partido, además del PRI, podía gobernar. León Toscano afirmó: "David Ojeda fue determinante en la creación de la democracia. Ojeda fue el primer presidente municipal de oposición y su trabajo ayudó a establecer la democracia: despertó a la gente, les hizo saber que debían votar y que ese voto realmente contaría. David Ojeda brindó gran ayuda al PAN. Durante la contienda de Ruffo por la presidencia municipal, toda la gente de Ojeda fue a votar por el PAN en apoyo a Ruffo. Ojeda respaldó al PAN con toda su gente y su experiencia". Por otro lado, Ruffo también recibió ayuda de León Toscano, quien declaró haber dado a cada uno de sus hijos un cheque de 1000 dólares (EEUU) y les pidió que fueran a trabajar para Ruffo.

Las políticas de Ruffo y su amplia base de apoyo aseguraron su victoria. A decir de León Toscano, Ruffo ganó porque "tenía el apoyo de todos los sectores de Ensenada –ricos, pobres, trabajadores, iniciativa privada, sindicalistas, pescadores, trabajadores del campo y toda la ciudadanía de Ensenada. La oposición entre católicos y protestantes no afectó su campaña. Todos trabajamos con todas las organizaciones cristianas, no había divisiones ni diferencias. Todos nos encontrábamos unidos en la causa. La democracia empezó aquí porque el PAN era parte de la gente".

La opresión por parte de Leyva Mortera y el deterioro de la hegemonía priísta

Cuando Ruffo Appel tomó posesión como alcalde de Ensenada, el 1ro. de diciembre de 1986, el Gobernador Leyva Mortera no hizo acto de presencia, aunque sí había asistido a la toma de posesión de los otros tres munícipes donde los ganadores habían sido candidatos del PRI. Posteriormente, este gobernador marginó y oprimió sistemáticamente a al municipio de Ensenada por su insubordinación. Una de sus más sonadas acciones alegadas en contra del ayuntamiento panista fue la de promover una huelga por parte de los trabajadores municipales de limpieza, quienes pertenecían a un sindicato afiliado al PRI. Ante este problema, Ruffo hizo un llamado a la ciudadanía de Ensenada solicitando su apoyo en los trabajos de limpieza, suscitando generando publicidad favorable a nivel estatal y nacional.

Otro de los problemas que enfrentó la administración de Ruffo Appel en Ensenada, fue el que los recursos del ayuntamiento era administrados por el gobierno del estado. Ruffo presionó entonces para que se poner en practica las reformas constitucionales de 1980, que ampliaban la autonomía de los gobiernos municipales;, así también, Ruffo exigió al gobierno del estado mayor autonomía y un incremento de recursos, lo cual fue rechazado por Leyva Mortera, y obtuvo como respuesta, en un movimiento típico de la maquinaria política del PRI, una reducción de los fondos municipales. Esto produjo considerables dificultades para el gobierno de Ruffo, quien se vio forzado a retrasar el pago de salarios de los empleados municipales. Durante este período, Ruffo se encargó de barrer personalmente los escalones frontales del edificio municipal que no estaban siendo limpiados por los trabajadores municipales que habían dejado de recibir sus sueldos.

Aunque las dificultades que Ruffo enfrentó durante su período como alcalde municipal fueron severas, sus problemas finalmente se convirtieron en ventaja en su contienda por la gubernatura. Convocó a conferencias de prensa para denunciar las actividades del gobernador y se hizo habitual el que barriera los escalones del Palacio Municipal durante estas conferencias, llamando la atención de la prensa nacional e internacional.

La elección presidencial de 1988 fue una de las más disputadas en la historia de México. El Frente Democrático Nacional (FDN), una coalición formado por varios partidos de izquierda y disidentes del PRI, postuló como su candidato a Cuauhtémoc Cardenas Solorzano, quien capitalizó la crisis económica que atravesaba el país y la popularidad de su padre, el ex-Presidente Lázaro Cárdenas. Los resultados iniciales de la elección, grabados y publicados por primera vez en los sistemas computacionales de la Comisión Federal Electoral, dieron claros indicios del triunfo de Cárdenas. Fue entonces cuando el sistema "se cayó" y las proyecciones de las elecciones terminaron. Cuando los resultados de la contienda fueron finalmente anunciados, sucedió lo que ya era predecible: el candidato del PRI, Carlos Salinas de Gortari, fue declarado vencedor.

Sin embargo, en Baja California sí sí reconoció la victoria de Cárdenas sobre Salinas de Gortari, con poco menos del 2% de los votos (37% contra 35%); por su parte, Cloutier, candidato del PAN, recibió 22%. Lo interesante en estos resultados es que en esta zona, "fortaleza" del PAN -considerado un partido de derecha-, la coalición de izquierda había ganado las elecciones y el gobierno priista lo reconocía. Esto no tenía precedente en la historia de Baja California y no reflejaba las tendencias políticas del estado, sino más bien, el estado de insatisfacción con el desempeño del PRI. Esta insatisfacción se tradujo en la frase, "el que sea, menos el PRI", y esta frase se convirtió en una fuerza poderosa durante las elecciones para la gubernatura del siguiente año.

Campaña de Ruffo Appel como candidato a gobernador de Baja California

La imagen de Ruffo Appel barriendo los peldaños del palacio municipal llegó a ser un emblemático icono de campaña en su contienda por la gubernatura en 1989, la cual fue acompañada con la promesa de barrer al corrupto sistema político de su oficina. Para ganarse el apoyo popular en su campaña electoral, Ruffo denunció la sistemática persecución que sufrió por parte del gobierno del estado durante su período como alcalde de Ensenada. Así, asumiendo el papel de mártir y víctima de la corrupción política Ruffo puso en acción a la población como un candidato líder de oposición que llegó a ser percibido como luchador y a la vez como conciliador racional. La publicidad negativa que recibió por parte de la prensa controlada por el PRI, tuvo un efecto contrario: realzó su reputación como un importante líder de la oposición, generando tal entusiasmo entre sus seguidores que dieron lugar a un movimiento llamado "Ruffomanía".

Las elecciones en Baja California atrajeron la atención nacional, e internacional, y en ese contexto, Ruffo Appel se benefició del "americanizado" sistema de hacer política, haciendo uso de los sondeos de preferencias de los electores y las predicciones de los resultados. Las encuestas de la prensa estadounidense indicaban que Ruffo saldría victorioso. Sin embargo, la prensa local difundía las tradicionales declaraciones triunfalistas del PRI.

Los reportajes en El Mexicano, el día posterior a la elección, ilustran el típico abordaje de los diarios pro-gobierno que continuaban apoyando al PRI. Uno de los titulares anunciaba: "Inobjetable y Limpio Triunfo de Margarita", refiriéndose a Margarita Ortega Villa, candidata a la gubernatura por el PRI. El artículo incluía declaraciones hechas por el mismo gobernador priísta, Xicotencatl Leyva, realizadas a las 11 de la noche de ese día, antes de que se dieran a conocer los resultados oficiales. En ellas el gobernador hablaba de la victoria del PRI y de su determinación por hacer respetar la voluntad del pueblo. En otro artículo, sin embargo, de la primera plana del mismo periódico, el PRI cuestionaba los resultados de las elecciones, denunciando al PAN por utilizar las clásicas artimañas priístas, como llevar a la gente a votar dos veces en diferentes casillas. Incluso, otro artículo acusaba al PAN y al PRD de haber violado las leyes electorales. Estas acusaciones que fueron parte de una ofensiva ya prevista por parte de los seguidores del PRI para revocar la victoria del PAN, se vieron inhibidas por un corto artículo sobre la celebración de la victoria los seguidores del PAN en casi todas las casillas electorales (66 de 72), de la municipalidad de Ensenada.

El miércoles 5 de julio, la dimensión nacional de las elecciones se reflejó en los titulares del periódico al declarar que Luis Donaldo Colosio Murrieta, director nacional del PRI, había reconocido que los resultados de la elección indicaban la victoria de Ruffo Appel; además, declaró que el PRI era un partido moderno, capaz de aceptar una derrota electoral. En ese momento se citaban las palabras de Ortega Villa, candidata del PRI, reconociendo su desventaja en el recuento oficial de los votos e declarando "la tendencia no me es favorable". Posteriormente, el encabezado del día jueves hacían alusión a sus declaraciones en las que afirmaba, "No se ha dicho la última palabra" pero también declarando "El Partido Peleará Casilla por Casilla y Defenderá Voto por Voto". Otro artículo de primera plana expresaba "La Defensa del Voto Continúa: Ruffo". Ruffo había hecho un llamado a los electores para una continua defensa del voto, en un mitin que convocó a 5,000 seguidores del PAN en Tijuana. En otros artículos de primera plana se hablaba de los esfuerzos de los seguidores del PRI para formalizar la denuncia de fraudes electorales en contra de militantes y candidatos panistas.

Aunque el Comité Ejecutivo Nacional del PRI había reconocido la victoria del PAN, el PRI estatal continuó rechazando esas declaraciones, denunciando la conducta de sus líderes nacionales al reconocer injustificadamente los resultados no oficiales, en detrimento del proceso democrático. Los líderes del PRI en Baja California enviaron telegramas al Presidente de México, Carlos Salinas, pidiéndole investigar las irregularidades durante las votaciones. El diario del día viernes cita a Margarita Ortega diciendo que estaban listos para dar la batalla, en tanto que sus abogados preparaban los cargos que habrían de presentarse a las autoridades en relación a la acción ilegal del PAN durante las elecciones. En respuesta, otro artículo señalaba que la Comisión Estatal Electoral había arreglado una audiencia para revisar los cargos en contra del PAN por parte del Partido Revolucionario Institucional.

Una semana después de las elecciones, la edición del domingo del periódico mencionaba las declaraciones de Ortega en el sentido de que la intimidación no debía ser la base para el cómputo de los resultados de la elección. Esa misma edición incluía artículos a media y doble plana suscritos por priístas quienes denunciaron a Ruffo Appel. En uno de ellos se establecía que el PRI no permitiría la intimidación para distorsionar la voluntad del pueblo y llamaba a sus seguidores a defender la integridad de sus instituciones. En el comunicado a doble plana se reproducían copias de recibos de varios negocios como evidencia de favoritismo, evasión fiscal y fraude por parte de Ruffo Appel durante su período como presidente municipal en Ensenada. Otro artículo en el periódico dominical indicaba que los simpatizantes del PAN y del PRD habían llevado a cabo "reuniones", en referencia a la guardia permanente que se había montado alrededor del edificio donde se computaban las boletas. Cientos de seguidores mantuvieron vigilancia día y noche alrededor de la escuela donde se albergaban las boletas electorales, en la intersección de la calle Ruiz y 11 en Ensenada. El objetivo era asegurar que los simpatizantes del PRI no pudieran remover las boletas o sustituirles por otras. León Toscano reflexionaba sobre este proceso cívico: "Después de las elecciones en 1989, hubo un despertar cívico. La gente pasó semanas en las calles para proteger los votos...El pueblo resguardó los votos por semanas, no permitían que los ladrones robaran los votos. Era como una fiesta. La gente permaneció allí día y noche en una fiesta civil para asegurar que los votos no fueran robados". (Entrevista personal con el autor)

Al día siguiente, los titulares declaraban lo que resultaba obvio: "Muy lento el Recuento de las Votaciones". Se comentaba además que el recuento en Ensenada iba particularmente lento, pero apuntaba que no habían sido reportados conflictos entre los militantes de los distintos partidos. La ciudad permaneció en paz y en calma. El martes y miércoles, los titulares eran similares: el recuento continuaba tal y como seguían los reclamos del PRI por irregularidades en la votación. Finalmente, el viernes 14, los encabezados publicaban las tan esperadas noticias: "Oficial: Ruffo Appel ganó la Gubernatura –El Colegio Electoral Emitirá el Dictamen final". El cómputo final otorgaba aproximadamente 204,000 votos a Ruffo Appel y 163,000 a Ortega Villa; los candidatos de izquierda quedaron atrás, con un total de 24,000 votos. El inédito e histórico triunfo de Ruffo Appel quedó finalmente ratificado. Por primera vez en la historia moderna mexicana, un candidato de un partido de oposición había ganado la gubernatura y se le había permitido proclamar su victoria. Los municipios de Ensenada y Tijuana también permanecieron bajo control del PAN. En el primer caso, con Jesús del Palacio Lafontaine al frente, y en el segundo, con Carlos Montejo Favela.

De cómo Ruffo Appel y el PAN ganaron la gubernatura[4]

La victoria de Ruffo y su reconocimiento por parte la Comisión Estatal Electoral generó gran especulación. Desde el punto de vista de Rodríguez y Ward (1994), se identifican cinco importantes factores que determinaron la victoria de Ruffo:

1. La larga historia del PAN en el estado y su creciente base de apoyo.

2. Un clima político favorable moldeado por las dinámicas económicas y sociales que dieron origen a un electorado independiente.

3. El surgimiento de directivos nacionales a favor de los cambios democráticos, produciendo incluso escisiones dentro de las alianzas tradicionales del PRI.

4. El efecto demostración que tuvieron otras contiendas electorales claveque pusieron de manifiesto que las victorias de la oposición eran posibles y que serían respetadas por el PRI.

5. La animadversión en contra del PRI, por la reciente actuación de sus gobiernos estatales particularmente deficientes.

Otros factores que podan ser considerados relevantes (ver también Morales 2002) incluyen:

1. Las influencias externa, como la ejercida por parte de los Estados Unidos, que incluía ayuda financiera y estratégica.

2. La organización democrática local, incluida la de los partidos de izquierda.

3. El creciente descontento en contra de las tradicionales manipulaciones políticas y apariencia democrática del PRI.

4. La inconformidad social por la situación económica del país.

5. El carisma de Ruffo Appel.

6. La protección de las urnas de votos realizada por los seguidores del PAN.

Durante tres décadas, el PAN no había ganado ni un solo cargo de elección en Baja California. Sin embargo, la buena organización de la oposición y la ciudadanía en general, el apoyo de la clase media y la comunidad empresarial, particularmente en las zonas urbanas, ayudó en la consolidación de la victoria de este partido. Al interior del PAN se llevó a cabo una campaña interna bien coordinada que superó divisiones internas. A su vez, Ruffo tenía buenas relaciones con la comunidad comercial y apoyo del electorado, especialmente de la juventud urbana. El alcalde anterior de Ensenada, David Ojeda Ochoa, también fue un factor importante en la campaña de Ruffo Appel. Dada su incondicional y prolongada militancia dentro del PRI, Ochoa Ojeda y sus seguidores tenían importante información sobre la forma en la que el PRI implementaba los fraudes electorales. El conocimiento sobre cómo frustrar las irregularidades en las elecciones fue sin duda una parte de los consejos que Ochoa proporcionó a Ruffo y que Ruffo utilizó para elaborar su estrategia de protección de las urnas por parte de la gente. Esto se manifestó a través la participación popular en el movimiento social, que incluyó la protección de las urnas después de la elección, factor esencial en la victoria del PAN. Los ensenadenses afirman que hubo la intención por parte del PRI y el gobierno, de introducir boletas fraudulentas durante el conteo y recuento de los votos, lo cual fue impedido por la vigilia ciudadana.

Por otra parte, las victorias anteriores de Ojeda Ochoa beneficiaron a las campañas locales y estatales de Ruffo, al demostrar que era posible que los partidos de oposición podían ganar y gobernar, y al sembrar en la gente la esperanza de que la democracia podía vencer. La oposición al PRI ya se había extendido por todo el estado de Baja California, donde Cuauhtémoc Cárdenas dominó las elecciones presidenciales de 1988. Aunque Cárdenas representaba tendencias de izquierda, había logrado cooptar un gran número de descontentos electores que antes votaban por el PRI; a su vez, estos detractores del PRI fueron cooptados por la campaña de Ruffo.

Esta y otras contiendas electorales habían activado el "efecto demostración", es decir, la evidencia de que a la democracia se le permitiría funcionar. Las victorias electorales en Ensenada y en otras partes de México habían contribuido a la percepción pública de que otros partidos eran viables, elegibles y capaces de gobernar. Los triunfos electorales previos de Ojeda Ochoa y Ruffo Appel a nivel municipal, sembraron en la gente la esperanza de que la democracia se impondría y estimuló la participación ciudadana en el proceso electoral, lo cual se vio reflejado en el alto número de personas que ejercieron su voto. En este caso, el efecto demostración destacó la percepción de que el proceso electoral podía realmente producir cambios favorables, lo que a su vez alentó la votación de un mayor número de personas. Rodríguez y Ward (1994) perciben a Ensenada como uno de los ejemplos del efecto demostración más importantes, tras haber sido gobernada por candidatos de partidos de oposición en los dos términos inmediatos anteriores (de 1983 a 1986 por Ojeda y de 1986 a 1989 por Ruffo).

También existía antipatía hacia el PRI debido a los deficientes gobiernos del estado, emanados de ese partido. Las previas administraciones del PRI, encabezadas por Roberto de la Madrid y Xicotencatl Leyva Mortera, habían sido excesivamente ineficientes y corruptas, incluso para los estándares del propio partido oficial. Esto perjudico al mismo PRI y dio impulso a Ruffo. Finalmente, el desempeño del último de estos gobernadores fue tan malo, que el Presidente Salinas lo removió de su cargo un año antes de las elecciones y designó en su lugar a un gobernador interino. Este repentino movimiento fue ligeramente amortiguado con la designación de Leyva Mortera como asesor de Nacional Financiera de México en Washington, D.C.

La imagen pública del PRI se empañó aún más como consecuencia de la inestabilidad y las divisiones dentro del partido. Estas divisiones expresadas en rompimiento de las alianzas tradicionales entre el PRI gobierno, la burocracia política y la comunidad empresarial, fueron resultado de los últimos cambios sociales y económicos ocurridos en el país e hicieron crisis en 1980. Los esfuerzos nacionales por una reforma política habían provocado rupturas entre el gobierno y las estructuras de poder, y entre estas y las bases del PRI, las cuales estaban representadas en los sindicatos controlados por el mismo gobierno. Las medidas de austeridad en el gobierno habían reducido los empleos y congelado los salarios, permitiendo a los partidos de izquierda erosionar las bases de apoyo tradicionales del PRI. Los lazos entre el gobierno de Baja California y la comunidad empresarial se habían debilitado por la nacionalización de la banca, la devaluación del peso y la ineficiencia y corrupción de sus gobernadores. La pérdida del apoyo por parte de los sectores clave para la hegemonía del PRI, se vio exacerbada por los conflictos entre las organizaciones gubernamentales controladas por este partido y por una variedad de sindicatos de trabajadores y organizaciones comunitarias. El partido mismo atravesaba por conflictos internos entre las facciones tradicionalistas y reformistas.

Esta división dentro del partido se acentuó aún más con la designación por parte del Presidente Salinas de Gortari, de una mujer virtualmente desconocida como candidata a gobernadora, Margarita Ortega. Debido a que esta designación representó un esfuerzo por apoyar al reformismo dentro del PRI, los jefes tradicionalistas de este partido se sintieron amenazados por lo que ella representaba y negaron el apoyo a su campaña. Estos militantes del PRI en el poder en Baja California, fueron regularmente estereotipados como "dinosaurios", por inhibir el progreso del partido hacia la democratización. Los diarios independientes arremetían contra ellos representándolos grotescamente como fumadores alcohólicos, obesos, de baja estatura, inclinados para tomar codiciosamente lo que ellos desearan.

Las dinámicas sociales y económicas de los ciudadanos de Baja California era formadas por las influencias inversiones externas, y produjeron un clima político progresista. Estos, por una parte, derivaran de la zona libre y la participación en los mercados internacionales, que generó un creciente mercado laboral de clase media y de la industria maquiladora, que no era fácilmente controlado por las organizaciones corporativistas tradicionales. Por otra parte, el norte de Baja California es una de las zonas más urbanizadas de México, con altos niveles de modernización y educación, lo que ha producido una clase media que generalmente ha encontrado atractiva la agenda del PAN.

Ciertamente, se ha especulado que la ascendencia de Ruffo al poder se explica por el apoyo de Estados Unidos al PAN. Y en efecto, Ruffo Appel trabajó como administrador en Pesquera Zapata, una planta procesadora de pescado propiedad de una sociedad de origen peruano de la cual se decía que el ex-Presidente de Estados Unidos, George Bush, era accionista minoritario (Mata 2002). Dados estos antecedentes, era previsible la intervención y ayuda por parte de los intereses estadounidenses en las actividades políticas del PAN. León Toscano, antiguo activista del PAN en Ensenada, reconoce que: "Los americanos también ayudaron a establecer la democracia en este lugar. Ellos aportaron dinero al PAN y les proporcionaron armas, información y apoyo moral. Nos ayudaron en la reproducción de material electoral. Cuando Rosas Magallón [abanderado del PAN por largo tiempo] tuvo que huir de México para salvar su vida, los americanos lo ayudaron proporcionándole un cuarto de hotel en San Ysidro por 6 meses y no le cobraron por ello. El turismo ha brindado gran ayuda a la democracia, porque el americano es democrático. [Los americanos] nos dieron un buen ejemplo al sacar a Nixon de su cargo" (Entrevista personal con el autor). Se considera entonces, que tanto el financiamiento directo de parte de actores de los Estados Unidos, como el democrático modelo de cambio y remoción del cargo de políticos corruptos, han beneficiado las aspiraciones de Baja California, Ensenada y el PAN.

Una perspectiva similar a la anterior es la de Mata (2002), quien afirma que hubo factores externos relevantes, particularmente los originados desde los Estados Unidos, que influenciaron los resultados de las elecciones de 1988. Estos fueron impulsados por capitalistas estadounidenses interesados en extender su esfera de influencia, que incorporaron a Baja California dentro del "Nuevo Orden Internacional" de

George Bush. El Presidente Carlos Salinas de Gortari, por su parte, había impulsado iniciativas similares durante su gestión, ya que era un participe entusiasta de la globalización. Uno de sus objetivos era contrarrestar la impresionante actuación de los candidatos socialistas en Baja California, primero Ojeda Ochoa en Ensenada en 1983 y posteriormente Cuauhtémoc Cárdenas en las elecciones presidenciales de 1988, las cuales habían engendrado temores en círculos en Estados Unidos. El desempeño de Cuauhtémoc Cárdenas en Baja California durante las elecciones presidenciales, que había sido aún más brillante que el del PAN en la misma contienda (y probablemente que en la mayor parte de México), indicaba que el PRI podía mejorar su poder político fortaleciendo a la derecha para debilitar a la izquierda. En este sentido, eran igual los intereses de Estados Unidos en debilitar a la izquierda, e además con el beneficio adicional de que su táctica era aplicada en Baja California, un área largamente deseada por los intereses comerciales estadounidenses.

Así, Mata (2002) afirma que el interés de Estados Unidos era fortalecer la posición e imagen del PAN como una forma de contrarrestar el fenómeno socialista que se gestaba en el "patio trasero". La publicidad que ayudó a Ruffo a desempeñar el papel de víctima de la corrupción del Gobernador Leyva Mortera, fue crucial para atraer apoyo de los estadounidenses para el PAN. Mata (2002) afirma que los intereses estadounidenses también debilitaron a Leyva Mortera, lo cual condujo a su destitución. De acuerdo a Mata, la campaña para realzar el prestigio del PAN y depreciar el del PRI en Baja California, fue llevada a cabo a través de varios mecanismos, la mayoría de ellos ocultos e informales, como el de los negocios, grupos filantrópicos, organizaciones binacionales, comités ciudadanos y organizaciones religiosas, además de los medios. Si las afirmaciones de Mata fueran aceptadas, entonces la transformación política de Baja California habría sido el resultado de influencias externas, particularmente las relacionadas con el sector comercial.

En el contexto nacional, la preocupación del PRI por su legitimidad tanto en México como internacionalmente, hizo que este partido finalmente aceptara la victoria de Ruffo Appel. El presidente Salinas de Gortari estaba en una posición débil, al haber llegado a la presidencia con una escasa mayoría del 50% y bajo la sospecha de un fraude electoral ampliamente orquestado, que de acuerdo a un gran número de personas privó a Cuauhtémoc Cárdenas de la presidencia. Se requería un marco de legitimidad para demostrar que México se estaba democratizando. La victoria de Ruffo Appel puede ser interpretada como la victoria electoral que Salinas de Gortari estaba buscando. Ante el desprestigio nacional e internacional del PRI, las altas esferas del Comité Ejecutivo Nacional de ese partido estaban convencidas de la necesidad de la democratización de ese organismo y de la vida política del país. Estas consideraciones nacionales pudieron haber conducido a que el PRI proponer a una candidata que no representó gran dificultad para el triunfo de Ruffo. La selección de Ortega Villa por el Comité Ejecutivo Nacional del PRI y el Presidente Salinas sin apoyo de la vieja guardia en Baja California era ampliamente conocida, lo cual seguramente debilitó los votos que potencialmente podría haber obtenido de los sectores tradicionales del PRI. La organización nacional del PRI y Salinas de Gortari encaraban una situación de triunfo, cualquiera que fuera el resultado de las elecciones gubernamentales –México vería la democratización ya fuera a través de la elección de la primera mujer gobernadora (además de que se trataba de una persona "limpia") o la primera victoria de un gobernador proveniente de un partido de oposición.

La urgencia por tal legitimación fue reflejada en el reconocimiento de la victoria electoral de Ruffo hecha por Luis Donaldo Colosio Murrieta, director nacional del PRI, unos días después de la elección e incluso antes de que los resultados oficiales fueran dados a conocer por parte de la Comisión Electoral de Baja California. Algunos especulan que esos comentarios, que debilitaron la posibilidad del PRI para proclamar su victoria, pudieron haberle costado la vida: fue asesinado unos años después en Tijuana durante su campaña como candidato del PRI a la presidencia.

El PAN en el poder en Baja California

En su período como gobernador de Baja California, Ruffo Appel enfrentó varios obstáculos. Uno de estos problemas fue el de tener lo que se llama un "gobierno dividido". Esto es decir, que el partido político del gobernador no tenía mayoría en el cuerpo legislativo. De hecho, todos los Congresos Estatales en la era del PAN, de 1988 a 2001, se caracterizaron por esta división, dado que este partido no contaba con la mayoría de los escaños en las legislaturas en turno; en dos períodos legislativos, el PRI tuvo la misma o mayor cantidad de diputados que el PAN y los partidos de izquierda tendían a tomar partido por los delegados del PRI, dándole a la nueva "oposición" –PRI– la mayoría.

En las elecciones legislativas de 1989 el PAN ganó 9 de 15 distritos, sin embargo, la asignación de escaños a cuatro representantes proporcionales a los partidos minoritarios dio como resultado que el PAN tenia solamente 9 de los 19 posiciones totales. La renuncia de una diputada del PAN, Dolores de Méndez, debilitó aún más la posición del PAN en la legislatura. A diferencia de anteriores legislaturas en las que el PRI era el partido gobernante y mayoría en las cámaras, y en las que las iniciativas gubernamentales eran aprobadas en automático, en el periodo de Ruffo se bloquearon sus propuestas. A decir de Rodriguez y Ward (1994, p.50), "las primeras experiencias de este congreso supuestamente dominado por el PAN, por consiguiente, eran verdaderas áreas de polémicos debates y de lucha por el poder". Esto condujo tanto a bloqueos de algunas de las reformas electorales de Ruffo, como a varias concesiones que ejemplificaban el proceso democrático.

Ante estos hechos, sin embargo, el gobierno de Ruffo Appel no se paralizó. Para evitar que esto sucediera, Ruffo Appel (al igual a los subsecuentes gobernadores del PAN en los demás estados), tuvo que negociar con los diputados de los partidos de oposición en un esfuerzo por generar consenso e obtener una mayoría ante sus iniciativas. La construcción de este consenso fue esencial en los esfuerzos de Ruffo Appel por modificar algunos aspectos fundamentales del proceso electoral, instituyendo reformas que fueron adoptadas por el gobierno federal y que permitieron asegurar la democracia en México.

Irónicamente, la clave del éxito del gobierno panista fue el presidencialismo que salvó a Ruffo Appel y a su gobierno de una efectiva posición minoritaria. A lo largo del período de Ruffo Appel, dos diputados del PRI consistentemente votaron a favor de las iniciativas del PAN en la legislatura. López (2001, p. 54) concluye que la peculiar adhesión de dos legisladores del PRI del sector agrícola en apoyo al Gobernador Ruffo Appel, indicaban a los analistas el ágil trabajo del presidente de la república de aquel entonces, Carlos Salinas de Gortari. Un delegado del PRI votaba aprobando las propuestas del PAN, al parecer por ordenes del presidente Salinas. Esto con el propósito de asegurar que hubiera una efectiva mayoría gobernante en la legislatura de Baja California.

Ruffo propuso una reforma electoral que intentaba cambiar los procesos electorales y establecer nuevas prácticas institucionales que cambiaran la cultura política y practicas institucionales prevalecientes. Esto incluía cambios en la estructura de la Comisión Estatal Electoral, previamente designada por el gobierno; en el financiamiento de las campañas; en el registro de votantes en el estado y en el programa de credencialización (Rodríguez y Ward 1994). Durante sus primeros tres años en el cargo, Ruffo alcanzó sus metas, exceptuando la reestructuración de la Comisión Estatal Electoral. Los objetivos más significativos se relacionaban con la revisión del registro electoral del estado y en la expedición de credenciales de elector con fotografía. Esto redujo la posibilidad de fraude electoral y aumentó la confianza de los electores en la competencia electoral.

Esta reforma electoral colocó a Baja California como ejemplo nacional. Guillén (1995, p. 51) señala que el registro estatal de electores de Baja California adquirió en ese entonces, un grado de sofisticación sin paralelo en el país. Esto tuvo un efecto a nivel nacional, ya que si bien el gobierno federal estaba llevando a cabo la revisión del padrón electoral, la elaboración de un padrón estatal cuestionaba de alguna forma la confiabilidad del padrón federal y marcaba una pauta a seguir en otros estados. Esto dio a los procesos electorales mayor credibilidad, y junto con otras reformas implementadas en Baja California, esta fue rápidamente implementada a nivel nacional. Mientras que algunos sugieren que el gobierno federal debería haber instituido una reforma electoral, Rodríguez y Ward (1994) enfatizan que la implementación previa en el estado de Baja California, la hizo necesaria y hasta inevitable a nivel nacional.

Como ya se mencionó, la elección de Ruffo Appel en Baja California irrumpió el monopolio del poder del del PRI. Pero, ¿esto dio como resultado una democracia? La respuesta inicial podría ser "no necesariamente", ya que una simple alternancia en el poder no produce procesos democráticos en automático. Es por ello que si bien algunos vieron al gobierno de Ruffo Appel como evidencia de una democracia en acción, otros la vieron como un producto orquestado por el PRI, para dar una imagen de democratización en un país dominado por el PRI. Y ciertamente, al llegar algún partido de oposición al poder, hereda la cultura y las estructuras institucionales y políticas existentes, lo cual puede conducir a los nuevos gobernantes a seguir con las mismas tendencias antidemocráticas. En este sentido, debemos de reconocer que la democracia demanda más que el cambio de poderes políticos. La siguiente sección examina brevemente los conceptos y criterios de la democracia, y en las posteriores secciones se revisan los logros durante el período de Ruffo Appel y los gobiernos municipales de Ensenada, para evaluar el alcance que su revolución política tuvo en la democracia de Baja California.

Criterios para la democracia

Para evaluar si Ensenada y Baja California han alcanzado la democracia, se debe definir que debe entenderse precisamente por democracia. Varios especialistas en ciencia política (Espinoza 1998; Guillén 1995; López 2001; Rodríguez y Ward 1994) han discutido esto en sus análisis sobre los procesos de democratización en México.

Alternancia

Rodríguez y Ward (1994) señalan que la alternancia de partidos políticos rivales en el gobierno es un importante criterio que define la democratización. Sin embargo, López (2001) sostiene que ni las elecciones ni la alternancia en el poder garantizan la democracia, sino que son apenas sus pasos iniciales. Un enfoque diferente sugiere que en el caso de México, estos cambios son solo parte de una simulación del PRI, tendiente a realizar su propia imagen como partido democrático. Como ya se dijo, Rodríguez y Ward (1994) sugieren que las victorias de la oposición en las elecciones de 1982 y 1983 fueron orquestadas por el PRI con este mismo propósito.

Separación de poderes y reducción del poder ejecutivo

La separación de los poderes Ejecutivo, Legislativo y Judicial es vital para la democracia. En el caso mexicano, la disminución del excesivo Poder Ejecutivo sobre los otros dos poderes es esencial para la democratización del país. Esto permitiría que el Legislativo funcionara realmente como una instancia para elaborar legislaciones y controlar el presupuesto.

Fortalecimiento del poder legislativo

López (2001) sugiere que otra característica importante de la democracia la constituye el fortalecimiento del poder legislativo. A través de esto se incrementarían las capacidades técnicas de los legisladores, con la asesoría de expertos en políticas públicas. Estos expertos que proporcionarían a los legisladores información técnica basada en el análisis de las distintas necesidades de la sociedad. En contraste con las limitadas facultades técnicas del personal de los cuerpos legislativos, los gobernadores han tenido franco acceso a cuentas secretas y han gozado de la facultad discrecional para contratar asesores y decidir el destino de los recursos para avaliar problemas específicos.

Rendición de cuentas

La democracia y el balance del poder también dependen de la rendición de cuentas (López 2001). Los legisladores deben cuestionar al poder ejecutivo y ser responsables ante quienes los llevaron a ocupar su cargo en el congreso. Paradójicamente, el clamor de políticos revolucionarios mexicanos por la "no-reelección" ha impedido que los legisladores se preocupen por sus obligaciones con sus electores. De ser posible la reelección, los legisladores se preocuparían por cubrir las necesidades de sus votantes, quienes a través de la ratificación de su voto, los llevaría de regreso a sus cargos.

Pluralidad de actores y participación popular

Un aspecto fundamental de la democracia debe incluir el desarrollo de mecanismos de representación popular y la construcción de consenso (López 2001), así como un mayor involucramiento de nuevas estructuras corporativas en el gobierno. Esto requiere del desmantelamiento de las tradicionales estructuras corporativistas de estado.

Empoderamiento local

La descentralización del poder estatal respecto a las estructuras de poder a nivel federal, y la descentralización del poder municipal respecto al estatal, son también procesos necesarios para la democracia, al permitir la autogestión política a nivel local.

Evidencia de la Democratización en Baja California

Los cambios políticos ocurridos en Baja California en las décadas de los 1980 y 1990, son una clara evidencia del establecimiento de la democracia basada en la alternancia del poder, separación de poderes, fortalecimiento de la legislatura, rendición de cuentas, desmantelamiento de las estructuras corporativistas de estado, empoderamiento local e involucramiento y participación popular.

Alternancia

Al principio, la alternancia fue más aparente que real. Los primeros triunfos del PAN sobre el PRI en Baja California a fin de los 1980s no son atribuibles solamente a factores locales y al descontento en contra del PRI. Mucho se ha sugerido en el sentido de que el PRI tenía interés en reconocer abiertamente las victorias del PAN, para contener las victorias del Cardenismo. Sin embargo, los continuos logros del PAN en las posteriores elecciones en ese estado, así como los triunfos de los partidos de oposición a lo largo de la década de los 1990 (seis gobernadores del PAN y la elección de Vicente Fox como presidente), hicieron de la alternancia una característica de la escena política mexicana contemporánea. Paradójicamente, los siguientes dos gobernadores de Baja California, de extracción panista, no lograron tampoco una mayoría entre los legisladores. Estableciéndose un verdadero balance en la distribución del poder en el estado.

Separación de poderes

López (2001) concluye que las victorias del PAN en Baja California han transformado las añejas prácticas culturales y políticas que contribuían a la supremacía del poder ejecutivo. Rodríguez y Ward (1994) señalan que la separación de poderes entre las distintas ramas de gobierno ocurrió tanto a nivel estatal como municipal, marcando la existencia de un proceso real de democratización. La independencia de los legisladores con respecto a sus bloques partidistas tuvo finalmente lugar en el Congreso del Estado durante el mandato gubernamental de Ruffo Appel (López 2001). Así también, tuvo lugar una importante separación de las funciones judiciales durante el mandato de Ruffo, quien permitió que el poder judicial eligiera a su propio presidente, y que el poder legislativo rechazara varias de sus nominaciones a las judicaturas.

Fortalecimiento de los legisladores

El gobierno finalmente con contrapesos disminuyó la subordinación del cuerpo legislativo al gobernador y reafirmó el proceso democrático. Los debates legislativos se manifestaba un cuestionamiento sin precedente al ejecutivo (Rodríguez y Ward 1994, p. 87). En el pasado, el poder ejecutivo mandaba las iniciativas legislativas, y los cuerpos legislativos simplemente las implementaban. Con el proceso de democratización, varias de las iniciativas del ejecutivo fueron rechazadas, no sobre la base de una simple adhesión partidista, sino como resultado de un verdadero debate y consenso entre los representantes del PAN y de los partidos de oposición. Los gobernadores del PAN se vieron entonces forzados a negociar diputaciones con los partidos de oposición para ganar consenso para sus programas legislativos. Este proceso de construcción de consenso descentralizó el poder al tiempo que incrementó la autoridad individual de los legisladores. La descentralización fue uno de los objetivos explícitos de la plataforma de campaña del PAN.

Confiabilidad

De acuerdo a Rodríguez y Ward (1994), en los regímenes del PAN se incrementó la eficiencia y capacidad del gobierno de Baja California. Esto fue resultado de la cuidadosa selección de candidatos del PAN con perfil empresarial, cuyas habilidades organizacionales y administrativas ayudaron a tener gobiernos confiables y eficientes en la prestación de servicios. Estas dinámicas fueron particularmente importantes para el gobierno a nivel municipal, dado que es en las ciudades en donde los ayuntamientos son responsables de proporcionar una diversidad de servicios que impactan directamente a la gente. Durante las gestiones del PAN se encuentra la selección de funcionarios basada en la competencia, transparencia y eficiencia en la implementación de políticas públicas. Esto redujo la influencia de las estructuras corporativas partidistas y aumentó la calidad de los servicios, así como redujo las agendas partidistas de los sucesivos gobiernos. Todo esto forzó a los gobiernos municipales dominados por el PRI (por ejemplo en Mexicali) a operar de forma más abierta y eficiente, con funcionarios de mayor credibilidad y transparencia en sus actividades. Finalmente, el PAN introdujo también democratización de las formas de financiamiento de las campañas electorales, distribuyendo la mitad de todos los recursos de manera equitativa entre los partidos políticos y la otra mitad sobre la base de la representación proporcional obtenida en las elecciones previas.

Desmantelamiento de las estructuras corporativistas de estado

Las iniciativas del PAN contribuyeron a la ruptura de estructuras corporativistas. Las relaciones entre los sectores gubernamentales y laborales habían permitido al PRI valerse del gobierno para mantener la lealtad de los empleados de sectores laborales específicos, por ejemplo, las cooperativas de taxis controladas por el PRI, mismas que dependían de éste para la renovación de sus licencias anuales. La función tradicional de las organizaciones corporativistas asociadas fue alterada y en algunos casos, desmantelada. En el mismo caso de las cooperativas de taxis, estas habían permitido a sus líderes sindicales negociar todos los permisos con los gobiernos municipales, lo cual reforzaba su lealtad a los funcionarios del PRI, quienes a su vez ejercían control individual e indirecto sobre los taxistas. Al rechazar el control de las organizaciones y de sus líderes sobre los taxistas y permitir que estos pudieran tramitar sus licencias directa e individualmente, el PAN afectó el tradicional control del PRI sobre ese sector laboral. López (2001) sostiene que esto representó una ruptura en las estructuras corporativistas-clientelares utilizadas por el PRI para dominar el gobierno. Espinoza (1998, p. 13) también demuestra que uno de los principales cambios observados en el PAN, en relación al PRI, fue la restricción en el uso de los recursos destinados a prácticas clientelares y patrimonialistas del pacto corporativo. No obstante lo anterior, Ruffo Appel también continuó con la práctica de intervención por parte de los candidatos de su partido durante su período como gobernador. Espinoza

Valle sostiene que tal persistencia de la cultura política mexicana ha impedido una democratización efectiva en las áreas de ciudadanía, participación y representación. Es por ello que él habla de una liberalización más que de una verdadera transición hacia la democracia, aunque al mismo tiempo reconoce que sí se ha avanzado en el proceso democrático. Espinoza (1998, p.15) propone que dada la ausencia en el PAN de proyectos de interacción cívica y recomposición social, lo que resta por hacer es implementar proyectos de integración de los ciudadanos.

Participación e involucramiento ciudadano

El rompimiento de las relaciones tradicionales entre las instituciones políticas y las estructuras corporativistas, hizo posible una relación más directa entre el gobierno y la ciudadanía. A nivel estatal, esto se vio reflejado en un aumento en la participación ciudadana en los procesos electorales; entre 1989 y 1992 el número de electores registrados se incrementó del 50 al 80% y los votantes ascendieron a 50%. (Guillén 1995; p. 57). Además, las elecciones adquirieron un carácter altamente competitivo, colocando al PAN y al PRI en contiendas muy cerradas. Por otra parte, los gobiernos del PAN en Baja California cambiaron las prioridades de los gobiernos estatales y municipales y la manera en que fueron implementadas. Este demostra Rodríguez y Ward (1994), quienes afirman que el PAN evitó el papel intermediario de las organizaciones burocráticas corporativas al interactuar directamente con la ciudadanía y las organizaciones civiles y delegar más responsabilidades a los gobiernos municipales. Finalmente, contra quienes piensan que el PAN representa únicamente los intereses de la clase media y alta, particularmente los del sector empresarial, se debe recordar que varios programas implementados durante sus gobiernos han sido dirigidos a atender a las sectores más humildes. Por ejemplo, durante su periodo como gobernador, Ruffo implementó programas que produjeron la descentralización del gobierno, mejoró los servicios de agua y drenaje, incrementó el acceso a terrenos y construcción de vivienda, reforzó programas educativos, mejoró las condiciones ambientales, incrementó el desarrollo económico y transformó el sistema de administración de justicia (Rodríguez y Ward 1994).

Fortalecimiento municipal

En cuanto a la descentralización de las funciones gubernamentales se debe reconocer que el Presidente Miguel de la Madrid fue quien impulsó la descentralización de la administración federal, delegando múltiples funciones a las administraciones estatales; sin embargo, esta descentralización no necesariamente repercutió en la descentralización de la administración estatal, delegando funciones a las administraciones municipales. De hecho, la función del gobierno estatal como vehículo para proveer los recursos a la municipalidad, seguía limitando la independencia del municipio. Esto se debía a que los presidentes municipales eran generalmente seleccionados por los gobernadores, y se veían imposibilitados por lealtad política, a ejercer presión para lograr la descentralización del gobierno del estado. No fue sino hasta que el PAN fracturó las relaciones intergubernamentales (municipio-estado) que la descentralización a este nivel fue puesta en práctica. Según Rodríguez (1997) para lograr la independencia fiscal y de planeación de los municipios con respecto al gobierno del estado, fue necesaria la presencia de los partidos de oposición. Así, una vez que los presidentes municipales del PAN entraron en funciones, ya independientes de las estructuras informales (interpersonales de patronato) de poder priístas, los gobiernos municipales exigieron la implementación de las reformas federales decretadas durante la administración del Presidente de la Madrid pero todavia no implementados. De esta manera, después de haber obtenido del gobierno federal el poder sobre el abastecimiento de agua, la transferencia de tierra, la construcción de caminos y edificación de escuelas, la administración de Ruffo Appel, fortaleció la autogestión a nivel municipal transfiriendo poder a los municipios sobre el impuesto predial y dotándolos de una fuente de ingreso que pudieran usar para cubrir sus necesidades y alcanzar sus objetivos. Otras funciones otorgadas a los municipios fueron la expedición de permisos para la venta de alcohol para la prestación de servicios de transporte urbano y para la organización de actividades deportivas y culturales. Esto redujo la relación paternalista entre el estado y el municipio. Además, Rodríguez y Ward (1994) concluyen que la independencia alcanzada por los funcionarios de gobierno del PAN con respecto a las altas jerarquías de ese partido, en contraste con lo que ocurría en el PRI, permitió a estos funcionarios un mayor grado de autonomía para reclamar, experimentar e implementar procesos más democráticos.

Así también, Rodríguez y Ward (1994) afirman que en este periodo (1989-1992) se institucionalizó la independencia del concejo municipal de Ensenada, mientras que en Tijuana y Mexicali este proceso apenas mostraba "signos incipientes". Esto revela el papel precursor de Ensenada, como heraldo de los procesos democráticos en México.

La extensión de la democracia en Ensenada: Alternancia en el poder.

El triunfo de Ruffo Appel en las elecciones de Baja California, dio cobijo a los municipios de Ensenada, Tijuana y Tecate para que quedaran en manos de candidatos del PAN. En Ensenada, después del período de Ruffo Appel como alcalde municipal, fue electo el panista Jesús del Palacio Fontaine (1989-1992), familiar de Ruffo Appel, quien ganó las elecciones a Carlos Hussong González con 36,000 votos contra 25,000. Durante la gestión de del Palacio Fontaine, los miembros del concejo elevaron su participación en la toma de decisiones, lo cual trajo como consecuencia la descentralización del poder y la reducción de las facultades tradicionalmente asumidas por el presidente municipal. Durante este periodo se realizaron esfuerzos por educar a la población sobre cómo usar las estructuras políticas locales para satisfacer las necesidades de su comunidad (Rodríguez y Ward 1994). En este sentido, el empoderamiento de la población en su toma de decisiones también ha sido un objetivo explícito del PAN.

Después de la administración de Jesus del Palacio siguió en el cargo su sobrino, Óscar Sánchez del Palacio (1992-1995). Sánchez del Palacio alcanzó fácilmente la victoria con 46,000 contra 39,000 votos. No obstante, durante su alcaldía enfrentó dificultades resultado de la práctica del nepotismo y de conflictos con los comerciantes de la ciudad, los miembros de su propio partido y otros funcionarios dentro del mismo gobierno municipal. Incluso, los miembros del PAN se referían a Sánchez del Palacio como una persona apática, carente de dinamismo y misticismo característicos del pasado inmediato del PAN. Tal vez la crítica más enérgica se relacionaba con su ineficiencia en la obtención de apoyos por parte de los gobiernos estatal y federal para la realización de proyectos en Ensenada y en su incapacidad de tomar ventaja de las oportunidades políticas que se le presentaban. Esto provocó la falta de confianza en el gobierno panista de Ensenada.

El PAN fue derrotado en las siguientes elecciones municipales. Sin embargo, el triunfo del candidato del PRI a la alcaldía de Ensenada, Manuel Montenegro Espinoza, se dio por un margen a su oponente de aproximadamente 43,000 contra 38,000 votos. El candidato del PAN, por su parte, Enrique Chapela Zapien, había sido el alcalde sustituto de Ruffo, en los últimos seis meses en los que éste fue elegido gobernador. Por esta razón, Chapela no obtuvo el apoyo suficiente de la población ni de su propio partido, ya que sentían que ya había tenido su turno en el poder. Esto dejó a Chapela débil frente a Montenegro, quien gozaba de amplio apoyo local también ganado durante sus previos intentos por alcanzar la alcaldía como candidato del PRI. Montenegro también contaba con popularidad por ser director regional de la Cervecería Corona. Y por congraciarse con los aficionados al deporte de Ensenada, patrocinando uniformes y equipo para sus equipos y obsequiando cerveza al final de los juegos. Cabe reconocer que el período de Montenegro se caracterizó por un extenso trabajo en beneficio de las zonas rurales y urbanas más humildes y por la adquisición de fondos para modernizar el área turística de la ciudad incluyendo la re-construcción del malecón.

La recepción positiva del desempeño de Montenegro (1995-98), favoreció la elección de otro alcalde priísta en Ensenada, Daniel Quintero (1998-2001). Quintero incorporó como compañero de campaña al ampliamente conocido Celso Pedro Prado Luna, ex-director de la Escuela Normal Estatal. Juntos visitaron muchas de las escuelas de Ensenada, investigando acerca de sus necesidades y construyendo una extensa red de apoyo bajo la promesa de trabajar en proyectos de las escuelas de la comunidad. Parte de esta campaña fue la capitalización de redes, a través de las cuales llevaron a cabo una llamada telefónica de último minuto alentando a los electores a ejercer su voto con un "Sal a votar". Esto permitió al PRI prolongar su mandato en las alcaldías de Ensenada por dos términos consecutivos.

Después de estos dos períodos priistas, el PAN regresó al poder (2001). De acuerdo a algunos observadores, esta no fue simplemente una victoria del candidato del PAN, el médico local Jorge Catalán Sosa, pero unas errores que conducen al fracaso del candidato del PRI, Gilberto Hirata Chico. Hirata Chico era profesor de reciente jubilación, quien había generado la expectativa de obtener un triunfo fácil, por lo que había ganado la nominación interna del PRI sobre otros favoritos locales del PRI, a quienes no incorporó en su campaña ni como suplentes ni como apoyo. En lugar de eso, su planilla se caracterizó por el amiguismo y el favoritismo, menospreciando incluso a la estructura local de su partido. Además, algunos priistas opinan que Hirata Chico no se ganó la confianza de la gente al no hacer alianza con ellos. En lugar de llevar a cabo una campaña puerta-a-puerta, depositó su confianza en grandes mítines, propaganda en los medios locales, voceo en carros y estableció alianzas con la élite local. Muchos pensaban que su elección estaba asegurada, y ese exceso de confianza condujo a su equipo a un fallido cierre de campaña con un llamado al voto de último minuto. En el recuento final, el PRI obtuvo muy bajos índices de votación en áreas tradicionalmente favorables al PRI.

En la perspectiva del PAN, la estrategía de campaña del PRI no pudo contrarrestar la eficiencia de la campaña puerta-a-puerta de Catalán Sosa. Por otra parte, algunos atribuyen a Quintero, previo presidente municipal, la derrota de Hirata Chico. Desde este punto de vista, Quintero había dejado la alcaldía de Ensenada antes de concluir su periodo, para contender por la gubernatura de Baja California. Esto produjo un gran desorden en el ayuntamiento y en opinión de algunos militantes del PAN, esto imposibilitó a Hirata Chico el obtener recursos de la alcaldía para su campaña, dado que Quintero los había sustraído para la propia. Pese a esto, Quintero no ganó las elecciones a gobernador, como tampoco Hirata Chico.

En resumen, a partir de la irrupción del PAN en el poder, tiene lugar una verdadera alternancia en el poder. Como se ha visto, después de tres períodos consecutivos del PAN en la alcaldía de Ensenada, gana el PRI. Posteriormente, en las elecciones de 2001, 2004 y 2007, el PAN retoma la alcaldía con los presidentes municipales Catalán Sosa, Mancillas Amador y López Núñez, respectivamente. Después, en 2010 y 2013, los candidatos del PRI (Torres Pelayo e Hirata Chico) ganan las elecciones municipales. Sin duda, esta alternancia en el poder se vio reflejada a nivel nacional.

Propagación de la alternancia en México

Las victorias municipales del PAN en Ensenada y en otras partes de México fueron un aspecto esencial de la implementación de la descentralización del poder ya prevista en la Constitución Mexicana. Cuando Ruffo llegó al poder en Baja California, su experiencia como alcalde e la postura política de PAN sobre los municipio libres, impulsó a procesos de hacer el municipio libre del gobierno del estado, como una estrategia para satisfacerlas necesidades de los municipios. Rodríguez y Ward (1994, p. 117) la concluyen que el legado de la democratización de Ruffo, incluyendo cambios en el proceso electoral y la descentralización del poder, creó un gran cambio en el panorama político de México

Antes de la elección de Ruffo Appel como gobernador, la representación de los partidos en el congreso era nominal, resultado del sistema plurinominal iniciado durante las décadas de los 1970. Esto significaba que los candidatos minoritarios que sirven en los cuerpos legislativos no tenían efectos en la toma de decisiones por causa de la dominación del PRI. Para 1993, sin embargo, había más de 200 gobiernos municipales controlados por partidos de oposición, principalmente por el PAN. Estos crecientes triunfos de la oposición forzaron al gobierno federal del Presidente Salinas, en 1992, a remover candidatos e incluso gobernadores, que habían ganado mediante procesos electorales fraudulentos. A pesar de la multiplicación de los ayuntamientos de oposición y de la revisión de los procesos electorales, no habían mejorado las oportunidades de participación de los partidos de oposición y la persecución de sus militantes se incrementó. Durante el periodo de Salinas,200 militantes del PRD fueron asesinados por razones políticas. (Ver Wayne Cornelius 1994 en Foreign Policy, Verano de 1995, páginas 53-71, Artículo "Mexico's Delayed Democratization").

Los logros de los partidos de oposición a lo largo de México, particularmente los del PAN, han llevado a varios a concluir que México está experimentando los inicios de una democracia. La aceptación de los resultados electorales en Baja California fue tomada como una prueba de tolerancia por parte del PRI, pero que desencadenó un efecto multiplicador en otros seis estados que a lo largo de los siguientes ocho años tuvieron gobernadores panistas. (Espinoza 1998). Rodríguez y Ward (1994) analizan los triunfos de los partidos de oposición, sus administraciones funcionales a nivel estatal y el cambio en las relaciones intergubernamentales en México que muestran la naturaleza de los procesos de democratización contemporáneos en México. Su análisis sobre el emergente pluralismo político y la alternancia del poder político demuestra el crecimiento de la democracia. Más aún, su análisis apoya el argumento de que Ensenada y Baja California fueron fundamentales para el cambio democrático en México. En su análisis sobre los procesos electorales en México, Rodríguez y Ward (1994) ilustran las formas en las cuales la democratización se ha puesto de manifiesto en Baja California, y cómo sus efectos locales se han extendido a nivel nacional. Ensenada, como ha sucedido en gran parte de su historia, mostró el camino.

Ensenada y Baja California en la democratización de México

La anterior descripción de alternancia es una de las características de la democracia, la cual puede ser tomada como clara evidencia de que los ensenadenses han alcanzado su objetivo. Sin embargo, existen otros aspectos que deben ser considerados para determinar lo que finalmente constituye la democracia. En respuesta a si Ensenada cuenta o no con un gobierno democrático, León Toscano proporciona una respuesta bastante calificada, en el sentido de que "la esperanza por la democracia todavía es una esperanza. Aún existen muchos priístas en el gobierno, en las burocracias gubernamentales" (por ejemplo, en la Comisión Federal de Electricidad y PEMEX, la industria petrolera propiedad del gobierno). También sostiene que "en Ensenada existe la democracia porque nosotros no lucramos con ella, como sucedió en Tijuana. Nosotros no tomamos el poder y regalamos posiciones a los amigos y familiares en actos de nepotismo. Eso le permite a la gente robar y nosotros no dejamos que eso suceda aquí". En la opinión de este personaje, la democratización ensenadense se ha extendido a nivel nacional, lo cual ratifica a Ensenada como "cuna de la democracia mexicana", que le dio a Ruffo una base para ascender al poder como gobernador. También afirma que "el nuevo sistema de credencialización electoral ayudó a la gente a entender que era posible vencer al PRI. El PRI siempre ganaba, pero los ensenadenses y Baja California mostraron que el tabú sobre los eternos triunfos del PRI se habían terminado. Nosotros proporcionamos un nuevo modelo para hacer las cosas".

Conclusiones

Rodríguez y Ward (1994) señalan que los cambios iniciales y posteriores en la democracia en México han sucedido principalmente en la región del norte, la cual se caracteriza por tener mayores niveles de ingresos, bienestar y educación. Otras características del norte de México son, la influencia de los Estados Unidos y la reducción del poder de la estructura corporativa del PRI. Todos éstos son factores característicos de Ensenada.

Dada la ubicación periférica de Ensenada en una zona no propicia para el desarrollo de la agricultura extensiva, su potencial económico no fue aprovechado sino hasta que la irrigación proporcionó nuevas oportunidades y el turismo generó nuevos recursos económicos. Esta dinámica dio origen a una sociedad en la cual los servicios y el comercio, más que el sector primario, se convirtieron en el soporte para la economía. Aunque Ensenada y Baja California se encontraban en condiciones de subdesarrollo, en tiempos de la Revolución Mexicana, el área llegó a convertirse en una de las más prósperas de México. Si bien los pueblos fronterizos de Tijuana y Mexicali son en la actualidad importantes centros económicos, Ensenada es el mayor puerto regional en el Pacífico. Así, podemos concluir que el desarrollo de los centros urbanos en esta zona, particularmente Mexicali, Tijuana y Ensenada, ha sido moldeado por la interacción de varias fuerzas: (1) las oportunidades económicas creadas por la proximidad con los Estados Unidos, (2) La importante migración hacia la región y (3) el desarrollo de una infraestructura física construida por el gobierno federal y las inversiones extranjeras.

La diversa economía de Baja California refleja la evolución de varios loci económicos a lo largo de distintos períodos. Baja California se ha desarrollado sustancialmente en todos los sectores económicos de importancia: agricultura, pesca, industria, comercio y servicios, especialmente el turismo (Rodríguez y Ward 1994). Mientras que hace 60 años la agricultura y la pesca aportaban cerca del 50% del producto local bruto, el sector turístico es actualmente dominante en términos de los empleos que genera. Esto se debe en parte a su proximidad con California y al desarrollo de los destinos turísticos de Baja California.

Esto permitió que los sindicatos de trabajadores se formaran en épocas tempranas, como los del transporte público y de trabajadores de los casinos en 1907. Por su parte, el desarrollo de la liga nacionalista en Tijuana en 1925, politizó a trabajadores y sindicatos, mientras que las confederaciones federales como la CROC y la CTM, que formaban parte de la estructura corporativista de estado, dominaban a los sindicatos en Baja California. Sin embargo, debido a que el creciente sector de la industria maquiladora no ha sido sindicalizado, este sector ha estado libre del control político y la manipulación. Más aún, un amplio segmento de la población compuesta por decenas de miles de habitantes, radica en Baja California pero trabaja en el sur de California, lo cual proporciona a estos trabajadores un sueldo en dólares, exposición a la cultura de los Estados Unidos y libertad del control corporativista del estado mexicano.

Esta particular situación de Baja California, con respecto al resto del país, ha a dado lugar a una serie de acontecimientos políticos peculiares. Baja California se ha beneficiado largamente de su especial estatus de zona libre, el cual fue creado para compensar su lejanía de las fuentes de recursos mexicanos. Como zona libre de impuestos, a Ensenada se le ha permitido la importación sin gravamen, de productos provenientes de Estados Unidos. Esto ha fortalecido regionalmente al sector comercial y a la clase media, con los recursos provenientes de Estados Unidos permitiendo el desarrollo de estructuras independientes de corporativismo de estado. Esta independencia ha sido importante a nivel local y ha tenido repercusiones a nivel nacional.

Rodríguez y Ward (1994, p. 29) consideran que las elecciones de 1989 en Baja California fueron "un parte aguas en el proceso de democratización; en efecto, la victoria de Ruffo tuvo la capacidad de energizar la oposición al expandir el campo de lo que era visto como políticamente posible". La victoria electoral de Ruffo brindó la oportunidad de implementar los principios del federalismo a nivel estatal, el más alto nivel gubernamental penetrado por los partidos de oposición en aquella época. En posteriores elecciones, la democratización alcanzada se hizo evidente en las elecciones competitivas y el volátil electorado. Rodríguez y Ward (1994) concluyen que Ruffo logró un nuevo nivel de descentralización del poder al habilitar a los municipios para que generaran sus propios ingresos. La creciente autonomía, "generó nuevas oportunidades para el surgimiento de la democracia y permitió al gobierno autogestivo emerger en la práctica" (Rodríguez y Ward 1994, p. 116)

Por todo lo anterior, la victoria de Ruffo y el PAN significaron democracia para Baja California. Además sus alcances no terminan allí. Como Rodríguez y Ward concluyeron en 1994, "los efectos indirectos que la experiencia en Baja California ha tenido un efecto más amplio en el proceso de democratización en México. Obviamente, no se puede subestimar la importancia del triunfo en sí mismo... [Éste] extendió el pluralismo partidista desde el ámbito legislativo hasta el gobierno ejecutivo... [lo cual] abrió una ventana de oportunidad para el triunfo del PAN en Chihuahua en 1992. Más aún, las reformas emprendidas en la arena electoral bajacaliforniana han conducido a cambios a nivel nacional que [a juicio] de la mayoría de los observadores propician una más amplia democratización" (p.127). Los mismos autores concluyen proféticamente que "las condiciones de democratización que hemos descrito...pueden alcanzar mayores efectos a nivel nacional y contribuir a cambiar las tradiciones políticas de México" (Rodríguez y Ward 1994, p. 127).

Su pronóstico se hizo realidad cuando, en el año 2000, Vicente Fox Quesada ganó la presidencia de México como candidato del PAN, rompiendo con 71 años continuos de presidencias del PRI en México. El humilde inicio de esta revolución política con la victoria de Ojeda, primer presidente municipal de Ensenada, proveniente de un partido de oposición, en 1983, es vista como una crucial contribución al similar triunfo de Ruffo tres años después. Estos logros sentaron las bases para una recia oposición por parte de Ruffo a la corrupta e ineficiente administración del PRI en el gobierno estatal. Ruffo empezó por barrer los escalones del palacio municipal y finalizó "barriendo a los vagabundos de sus escaños". Su victoria dio pie a cambios sin precedente en el gobierno del estado, en el ámbito de las relaciones estado-federación y de los procesos electorales. La transparencia de los nuevos procesos electorales, emblemáticamente representados con el material transparente con el cual se elaboraron las urnas, allanó el camino para la inevitable llegada de reformas electorales nacionales que permitieron la elección de candidatos de los partidos de oposición.

En esto radica la afirmación de que Ensenada es la cuna de la democracia, aunque tal vez debiera decirse que solamente es uno de sus origines, dado que, en efecto, algunas otras tendencias democráticas han emergido en distintas partes de México. Tal como lo sugieren Rodríguez y Ward (1994), el aislamiento de Baja California y su relativo bajo perfil, permitió el surgimiento de gobernadores extremadamente ineptos y corruptos, así como el desarrollo de una fuerte oposición regional.

Así, las tendencias democráticas presentes desde los orígenes de la región se desarrollaron y expandieron, trayendo a tiempos presentes cambios que eventualmente condujeron a la histórica victoria del candidato del PAN, Vicente Fox, como presidente de México en el año 2000. Ensenada ejemplificó cómo la democracia podía funcionar en México y esta idea transcendió a nivel del estado y de la nación.

Notas

1 El material en esta sección se deriva de Morales (2002).

2 Todas las referencias a la información de José León Toscano provienen de entrevistas personales con el autor en julio de 2002.

3 Esta cita es paráfrasis de la fuente original en español que era traducido al ingles e retraducido al español.

4 Esta sección está basada principalmente en Rodríguez y Ward (1994) y Morales (2002).

EPÍLOGO RE-PENSADO

Parece paradójico considerar que las prevalecientes tendencias democráticas en Ensenada, provengan de las influencias de los negocios propiedad de extranjeros en esa ciudad, sobre todo si consideramos que el mundo contemporáneo de los negocios, particularmente el de las corporaciones, está lejos de ser democrático. Ante esta paradoja cabe preguntarse si la democracia ha sido parte de las influencias heredadas de estos extranjeros en Ensenada.

En mi opinión la respuesta es sí, en algunos aspectos.

Ensenada tiene una matriz sociocultural basada en las actividades de los negocios independientes, a diferencia de lo que ocurre en el centro del país, en donde incluso hoy prevalecen los vestigios de los poderes oligárquicos derivados de un sistema colonial-feudal. En contraste, la presencia temprana de negocios extranjeros en Ensenada trajo consigo una serie de vínculos con la economía internacional, especialmente con la de los Estados Unidos, así como diferentes experiencias en el aspecto educativo y ocupacional. Este rol desempeñado por la frontera norte de México, como escenario de influencias diversas y contrarias a los poderes centrales de México, se observa, por ejemplo, en el hecho de que Francisco I. Madero, principal líder de la Revolución Mexicana en contra de Porfirio Díaz, era originario del estado fronterizo de Coahuila.

Además, esta orientación de los estados fronterizos de México, ha estado presente a lo largo de la historia de este país, debido también a su permanente contacto con los Estados Unidos. El desarrollo económico capitalista en esta zona, contribuyó a la generación de un nuevo orden económico, el cual era parte de una clase social educada y con recursos, distinta a la de los campesinos mestizos que caracterizó a México en los primeros años del siglo XX. De esta forma, en sus orígenes Ensenada fue una ciudad que se distinguió por tener una clase media cuyo estilo de vida y bienestar se sustentaba en las actividades empresariales asociadas a la economía de Estados Unidos, más que a la de México.

A su vez, los grandes núcleos de población del centro y sur del país, estaban sujetos al sistema de hacienda con una estructura de clase y producción de carácter feudal dominada por caciques descendientes de los colonizadores españoles. En contraste, en Baja California, la destrucción de la población y las culturas indígenas iniciada por los misioneros, tanto como su aislamiento de otros grupos que se establecieron en la región, fueron factores que a su vez evitaron la formación de un importante segmento social mestizo. Estas circunstancias favorecieron la transformación de los antiguos soldados que resguardaban las misiones, en rancheros autosuficientes, una vez que el sistema misional fue clausurado. Esto también abrió las puertas a una gran variedad de extranjeros, incluso más amplia que la del resto del país, lo cual sentó las bases para el surgimiento de una personalidad regional con una marcada orientación hacia el exterior, principalmente hacia los Estados Unidos y la economía internacional.

Existe entre los mexicanos el sentir generalizado de que la proximidad a los Estados Unidos es perjudicial para su país. Esto queda de manifiesto en la adopción de de la expresión adjudicada a Porfirio Díaz, "Pobre México, tan lejos de Dios, tan cerca de los Estados Unidos". Sin embargo, las consecuencias de esta proximidad han tenido distintos matices en Ensenada o Baja California en general, como el haber contribuido a su independencia económica y a forjar su espíritu democrático. Al parecer, la "La cenicienta del Pacífico" tuvo suerte de estar "Tan lejos de los capitalinos y tan cerca del rico Tío Sam". Esta circunstancia es lo que ha transformado a Ensenada en "la perla del Pacífico", con el dinero que llegó con los estadounidenses que querían más de lo que podía darles el soleado sur de California. Este estrecho vínculo con los Estados Unidos fue clave para amasar verdaderas fortunas en Baja California, con las que incluso se brindó apoyo al gobierno central de México, como lo ilustran las acciones de los gobernantes militares de Baja California, Esteban Cantú y Abelardo L. Rodríguez, quienes enviaron millones de dólares a los presidentes de este país –incluso a sus propias cuentas bancarias. El poder económico de la región dio origen a una clase socioeconómica diferente que llegó a ser tan significativa, que permitió desarrollar una férrea oposición al poder económico e ideológico del PRI, y al gobierno nacional.

Como indico en el prefacio en español, además de los aspectos importantes del carácter de Ensenada que se explican tanto por las influencias extranjeras, como por su aislamiento geográfico del centro de México y los patrones culturales tradicionales del país, tenemos el hecho de que Ensenada llegó a ser un área donde el gobierno federal realizaba experimentos sobre democracia. Debido a circunstancias históricas y de nuevas prácticas federales en esta región, Ensenada fue desde el principio, una sociedad distinta no sólo por características inherentes a sus habitantes, sino también por las posibilidades surgidas a raíz de los experimentos sociales y económicos del gobierno federal en Baja California y otras áreas fronterizas.

Desde finales del siglo XIX, el gobierno federal implementó—y liberó—procesos económicos que estimulaban tendencias diferentes en esa región. A lo largo del desarrollo de Baja California, el gobierno central trató las zonas fronterizas como áreas para probar la implementación de nuevas políticas y prácticas de libre mercado. Estas políticas y prácticas impulsaban su independencia y se expresaron en aspectos que iban desde la creación de la zona libre que estimulaba su desarrollo económico a través de la libre internación de mercancías provenientes de los Estados Unidos, hasta la autorización a organizaciones laborales para ejercer una autonomía relativamente total en la gestión de sus asuntos internos. Esto fue sólo parte de la estimulación democrática de Ensenada, con el gobierno central aprobando prácticas políticas más liberales que las aplicadas en el resto del país. Tomando en cuenta las tendencias liberales de Ensenada y de otras ciudades fronterizas norteñas, el gobierno central posibilitó el desarrollo de singulares dinámicas políticas, experimentando con aperturas hacia la democracia.

En el análisis final precisamos reconocer que el carácter democrático de Ensenada derivó no sólo de las influencias extranjeras que influyeron en la formación del carácter democrático de los ensenadenses, sino también de las decisiones federales al permitir y fomentar con su apoyo estas inclinaciones democráticas. Esta combinación de tendencias inherentes a una sociedad cosmopolita con las prácticas federales de apertura democrática dieron a luz a nuevas posibilidades que todo México puede abrazar.

FUENTES DE MAPAS

Muchas gracias a David Rumsey Map Collection, www.davidrumsey.com para permisión utilizar los siguientes mapas:

Mexico and Adjacent Provinces, A. Arrowsmith, 1810
United States of North America with parts of the adjacent countries, David H. Burr, 1839
Northwest Mexico, H. D. Rogers and A. Keith Johnson, 1857
Baja California, Antonio, Garcia Cubas,1899
Baja California, Secretaria de Agricultura y Fomenta, Dirección de Estudios Geográficos y Climáticos 1922

REFERENCIAS BIBLIOGRÁFICAS

Araujo Cota, Fernando. 1994. Eulogio Romero: Un forjador de Ensenada. En: *Seminario de Historia de Baja California, Memorias 1994.* Editado por H. Heath, M. Téllez Duarte, y P. Ritchie. Ensenada, B.C.: Instituto de Investigaciones Históricas UABC.

Bassols Ricárdez, Mario y Arzaluz Solano, Socorro. 1996. Gobiernos municipales e alternancia política en ciudades mexicanas. Frontera Norte 8(16) : 102-124

Blum Valenzuela, Roberto. 1996. De la política mexicana y sus medios. Deterioro institucional o Nuevo pacto político. México: Miguel Ángel Porrúa, México.

Bonifaz de Hernández Araico, Roselia. 1982a. Ensenada y la Invasión Anarco-Magonista de 1911. En: *Visión Histórica de Ensenada.* Editado por Ángela Moyano de Guevara y Jorge Martínez Zepeda. Mexicali: Centro de Investigaciones Históricas Universidad Autónoma de Baja California. Pp. 195-225.

Bonifaz de Hernández Araico, Roselia. 1982b. Visión económica y social de Ensenada 1930-1940. En: *Visión Histórica de Ensenada.* Editado por Ángela Moyano de Guevara y Jorge Martínez Zepeda. Mexicali: Centro de Investigaciones Históricas Universidad Autónoma de Baja California. Pp. 253-271.

Bonifaz de Hernández, Roselia. 1996. Cámara Nacional de Comercio de Ensenada (1896-1945). En: *Un Siglo al Servicio del Comercio Organizado. Edición Especial.* Ensenada, BC: Cámara Nacional de Comercio, Servicios y Turismo de Ensenada. Pp. 15-22.

Bonifaz, Roselia. 1999. Conformación del Distrito Norte de Baja California, 1887-1911. En: *Ensenada: Nuevas Aportaciones para su Historia.* Editado por Rosario Maríñez y Luis Enrique Medina Gómez. Mexicali: Universidad Autónoma de Baja California. Pp. 307-365.

Bonifaz de Hernández, Roselia. 1987. El Noreste: Baja California. En: Visión Histórica de la Frontera Norte de México. Tomo V. De la

Revolución a la Segunda Guerra Mundial. Editado por David Piñera Ramírez. Mexicali, B.C.: Instituto de Investigaciones Históricas Universidad Autónoma de Baja California.

Bonifaz de Novelo, Eugenia. 1983. The Hotel Riviera del Pacífico. Social, Civic and Cultural Center of Ensenada. *The Journal of San Diego History*, 29 (2).

Bonifaz Sáez de Novelo, María Eugenia. 1995. David Zárate Zazueta: Patriarca Inolvidable (1875-1961). En: *Seminario de Historia de Baja California Memoria 1995*. Ensenada, B.C.: Instituto de Investigaciones Históricas UABC. Pp. 89-102.

Bonifaz de Novelo, María Eugenia. 1999a. Periodo Revolucionario: Primera etapa: 1911-1914. En: *Ensenada: Nuevas Aportaciones para su Historia*. Editado por Rosario Maríñez y Luis Enrique Medina Gómez. Mexicali: Universidad Autónoma de Baja California. Pp.439-470.

Bonifaz de Novelo, María Eugenia. 1999b. El Gobierno de Estaban Cantú, 1915-1920. En: *Ensenada: Nuevas Aportaciones para su Historia*. Editado por Rosario Maríñez y Luis Enrique Medina Gómez. Mexicali: Universidad Autónoma de Baja California. Pp. 471-501.

Brown, Charles. 1980. *Agents of Manifest Destiny: The Life and Times of the Filibusters*. Chapel Hill: Univ of North Carolina Press.

Carrillo Mendívil, Miguel Humberto. 1998. Manuel Labastida Castro: Comerciante y Político. En: *Seminario de Historia de Baja California Memoria 1998 Ciclo de Conferencia*s. Editado por Elvira Cota González. Pp.183-194.

Cariño Olvera, M. 2002. Establecimiento y destrucción de la simbiosis hombre-espacio. En *Baja California: Un Presente con Historia Volumen I*. Editado por Catalina Velázquez Morales. Mexicali, B.C.: UABC. Pp. 95-108.

Chaput, Donald y James Yaeger. 1999. Compañía Mexicana de Terrenos y Colonización, 1887-1917. Una empresa británica. En: *Ensenada: Nuevas Aportaciones para su Historia*. Editado por Rosario Maríñez y Luis Enrique Medina Gómez. Mexicali: Universidad Autónoma de Baja California. Pp. 285-306.

Cortes, Edna. 1993. El Parque Revolución: Cien Años de Historia. En: *Seminario de Historia De Baja California. Memoria 1992, Ciclo de Conferencias*. Ensenada, Baja California: Instituto de Investigaciones Históricas, UABC. Pp. 21-28.

Del Carmen León Velazco, Lucila. 2002. Proceso de integración social y Política en el periodo misional, 1768-1821. En: *Baja California: Un Presente con Historia Volumen I.* Editado por Catalina Velázquez Morales. Mexicali, B.C.: UABC. Pp.123-159.

Espinoza Valle, Víctor. 1998. Alternancia Política y Gestión Pública. El Partido de Acción Nacional en el gobierno de Baja California. Tijuana: El Colegio de la Frontera Norte.

Reps, John W. 1979. *Cities of American West. A History of Frontier Urban Planning.* New Jersey: Princeton University Press.

Estes, D. H. 1977. Kondo Masaharu the best of all fishermen. *The Journal of San Diego History*, 23 (3), 1-19.

Estes, D. H. 1999. Silver petals falling: Japanese pioneers in San Diego's fishery. *Mains'l Haul*, 35 (2-3), 28-46.

Estrada Ramírez, José. 2002. Las actividades comerciales de Don Heraclio Ochoa. En: Evolución Política y Social de la Península de Baja California Partidos, Grupos y Personajes Políticos. *Vol/ 20 Simposio de Historia Regional.* Asociación Cultural de Liberales de Ensenada. Ensenada, B.C., México: Instituto de Investigaciones Históricas UABC. Pp. 129-136.

Gómez Estrada, José Alfredo. 2002. *Gobiernos y casinos: El origen de la riqueza de Abelardo L. Rodríguez.* Mexicali: Instituto de Investigaciones Doctor José María Luis Mora, UABC.

González Félix, Maricela. 2002. Empresarios y gobierno en el Distrito Norte, 1902-1920. En: *Baja California. Un Presente con Historia. Tomo II.* Editado por Catalina Velázquez Morales. Mexicali, B.C.: Universidad Autónoma de Baja California Instituto de Investigaciones Históricas. Pp. 13-57.

Guillén López, Tonatiuh. 1995. The 1992 elections and the democratic transition in Baja California. En: *Opposition Government in México.* Editado por V. Rodríguez y P. Ward. Albuquerque: University of México Press. Pp.51-61.

Heath Constable, Hilarie. 1999. El poblado minero El Álamo. En: *Ensenada: Nuevas Aportaciones para su Historia.* Editado por Rosario Maríñez y Luis Enrique Medina Gómez. Mexicali: Universidad Autónoma de Baja California. Pp. 264-284.

Heath Constable, Hilarie. 2002. La época de las grandes concesiones, 1883-1910. En *Baja California: Un Presente con Historia Volumen I.*

Editado por Catalina Velázquez Morales. Mexicali, B.C.: UABC. 247-300.

Hu-DeHart, Evelyn. 2002. Los chinos del norte de México, 1875-1930: la formación de una pequeña burguesía regional. En: *China en las Californias* Editado por Magaña, Mario. Tijuana, BC: Centro Cultural Tijuana. Pp. 11-44.

Japanese American National Museum (s/f). Brief historical overview of Japanese migration, 1868-1998. Retrieved March 24, 2003 from: http://www.janm.org/inrp/english/overview.htm.

Jesús Ruiz, María. 2002. Aspectos económicos en el Partido Norte, 1849-1888. En: *Baja California: Un Presente con Historia Volumen I.* Editado por Catalina Velázquez Morales. Mexicali, B.C.: UABC. Pp. 221-243.

INEGI. 1997. *División Territorial del Estado de Baja California 1810 a 1995.* Aguascalientes: Instituto Nacional de Estadística, Geografía e Informática.

López Guzmán, Cuauhtémoc. 2001. La alternancia política en Baja California: Hacia un nuevo equilibrio de Poderes. *Estudios Fronterizos*, vol. 2(#3): 41-62.

Lozano Montemayor, Víctor M. 1993. David Goldbaum: Un Hombre Excepcional. *Seminario de Historia de Baja California. Memoria 1993.* Ensenada: Instituto de Investigaciones Históricas UABC. Pp.105-116.

Magaña Mancillas, Mario Alberto. 1999. Indígenas, misiones y ranchos durante el siglo XIX. En: *Ensenada: Nuevas Aportaciones para su Historia.* Editado por Rosario Maríñez y Luis Enrique Medina Gómez. Mexicali: Universidad Autónoma de Baja California. Pp. 81-113.

Mason, William. 1986. Ensenada's Boom 1870-1900. *Terra* 25(1)/Sept-Oct: 6-10.

Maríñez, Rosario y Luis Enrique Medina Gómez. 1999. *Ensenada: Nuevas Aportaciones para su Historia.* Mexicali: Universidad Autónoma de Baja California

Mata Figueroa, Arturo. 2002. Baja California: ¿Bipartidismo Político? En: Evolución Política y Social de la Península de Baja California Partidos, Grupos y Personajes Políticos. 20vo. Simposio de Historia Regional. Asociación Cultural de Liberales de Ensenada. Ensenada, B.C., México: Instituto de Investigaciones Históricas UABC. Pp. 41-53.

Mathes, W. Michael. 1999. Descubrimientos y expediciones. *Ensenada: Nuevas Aportaciones para su Historia.* Editado por Rosario Maríñez y Luis Enrique Medina Gómez. Mexicali: Universidad Autónoma de Baja California. Pp. 35-53.

Martínez Zepeda, Jorge. 2002. Fundación de ranchos y colonización civil en La Frontera, 1822-1848. En: *Baja California: Un Presente con Historia Volumen I.* Editado por Catalina Velázquez Morales. Mexicali, B.C.:UABC. Pp. 163-183.

Mathes, W. M. 2002. Los principios de la colonización: las misiones de la Compañía de Jesús, 1683-1768. En: *Baja California: Un Presente con Historia Volumen I.* Editado por Catalina Velázquez Morales. Mexicali, B.C.: UABC. Pp. 87-94.

Mohoff, George. (s/f). The Russian Colony of Guadalupe Molokans in México. Publicación del autor.

Montes Pinal, Luis. 2002. La vida romántica de un pueblo apacible. En: Evolución Política y Social de la Península de Baja California Partidos, Grupos y Personajes Políticos. 20vo Simposio de Historia Regional. Asociación Cultural de Liberales de Ensenada. Ensenada, B.C., México: Instituto de Investigaciones Históricas UABC. Pp. 138-159.

Morales Tejeda, Marco Antonio. 2002. Grupos Políticos en Baja California, 1952-2001. En: *Baja California: Un Presente con Historia. Tomo II.* Editado por Catalina Velázquez Morales. Mexicali, B.C.: Universidad Autónoma de Baja California Instituto de Investigaciones Históricas. Pp. 175-266.

Moyano de Guevara, Ángela y Jorge Martínez Zepeda, eds. 1982. *Visión Histórica de Ensenada.* Mexicali: Centro de Investigaciones Históricas Universidad Autónoma de Baja California.

Nishikawa, A. K. 2002. La comunidad japonesa en Ensenada. Ponencia presentada en el Seminario de Historia de Baja California, Ensenada, B. C., México.

Nishikawa, A. K. 2003. La comunidad japonesa de Ensenada: elementos para reconstruir su historia. Ponencia presentada en el XXII Simposio de Historia Regional "Las migraciones en el marco demográfico de Baja California", Ensenada, B. C.

Nishikawa, A. K. 2004. La inmigración japonesa a Ensenada durante la primera mitad del siglo XX. *Revista del Instituto de Investigaciones Históricas de la Universidad Autónoma de Baja California* 1(1-8): 24-34.

Ota Mishima, M. E. 1982. *Siete Migraciones Japonesas en México 1890-1978*. México, D.F.: El Colegio de México.

Owen, Roger. 1963. Indians y the Revolution: The 1911 Invasion of Baja California, México. *Ethnohistory* 10(4).

Padilla Corona, Antonio. 1999a. Real del Castillo: Subprefectura Política del Partido Norte de Baja California, 1872-1882. En: *Ensenada: Nuevas Aportaciones para su Historia*. Editado por Rosario Maríñez y Luis Enrique Medina Gómez. Mexicali: Universidad Autónoma de Baja California. Pp. 115-163.

Padilla Corona, Antonio. 1999b. Influencias urbanas en la región. En *Ensenada: Nuevas Aportaciones para su Historia*. Editado por Rosario Maríñez y Luis Enrique Medina Gómez. Mexicali: Universidad Autónoma de Baja California. Pp. 225-264.

Padilla Corona, Antonio. 2002. Escenario Político en el Partido Norte, 1848-1882. En: *Baja California: Un Presente con Historia Volumen I*. Editado por Catalina Velázquez Morales, Mexicali, B.C.: UABC. Pp. 185-220.

Piñera Ramírez, David. 1982. Ensenada a Principios del Siglo XX. En: *Visión Histórica de Ensenada*. Editado por Ángela Moyano de Guevara y Jorge Martínez Zepeda. Mexicali: Centro de Investigaciones Históricas Universidad Autónoma de Baja California.

Piñera Ramírez, David (Coordinador). 1987. *Visión Histórica de la Frontera Norte de México. Tomo V. De la Revolución a la Segunda Guerra Mundial*. Mexicali, B.C.: Instituto de Investigaciones Históricas Universidad Autónoma de Baja California.

Piñera Ramírez, David. 1991. *Los Origines de Ensenada y la Política Nacional de Colonización*. Mexicali: Universidad Autónoma de Baja California.

Piñera Ramírez, David. 1995. American y English Influence on the Early Development of Ensenada, Baja California, México. *Border Studies Series 5*, Paul Ganster, General Editor. San Diego: Institute for Regional Studies of the Californias.

Piñera Ramírez, David. 1999. Las compañías colonizadoras en Ensenada, 1886-1910. En: *Ensenada: Nuevas Aportaciones para su Historia*. Editado por Rosario Maríñez y Luis Enrique Medina Gómez. Mexicali: Universidad Autónoma de Baja California. Pp. 165-223.

Rodríguez, Victoria. 1997. Decentralization in México: From Reforma Municipal to Solidaridad to Nuevo Federalismo. Boulder, Co.: Westview Press.

Rodríguez, V. y P. Ward. 1994. *Political Change in Baja California: Democracy in the Making?* San Diego: Center for U.S.-Mexican Studies University of California San Diego.

Samaniego López, Marco Antonio. 1993. Ensenada: Gobierno de Nativos y Residentes, 1900-1940. En: *Seminario de Historia de Baja California Memoria 1993*. Ensenada: Instituto de Investigaciones Históricas UABC. Pp.53-63.

Samaniego López, Marco Antonio. 1996. La Rebelión Indígena de Emilio Guerrero en Baja California. *Eslabones* Número 11: 114-131.

Samaniego López, Marco Antonio. 1999a. Los gobiernos civiles: una demanda de los comerciantes ensenadenses, 1920-1923. En: *Ensenada: Nuevas Aportaciones para su Historia*. Editado por Rosario Maríñez y Luis Enrique Medina Gómez. Mexicali: Universidad Autónoma de Baja California. Pp. 517-542.

Samaniego López, Marco Antonio. 1999b. La formación de la burguesía revolucionaria: el gobierno de Abelardo L. Rodríguez. En: *Ensenada: Nuevas Aportaciones para su Historia*. Editado por Rosario Maríñez y Luis Enrique Medina Gómez. Mexicali: Universidad Autónoma de Baja California. Pp. 543-595.

Samaniego López, Marco Antonio. 1999c. El cardenismo en Ensenada: establecimiento del estado corporativo. En: *Ensenada: Nuevas Aportaciones para su Historia*. Editado por Rosario Maríñez y Luis Enrique Medina Gómez. Mexicali: Universidad Autónoma de Baja California. Pp. 639-684.

Samaniego López, Marco Antonio. 1999d. Los acontecimientos de 1911: entre revolución y filibusterismo. En: *Ensenada: Nuevas Aportaciones para su Historia*. Editado por Rosario Maríñez y Luis Enrique Medina Gómez. Mexicali: Universidad Autónoma de Baja California. Pp. 367-438.

Serrano González, Jorge. 2002. El Capitán Eaton: Un Personaje en la Historia. En: Evolución Política y Social de la Península de Baja California. Partidos, Grupos y Personajes Políticos. 20vo Simposio de Historia Regional, Asociación Cultural de Liberales de Ensenada. Ensenada, B.C., México: Instituto de Investigaciones Históricas UABC. Pp. 92-102.

Soto Blanco, Cecilia. 1996. Después de Blaisdell . . . ¿qué? Conocer a un Flores Magón Nuevo. *Seminario de Historia de Baja California Memoria 1996.* Mexicali: Instituto de Investigaciones Históricas UABC. Pp. 16-33.

Stout, Joseph. 1973. The liberators, Filibustering Expeditions into México, 1848-1862, y the Last Thrust of Manifest Destiny. Los Angeles: Westernlore Press.

Taylor Hansen, Lawrence Douglas. 2000. La Transformación de Baja California en Estado, 1931-1952. *Estudios Fronterizos*, vol. 1. núm 1, 47-87.

Taylor Hansen, Lawrence Douglas. 2002a. La revuelta magonista al inicio de la revolución mexicana. En: *Baja California: Un Presente con Historia Volumen I.* Editado por Catalina Velázquez Morales, Mexicali, B.C.: UABC. Pp. 303-337.

Taylor Hansen, Lawrence Douglas. 2002b. El desarrollo del gobierno municipal en el Distrito Norte durante el Porfiriato y los años iniciales de la Revolución Mexicana. En: *Evolución Política y Social de la Península de Baja California Partidos, Grupos y Personajes Políticos. 20th Simposio de Historia Regional*, Asociación Cultural de Liberales de Ensenada. Ensenada, B.C., México: Instituto de Investigaciones Históricas UABC. Pp. 70-91.

Taylor Hansen, Lawrence Douglas. 2002c. La creación del Estado Baja California, 1951-1955. En: *Baja California: Un Presente con Historia. Tomo II.* Editado por Catalina Velázquez Morales Mexicali, B.C.: Universidad Autónoma de Baja California Instituto de Investigaciones Históricas. P. 161-173.

Ugalde, Antonio. 1970. *Power and Conflict in A Mexican Community.* Albuquerque: University of New México.

Velázquez Morales, Catalina. 2001. *Los Inmigrantes Chinos en Baja California 1920-1937.* Mexicali, México: UABC.

Velázquez Morales, Catalina. 2002. Sujeción administrativa de Baja California al proyecto nacional, 1915-1952. En: *Baja California: Un Presente con Historia Tomo II.* Editado por Catalina Velázquez Morales. Mexicali, B.C.: Universidad Autónoma de Baja California Instituto de Investigaciones Históricas. pp. 93-157.

Walther Meade, Adalberto. 1983. *El Partido Norte de Baja California.* Mexicali: UABC.

ÍNDICE ANALÍTICO

ÍNDICE BIOGRAFICO

www.ingramcontent.com/pod-product-compliance
Lightning Source LLC
Chambersburg PA
CBHW050110280326
41933CB00010B/1038